建築［失敗］事例

信頼される仕上工事の現場管理

半沢正一

井上書院

はじめに

　建築の仕上工事は多岐にわたっているため，その施工を主導的に進めるには数多くの現場経験と長い実務習得期間が必要である．しかし最近では現場管理者は書類作成や雑用に追われ，実務に向ける時間が少なくなる傾向にある．
　このことにより，
・机上で学んだことが現実のものと結びつかない．
・実務経験が不足しているため，強いリーダーシップがとれない．
・自分と関わりが少ない仕事に目を向けるゆとりがない．
・分業化と外注化が進み，本来持っていなければならない技術力が習得できない．
という管理者が多くなっている．
　このように失敗を起こしやすい環境ができている中で，もうひとつ致命的なことがある．それは失敗を起こしてしまったときにその要因を探ろうとせずに，事実を隠蔽し，その失敗を直ちにリセットしてしまう人がいるということである．失敗の経験は，技術者にとっても企業にとっても貴重な財産であることを忘れてはならない．
　本書は，失敗の状況を言葉だけでなく，写真やイラストを多用して表現することに力を注いだ．読者諸兄の経験も付加していただき，建築現場の失敗の再発防止を図るために役立てていただければ幸いである．

2003 年 1 月　半沢正一

目 次

[1] 防水

1 漏水している状況 …………………………………………………………………10
2 防水端部への水のまわり込み ……………………………………………………11
3 防水端部シールの考察 ……………………………………………………………12
4 漏水しやすい納まり 1 ……………………………………………………………13
5 漏水しやすい納まり 2 ……………………………………………………………14
6 コンクリート笠木からの漏水 ……………………………………………………15
7 笠木からの漏水 ……………………………………………………………………16
8 エキスパンションジョイントの失敗 ……………………………………………17
9 アルミ笠木シールの接着不良 ……………………………………………………18
10 アルミ笠木の目地設計の失敗 ……………………………………………………19
11 サッシまわりの漏水 1 ……………………………………………………………20
12 サッシまわりの漏水 2 ……………………………………………………………21
13 サッシまわりの漏水 3 ……………………………………………………………22
14 サッシに金物の水切りがない納まりの失敗 ……………………………………23
15 サッシに金物の水切りを付けても失敗 …………………………………………24
16 横引きドレイン高さの失敗 ………………………………………………………25
17 横引きドレインまわりの失敗 ……………………………………………………26
18 ルーフドレインの高さの失敗 ……………………………………………………27
19 ドレインの配置計画の失敗 ………………………………………………………28
20 ルーフドレインの付け忘れ・付け替え …………………………………………29
21 工事中に雨水ドレインを詰まらせ引渡し後に漏水 ……………………………30
22 ルーフドレイン配管が温度差で破断・漏水 ……………………………………31
23 ルーフドレイン配管からの漏水と配管隠蔽の問題 ……………………………32
24 シート防水の失敗 …………………………………………………………………33
25 板金屋根の下地施工不良による漏水 ……………………………………………34
26 漏水箇所の発見の難しさ …………………………………………………………35
27 防水の段取りと施工不良 …………………………………………………………36
28 鉄骨柱取合い部分の防水 …………………………………………………………37
29 アスファルト防水の問題と防水工法の選択 ……………………………………38
30 後施工アンカーなどによる防水層の破損 ………………………………………39
31 温度差による屋上防水押さえコンクリートの伸縮 ……………………………40
32 温度差による屋上防水押さえコンクリートの伸縮の原因と対策 ……………41
33 アスファルト露出防水の上に砂利を置いて漏水 ………………………………42
34 地下二重壁まわりの漏水 …………………………………………………………43
35 防水しにくい部分の漏水 …………………………………………………………44
36 施工要領書と施工記録の問題点 …………………………………………………45
37 木造住宅での漏水 …………………………………………………………………46
38 外部シーリングの施工不良 ………………………………………………………47
39 超高層ビルにおけるシーリングの戦略 …………………………………………48

[2] 金属

40 鉄部の錆 1 …………………………………………………………………………50
41 鉄部の錆 2 …………………………………………………………………………51
42 金属の錆と汚れ ……………………………………………………………………52
43 外部取付け金物の汚れ ……………………………………………………………53
44 手すりの根元の失敗 ………………………………………………………………54
45 手すりの失敗 1 ……………………………………………………………………55

46	手すりの失敗 2	56
47	避難ばしごの配置の失敗 1	57
48	避難ばしごの配置の失敗 2	58
49	タラップ取付け調整不足による失敗	59
50	エキスパンションジョイントの失敗	60
51	鳩の糞の落下による被害	61
52	スロープ排水溝の失敗	62
53	外部排水溝の失敗	63
54	内部排水溝の失敗	64
55	後施工アンカーの失敗	65
56	外部広告パネルの飛散	66
57	外部パネル工事の失敗	67
58	内部パネル工事の失敗	68
59	OAフロア取合い部分の失敗	69
60	その他の金属工事の失敗	70

［3］鉄骨階段

61	鉄骨階段受け梁用ベースの失敗	72
62	鉄骨階段壁取合い部分の失敗	73
63	鉄骨階段の施工で失敗しやすい部分	74
64	鉄骨階段の踊り場のささら受け梁位置と設備ルート	75
65	鉄骨階段の段と手すりの位置	76
66	鉄骨階段の落下防止・壁取合い	77
67	鉄骨階段の取付けの注意点	78

［4］ALC・PC

68	ALC板からの漏水	80
69	ALC取合い部分の失敗	81
70	上階の振動が下に伝わる	82
71	上部PCファスナーの管理の計画不足	83
72	下部PCファスナーの計画不足	84
73	下部PCファスナーの計画	85
74	パラペットのPC板受けの失敗例 1	86
75	パラペットのPC板受けの失敗例 2	87
76	PC板の失敗例	88
77	PCバルコニー	89
78	PC小梁の取付け	90

［5］建具

ガラス

79	強化ガラスの破損	92
80	ガラスの破損	93
81	溶接火花がガラスを損傷し取替え	94
82	SSG構法によるガラスの固定の問題点と対策	95

スチールドア

83	避難方向と扉の開き方向が違う	96
84	扉の開き勝手と照明スイッチの位置	97
85	常時開放防火扉と火災	98

86	防煙垂れ壁とエレベーター前防火扉	99
87	ドアのレリーズの失敗 1	100
88	ドアのレリーズの失敗 2	101
89	ドアクローザーの失敗	102
90	フロアヒンジの失敗	103
91	ドアが閉まらなくなる原因	104
92	扉の反りと戸当たり	105
93	エアタイト扉の選択と錠	106
94	自動ドアの失敗	107
95	スチールドアの錆とその対策	108
96	スチールドアの沓ずりが下がる	109
97	ドアの沓ずりの納まりの失敗	110
98	ドア枠のチリ不良	111
99	扉の製作の失敗	112
100	危険な扉	113
101	ドア枠のサッシアンカー位置不良	114
102	キープランの戦略不足による失敗	115

サッシ

103	浴室サッシ選択の失敗ほか	116
104	引渡し後の建物で真冬に大きな音が発生	117
105	片引きサッシの落下	118
106	強風による外部サッシの落下	119
107	台風によりドーム屋根が外れる	120
108	サッシとカーテンの納まりの失敗	121
109	サッシ周囲のコンクリートのたわみ	122
110	防火区画の離隔不足	123
111	層間区画バックパネル部分の失敗	124
112	層間区画バックパネル部分の施工手順例	125
113	排煙窓の失敗	126

シャッター

114	シャッターの配置失敗	127
115	シャッターレール部分の失敗	128
116	大きな部屋を仕切る防火区画シャッター	129
117	シャッター下地の失敗	130
118	厨房シャッターの失敗	131
119	シャッターと防煙垂れ壁ほか	132
120	シャッター軸受け部分の必要寸法	133
121	シャッター点検口の大きさと位置	134
122	シャッタースラット塗装の傷	135

木工事・木製建具

123	木製建具の失敗	136
124	折れ戸の失敗	137
125	家具の納まり検討不足	138
126	熱による木の乾燥収縮	139
127	木の乾燥収縮	140
128	窓まわりほか	141
129	和室の納まり	142

[6] ボード・LGS

- 130 ボードが割れた失敗例 ……………………………………………………… 144
- 131 ドア枠取合いチリの失敗 ……………………………………………………… 145
- 132 壁と床の間にすきま ……………………………………………………… 146
- 133 入隅部分の直角不良 ……………………………………………………… 147
- 134 石膏ボードとカビ ……………………………………………………… 148
- 135 地下機械室グラスウールの内部結露 ……………………………………………………… 149
- 136 天井点検口の失敗 ……………………………………………………… 150
- 137 廊下天井の失敗 ……………………………………………………… 151
- 138 梁と壁との取合いの失敗 ……………………………………………………… 152
- 139 スラブとの間の耐火処理の失敗 ……………………………………………………… 153
- 140 壁のデッキプレート部分の取合い ……………………………………………………… 154
- 141 壁取合いシステム天井ボードの落下 ……………………………………………………… 155
- 142 システム天井点検口の落下 ……………………………………………………… 156
- 143 防煙垂れ壁の失敗 ……………………………………………………… 157
- 144 折上げ天井のいろいろ ……………………………………………………… 158
- 145 外部天井の失敗 ……………………………………………………… 159
- 146 外部の岩綿吸音板の汚れ ……………………………………………………… 160

[7] 左官・床・タイル・石工事

- 147 階段段差の失敗 ……………………………………………………… 162
- 148 床工事の失敗 ……………………………………………………… 163
- 149 タイル下地の剥離 ……………………………………………………… 164
- 150 壁タイルの割れ・はがれ ……………………………………………………… 165
- 151 庇上げ裏の失敗 ……………………………………………………… 166
- 152 斜め屋根の失敗 ……………………………………………………… 167
- 153 外部塗装の剥離 ……………………………………………………… 168
- 154 タイル割付けの失敗 1 ……………………………………………………… 169
- 155 タイル割付けの失敗 2 ……………………………………………………… 170
- 156 変化しやすい石 ……………………………………………………… 171
- 157 大理石をトイレに使用した失敗例 ……………………………………………………… 172
- 158 石目地からのモルタル成分のしみ出し ……………………………………………………… 173
- 159 床石の割れ ……………………………………………………… 174
- 160 石貼り扉の失敗例 ……………………………………………………… 175
- 161 つまずきやスリップしやすい納まり ……………………………………………………… 176
- 162 噴水工事の改善 ……………………………………………………… 177

[8] 外構

- 163 車路スロープ勾配の失敗例 ……………………………………………………… 180
- 164 駐車場の許容高さの失敗例ほか ……………………………………………………… 181
- 165 融雪のための外構勾配の失敗例ほか ……………………………………………………… 182
- 166 アスファルト舗装の侵食ほか ……………………………………………………… 183
- 167 植込みの失敗例 ……………………………………………………… 184
- 168 樹木の倒壊 ……………………………………………………… 185

本書の中で写真・図版に付した番号は，次のように色分けしています。
　　青……失敗事例
　　赤……成功事例，失敗に対する対策・改善案
　　黒……それ以外のもの

［1］防水

1 漏水している状況

　雨を防ぐという建物の最低限の機能が守れなかった場合，建築のすべてに対して施主の信頼が失墜する。漏水をなくすには，管理すべき要点をしっかりと押さえ，漏水がどのようなメカニズムで発生しているかを理解したうえで，防止対策を立てていかなければならない。漏水の状況を認識することから進めて，防水層の弱点を探っていく。

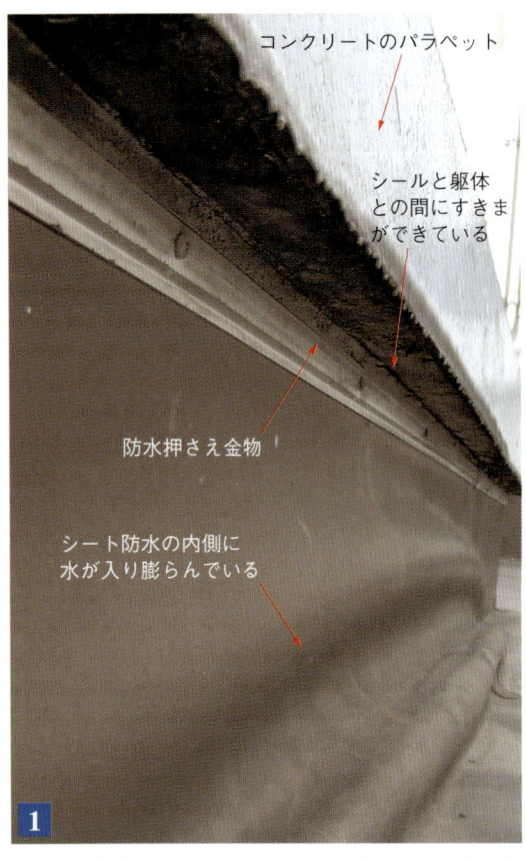

1 防水シートがまわり込んだ水によって接着力を弱められてしまっている。防水押さえ金物で留まっているため，かろうじてはがれずにいる。

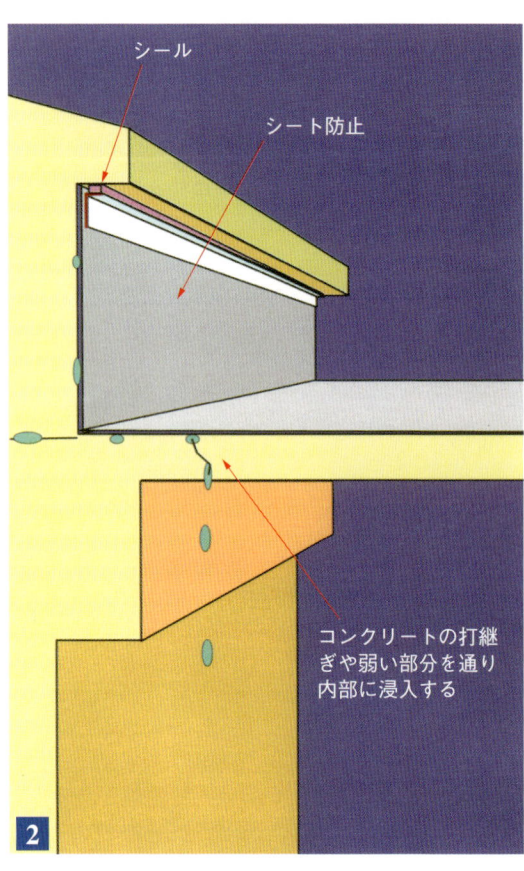

2 防水シートの内側に入り込んだ水は，コンクリートの弱い部分から内部に漏れる。

3 コンクリートの弱い部分から内部に浸入した水は，天井に大きなしみを作る。

4 漏水は，内部だけでなく外部へも上のようにしみ出す。このようになってしまう原因は後のページで述べる。

2　防水端部への水のまわり込み

　防水層の弱点である端部への水のまわり込みと，その端部のシーリング破断の2つの条件が重なって漏水が発生している状態を前ページで説明したが，ここでは水のまわり込みについて考察する。

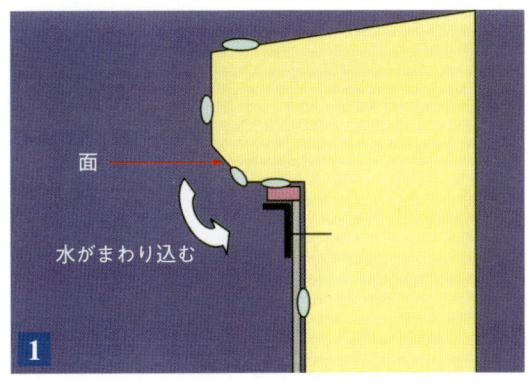

パラペットに落ちた雨が，上図のように防水層の端部に流れ込む。面を大きく取ってあると水のまわり込む勢いは大きくなる。

汚れているところと汚れていないところの差はどうしてできるのだろうか？　ここに水のまわり込みのヒントがある。

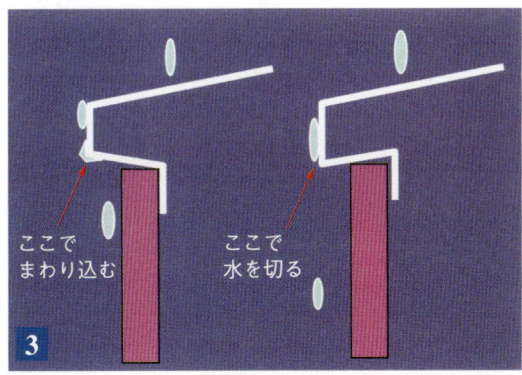

汚れているところは，左図のように水切りの曲げが鈍角なため，水がまわり込みやすくなっていた。ほかの部分は，右図のように水が切れるようにできている。

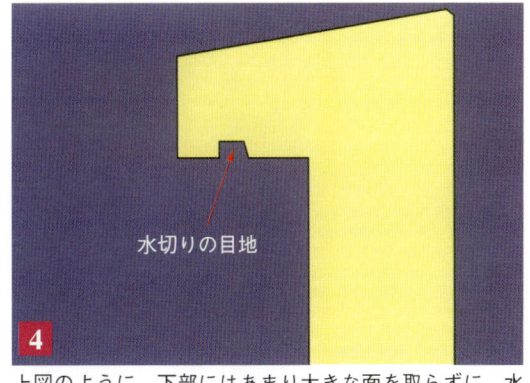

上図のように，下部にはあまり大きな面を取らずに，水切りの目地を入れると効果がある。

雨の日に水が流れている状況。流れの激しい部分では，一部雨水が水切りの目地を越えているところがあるが，ほとんどは水を切っている。

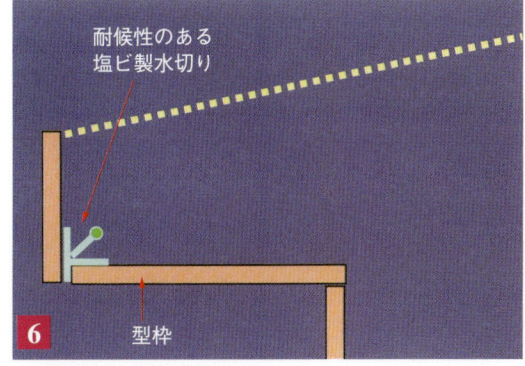

上図のように型枠に挟み込み，コンクリートに打ち込むような耐候性のある水切りができると，施工性が良くなり出隅の角欠け防止になる。

3 防水端部シールの考察

　漏水した箇所を調べてみると，防水層の端部が切れていることが多い。全部が一様に切れているのではなく，切れているところには何らかの原因がある。防水の寿命は，その原因により短くなる。防水の保証書は専門施工会社の厳格な管理の下に発行されていない場合もある。専門施工会社に任せきりの管理では，漏水事故は防げない。

シーリングはこのように上部で切れやすい。そのため，水がまわり込んだときには，内部へ浸入しやすくなる。シール工事前の上部コンクリートの清掃が重要である。

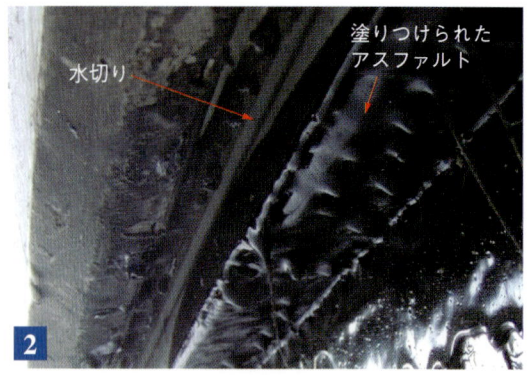

上げ裏までアスファルトを塗り込んでしまっている。ここにきれいにシーリングを行うのは難しい。防水とシーリングが別の職種のため，その管理がうまくいっていない。

入隅のコンクリートがきれいになっていないのに，そのままアスファルト防水を施工してしまったもの。アスファルトの端部が極端に下がっている。

コンクリートの角が欠けてしまっている。これでは防水端部のシーリングがうまく施工できない。

この高さではまともにシーリングの施工ができない。確認もしにくいため，問題が発生しやすい。

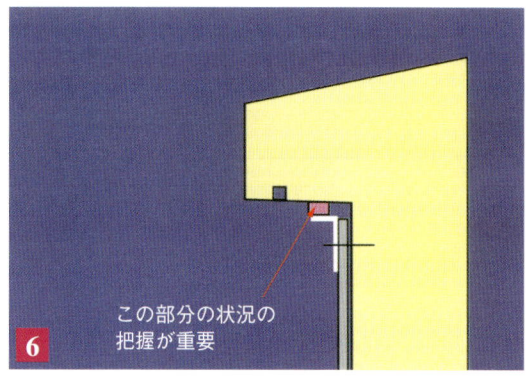

シーリングを行う部分がきれいになり，施工しやすい高さになっていれば，確認もでき防水の品質を確保できるようになる。

4 漏水しやすい納まり 1

1 は屋上エレベーター機械室へ上る階段と防水立上りとの取合い部分である。**2** は漏水したため補修している状況である。調査してみると，かつては標準とされていた納まり（**3**・**4**）に問題があったことがわかる。アスファルト防水の弱点は防水層の端部である。その弱点の部分に水をまわさないような納まりを構築することが大切である。

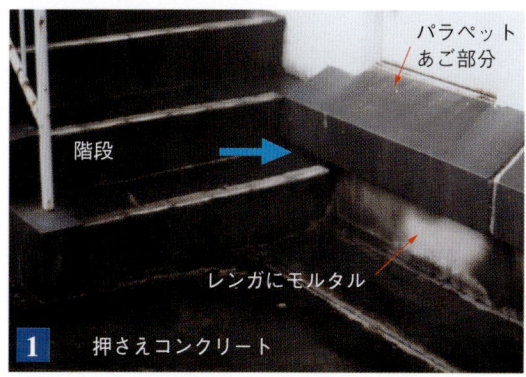

雨水が上の矢印の部分からアスファルト防水を押さえているレンガの上部を越え，防水層の端部にまわり込んでいる。

別の建物の階段部分。漏水したため，後からウレタン防水をかけている。

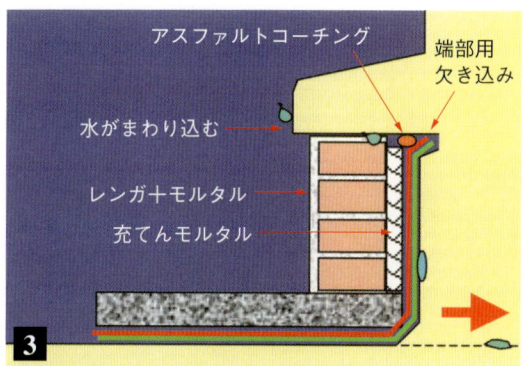

昔の標準の納まり。防水層の端部を欠き込んだ躯体に巻込み，アスファルトコーチングでシールし，前面にレンガを積んでモルタルを充てんしていた。

モルタルが充てんされているために毛細管現象により，水が内部に浸入する。巻き込んだ防水層の端部がめくれ，コーチングも劣化している。

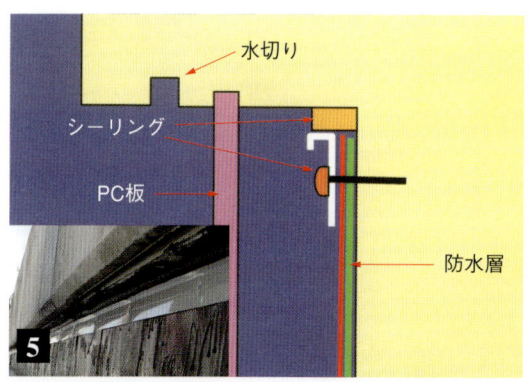

現在は防水立上り前面にPC板などを立て，すべての防水シートを端部まで立ち上げ，アンカーで縫い込みアンカーの頭もシールする。押さえ金物は，アルミよりステンレスのほうが熱膨張が少なく適している。

厚さ8mmのフレキシブルボードを立上りに使ったもの。1983年の施工だが，ボード面はきれいになっている。

5 漏水しやすい納まり 2

　1・3・5のような施工性の悪い漏水のしやすい納まりは，計画段階で避けるようにしなければならない。また，防水端部の連続性が矛盾のない形で保たれているか，簡単な図を描き検証することが必要である。問題の発生しそうな部位については，施工に入る前に設計者と協議するべきである。

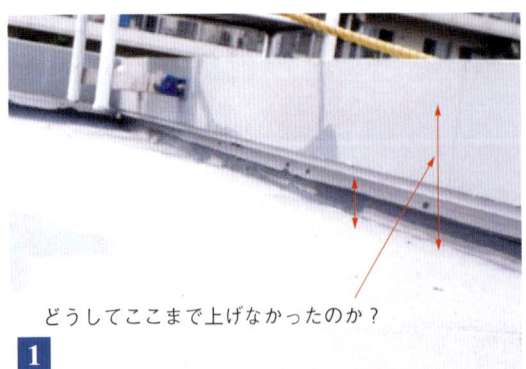

1

防水の立上りが少なく，大雨のときは防水層の端部に水がつかりやすい。また施工姿勢が悪いため，欠陥が発生しやすい。

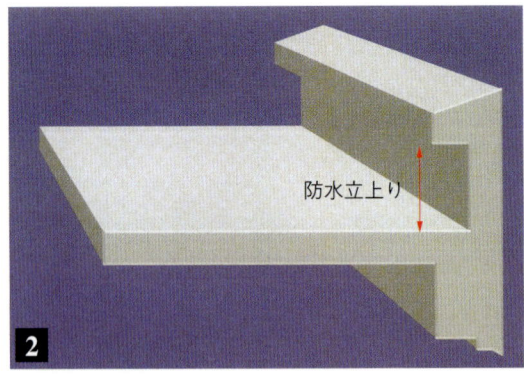

2

1は上図のように，パラペットの位置を高く上げることができたはずである。検討不足である。

3

防水層の端部を複雑にまわさなければならない納まりのため，不具合が発生しやすい。

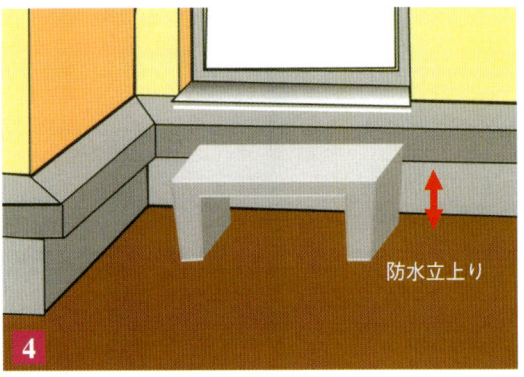

4

上図のように，出入口の高さを上げてPCやU字溝を利用した段を設置すれば，防水層の高さは確保できる。

5

どうしてガラリをこの高さで取り付けてしまったのかが不可解である。

6

それぞれの断面では矛盾のないように見えるが，でき上がるとこのようになってしまう。図面を断面でしか見れないと，このような失敗をおかす。

6 コンクリート笠木からの漏水

コンクリートのひび割れや、パラペットを補修したモルタルが割れた部分から、防水層の内部に水が浸入して漏水を発生させている例がある。2のように外壁に垂直ひび割れ誘発目地があっても、パラペット天端には目地を設けない納まりを見かけるが、ほとんどの場合パラペット天端にも垂直目地に向かってひび割れが発生している。コンクリート笠木の納まりの場合、しっかりした配筋と密実なコンクリート打設が不可欠である。

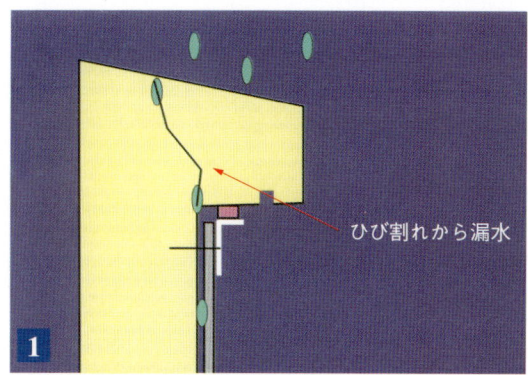

コンクリートの笠木の場合、上図のようにコンクリートにひび割れが発生し、そこから図のように漏水することがある。

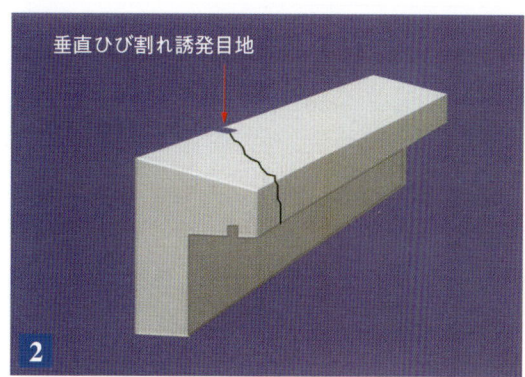

パラペットの天端に目地を取らない納まりがあるが、後にひび割れが発生してそこから漏水にいたる。

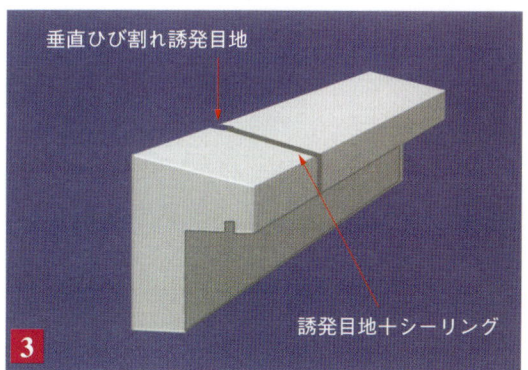

上図のように、パラペットにひび割れ誘発目地を入れ、シーリングを行う。

強い日差しによる膨張と冬の寒さによる収縮により、弱いコンクリート笠木は耐えられなくなり、写真のように割れる。

パラペットにひび割れが発生し、そこから水がまわり込み、鉄筋が錆びて膨張し下部のコンクリートが崩壊したもの。

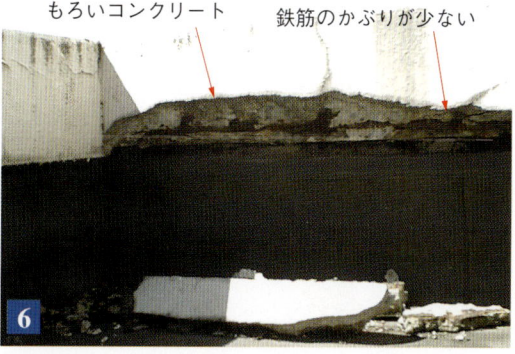

鉄筋のかぶりが少ないのが原因のひとつだが、最大の失敗はコンクリートがしっかりと突き固められていないため、強度不足になっていることである。

7 笠木からの漏水

笠木は止水能力が必要だが，**1**のようなモルタルでは，割れが発生してその部分から漏水に至ってしまう。コンクリートの精度に問題があると**3**のようになる。また，**5**のように立上りの少ない笠木で防水層の端部の処理が悪いと，雨水が内部へ浸入しやすい。

笠木をモルタルでつくっている。また，エキスパンションジョイント周囲の穴もモルタルで塗り付けようとしている。

金物周囲の割れは，**1**のような施工不良部分をモルタルで補修することが原因である。

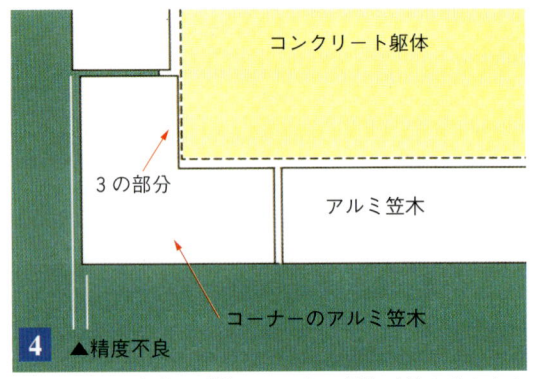

アルミ笠木の立上り部分を切断して取り付けている。これでシールをしてしまえばわからないだろうという意識が怖い。このようなごまかし施工が漏水に結びつく。

コンクリート躯体の寸法かアルミの製作寸法のどちらかを間違えている。

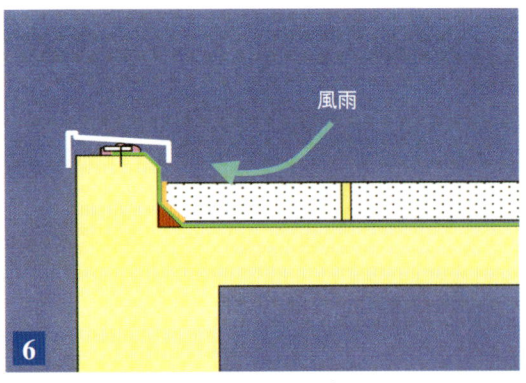

これはオープンジョイントのアルミ笠木であるが，防水を笠木の中で押さえ金物とシールで止めているが，立上りが少なすぎる。

防水の立上りが少ない場合，オープンジョイントのアルミ笠木の内側に風雨が吹き込み，防水端部の欠陥部分から漏水する。

8 エキスパンションジョイントの失敗

　エキスパンションジョイント金物の施工不良による漏水事故が多く発生している。金物の下部には、1のような防水シートが取り付けられるが、この施工が不完全になりがちである。またシートの上にはコンクリートガラが落ちていて、管理された状態にあるとはいえない。4のような方法により止水の信頼性を高めることができる。

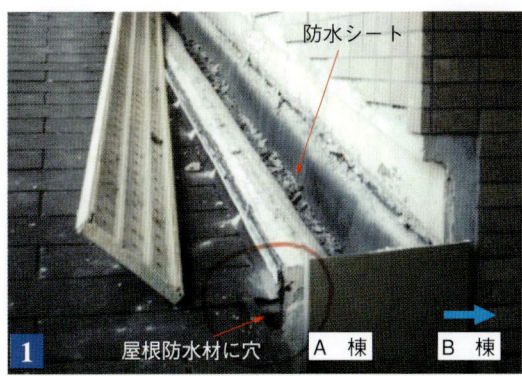

1 水下部分に大きな穴が開いてしまっている。断面だけで納まりを検討していると、このような失敗が発生する。三次元的な納まりの把握が必要である。

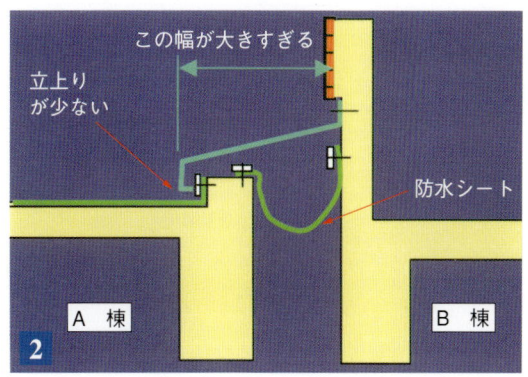

2 また、エキスパンションジョイント金物の幅が大きすぎるのと、A棟の防水立上りが少なすぎるのも問題である。

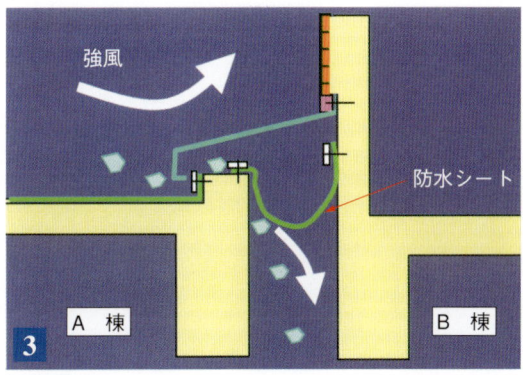

3 上図のように、入隅にたたきつけるような強風が吹き、内部の気圧が下がると、雨水は吸い込まれるように内部に浸入する。

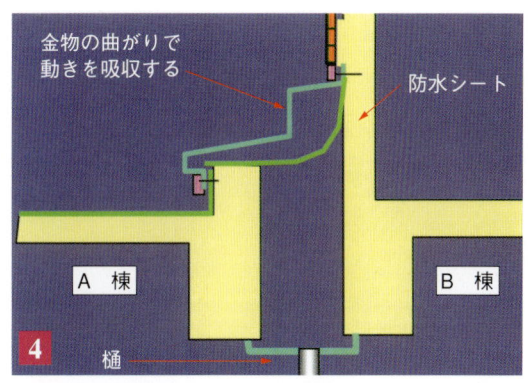

4 水切りの両端部分をしっかりと固定し、シーリングを行い、建物の動きを水切りの曲げ部分で吸収する方法は、気圧の差による漏水には有効である。

5 渡り廊下のエキスパンション部分に採用した金属の曲がり部分で動きを吸収するエキスパンションジョイント。

　エキスパンションジョイント部分を4のように施工しても、シーリングの寿命によって漏水は起こる。その時に効果を発揮するのが同図の梁下に取り付けた樋である。この樋に排水を付けておくことにより、万一漏水があっても水を処理できる。この部分は防水工事が完了するまでの間も水が入るため、何らかの止水対策が必要な場所だが、仮設で使う樋を少ししっかりした材質にして、そのまま本工事に取り込むと、漏水防止には効果的である。

9 アルミ笠木シールの接着不良

　コンクリート笠木に比べ安全性の高いアルミ笠木を採用しても、そのジョイント部のシールが破断しては意味がない。笠木の断面検討は行うが、連続方向の検討が甘くなりがちである。過去の例を見ると、連続方向の欠陥が多く発生している。また、5のようなオープンジョイント工法が多く用いられるようになってきたが、壁との取合いの部分に欠陥が出やすい。

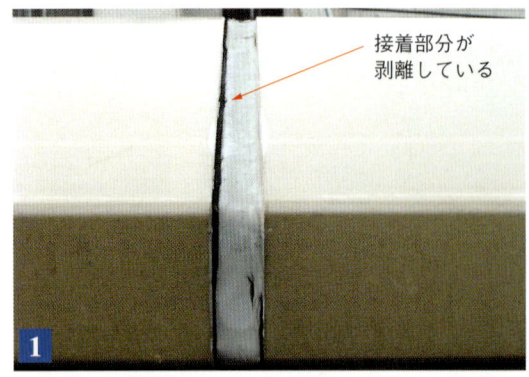 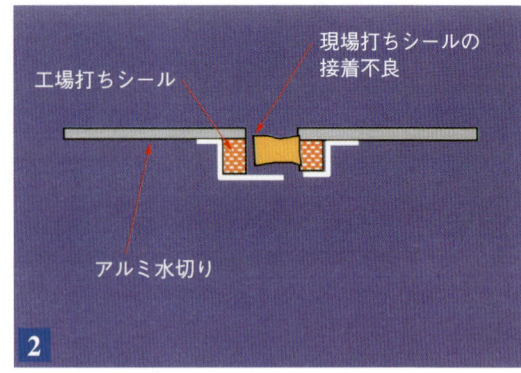

片側のアルミ笠木との接着が悪く剥離してしまっている。工場打ちシールがきれいに打たれていない場合、接着力が弱くこのようになる。また工場打ちシールは二成分ポリサルファイドを使うことが多いが、現場打ちシールやプライマーとの相性の試験をしておいたほうがよい。プライマーのオープンタイムの管理は重要である。施工直前にほこりなどが付着しないように管理しなければならない。

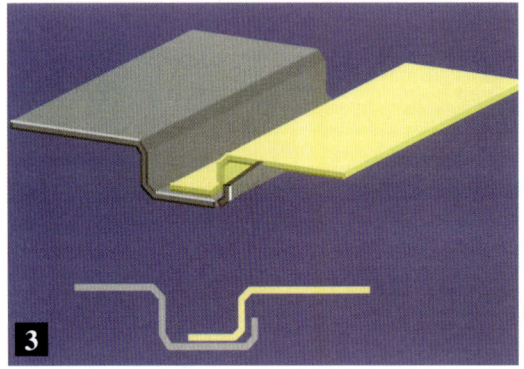 

上図のように、アルミ笠木の目地部分を曲げる方法は、三次元の曲げが難しく、溶接に手間がかかるためか最近あまり見られなくなった。

その場しのぎのオーバーブリッジシールをかけても、このようになってしまう。根本的な対策を行わなければならない。

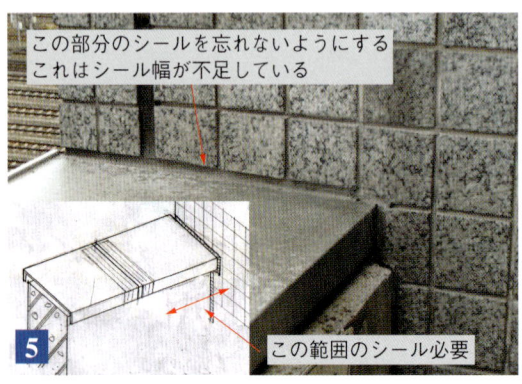 

オープンジョイントの笠木でも、上のように壁と取り合う部分と壁から50cmくらいは、壁への吹込み防止のシールが必要である。

これではシール幅が大きすぎる。立上り部分のシールが切れている。

10 アルミ笠木の目地設計の失敗

　アルミ笠木は，大きな温度差を受け，収縮を繰り返す。それを吸収するのが目地部分である。設計値では，暗色系の場合80℃の実効温度差を見込むことになっているが，これを理解しないで施工すると1のような不具合になり，漏水事故を発生させてしまう。この不具合は多くの場所で実際に発生しているが，あまり対策が取られていないのが現状である。

目地のシールが切れている

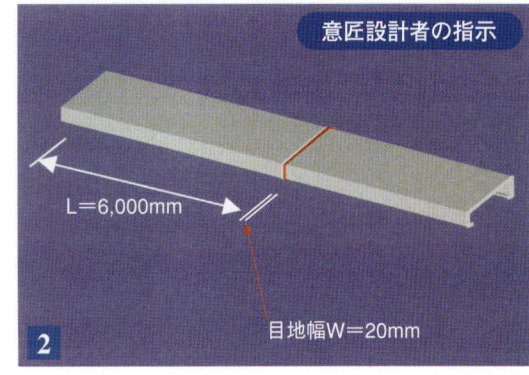
意匠設計者の指示
L＝6,000mm
目地幅W＝20mm

　8月に施工した暗色系のアルミ笠木の変成シリコーンのシールが，冬にはもう上の写真のように切れてしまった。技術的な検証をせずに意匠設計指示通り，笠木の長さを6m，目地を20mmで施工してしまったため，このような失敗になってしまった。

　目地は簡単な計算で確認できる。表計算ソフトで作成したものを道具として持っていると自分の判断基準として役に立つ。

目地のムーブメント　　$\Delta L = \alpha \times \Delta T \times L \times (1-K)$
目地幅　　　　　　　$W = \Delta L / E \times 100 + t$

アルミ笠木の熱膨張係数　　　　　　　$\alpha = 23/1,000,000$ ℃
暗色系のアルミ笠木の実効温度差　　　$\Delta T = 80$ ℃
アルミ笠木の温度ムーブメントの低減率　$K = 0.1$
変成シリコーンの設計せん断変形率の標準値　$E = 20$ (％)
アルミ笠木の目地幅の許容値の標準値　　$t = \pm 3$ (mm)

以上にアルミ笠木の長さ $L = 6,000$ (mm) を代入すると
　目地のムーブメント　　$\Delta L = 10$ mm
　目地幅　　　　　　　$W = 53$ mm　　（日本建築学会の計算式による）

となり，温度差により10mmの動きがあったことがわかる。また本来なら目地幅は53mm必要であったことになるが，40mm以上は許容範囲を超えているので，アルミ笠木の長さ6mに無理があった。笠木の長さを3mにした場合
　目地のムーブメント　　$\Delta L = 5$ mm
　目地幅　　　　　　　$W = 28$ mm　　となる。

　上の2つの写真も同じ間違いをおかしている。設計者・施工者・金物の製作会社それぞれの技術的なポリシーが強く求められる。

11 サッシまわりの漏水 1

　サッシまわりからの漏水事故が多い。特にタイルは目地を通して水が浸入するものである。躯体の段階で一次シールを施して止水を完全に行い，圧力をかけた散水試験を行ってから，仕上げの工程に入らなければならない。一次シールを正確に施工する前提は，躯体の精度の確保であることを忘れてはならない。

1 サッシとタイルの間のシールは打たれているが，問題はタイルの下地の段階で防水がなされているかである。

2 躯体開口部の精度が悪いと，このように躯体との間をモルタルで詰めてタイルを貼ることになる。

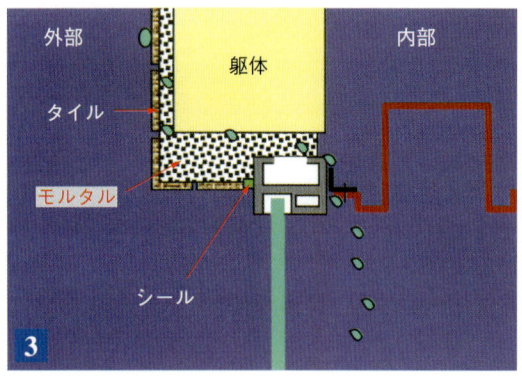

3 外壁躯体と後で塗りつけたモルタルの間のすきまを雨水が通り，漏水となる。

4 これは手すりのモルタル笠木であるが，塗った部分がきれいに割れてしまっている。3のサッシ上部のモルタルもこのような状況になっているのである。

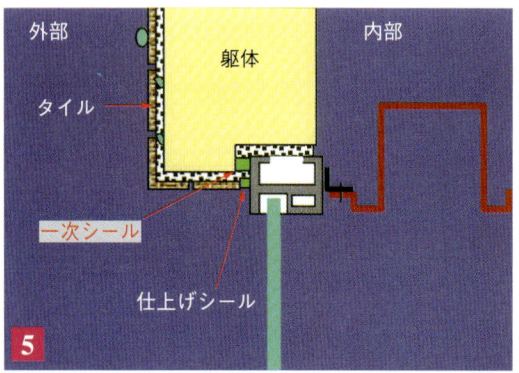

5 モルタルに頼らず，外壁躯体とサッシの間に一次シールを行ってから仕上タイルや石を貼るのが正しい施工方法である。

　この事例からわかるように，漏水防止に不可欠なことは，躯体の精度の確保である。担当者にこのような内容を詳しく指示すると，「そんなことはあたりまえ」との返事がかえってくるが，実際の仕事を見るとできていない。その言い訳は「前はうまくいったのに！」である。頭で考えていることと現実の間に大きな溝がある技術者が増える傾向にある。管理すべき本質的なものまで「丸投げ」では困る。現実を見て反省をし，次には改善を重ねていけるような人材の育成こそ優先的に行われるべきだと痛感する。

12 サッシまわりの漏水 2

　1 はサッシ図面が判読しにくかったため、止水ゴムの方向を間違えた例である。施工図は取り付ける人への伝言である。CADで描いたきれいな図面より、ポイントを押さえたわかりやすい図面を心がけてほしい。

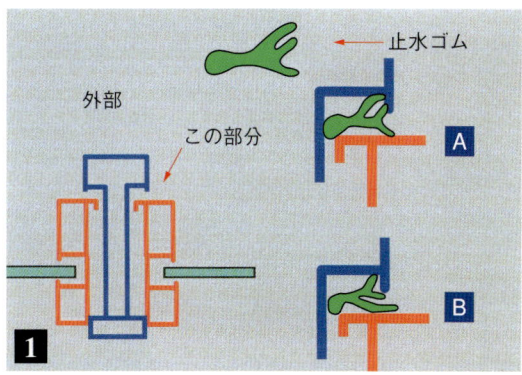

連窓サッシの止水ゴムの入れ方をBのように間違え、漏水してしまった。Aが正しい。サッシメーカーは取付けの細かい指示をしていなかった。

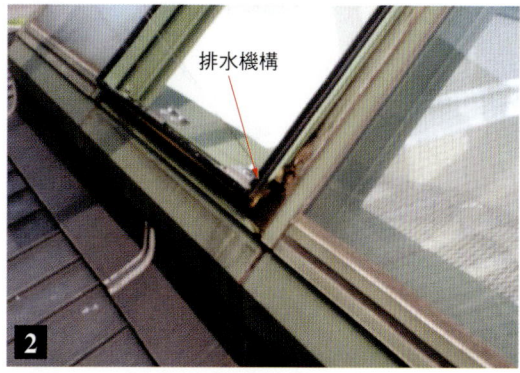

開閉式のトップライトの排水機構を落ち葉が塞ぎ、水位が上がって内側に漏水した。メンテナンスのしにくい場所は、対策を立てておきたい。

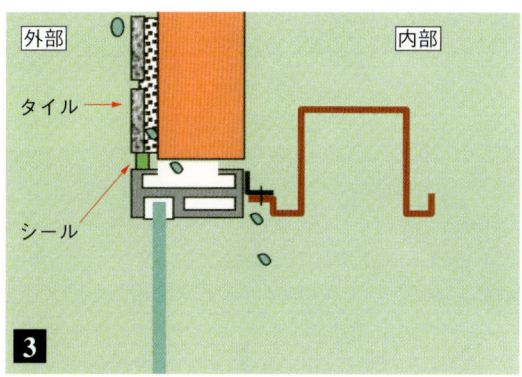

サッシと外壁の仕上げ面を合わせたデザインで、タイルとサッシの間だけシールしたが、タイルと躯体の間をまわった水が内部に入り込んだ。

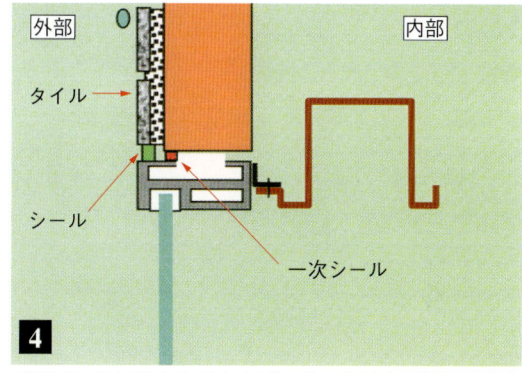

デザイン的に許されるならば、サッシは水が切れるように内側に寄せる。そうでなければ、上図のようにサッシと躯体の間に一次シールを施工する。

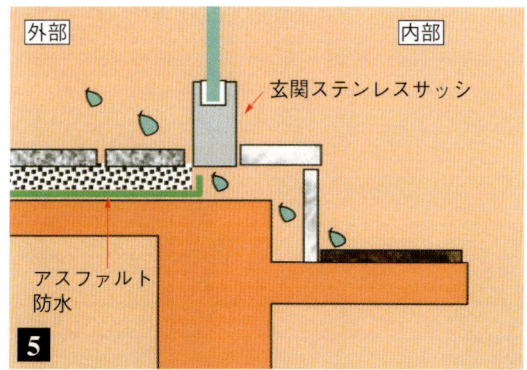

アスファルト防水のサッシとの防水仕舞いが悪く、大雨時に内部に漏水してしまった。

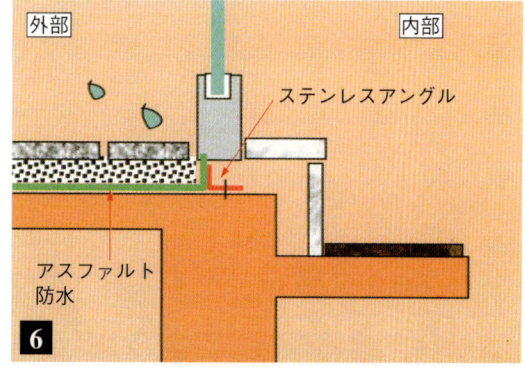

躯体で立上りをつけるのが最もよいが、できなければ上図のようにアングルを通し、サッシとの間にシールをした後、アスファルト防水を立ち上げる。

13 サッシまわりの漏水 3

　サッシそのものの配置や設計が悪く，内部へ雨水が浸入することがある。特に台風などの強風時にも問題が発生しないように考慮しておく必要がある。

庇の出の少ないエントランスサッシの場合，強風時には雨水が内部に浸入してしまう。開き戸は引き戸に比べ水が入りやすい。

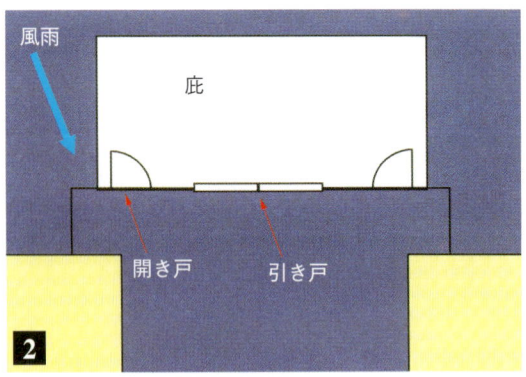

庇は前面ばかりでなく側面の出も必要になる。

エレベーター機械室の換気ガラリの位置が悪く，風雨が強い場合雨水が吹き込んで機械や配電盤に水がかかることがある。

狭い機械室の場合は十分に検討を行う。

引違いサッシの膳板の塗料が，結露水によってはがれている。

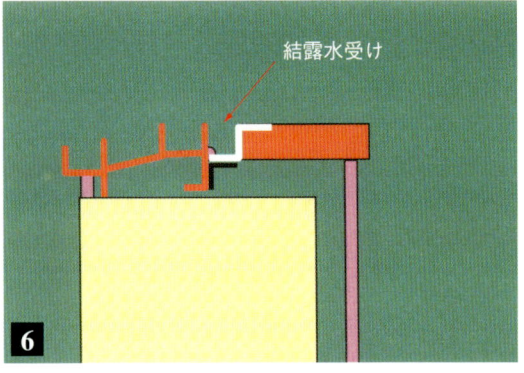

上図のように，結露水受けと取付けサッシとの間をシールして，結露水をためられるような機構をつくる。

14 サッシに金物の水切りがない納まりの失敗

　サッシの下部に金物の水切りを取り付けない納まりの場合，漏水事故が起こりやすい。タイルなどを止水性のあるものだと誤解し，サッシとタイルのシーリングだけで止水している例が見受けられる。水は躯体で止めるという原則を忘れないようにしたい。

水切りなしでシート防水を直接サッシに巻き上げたが，端部の三角シールが切れてしまっている。

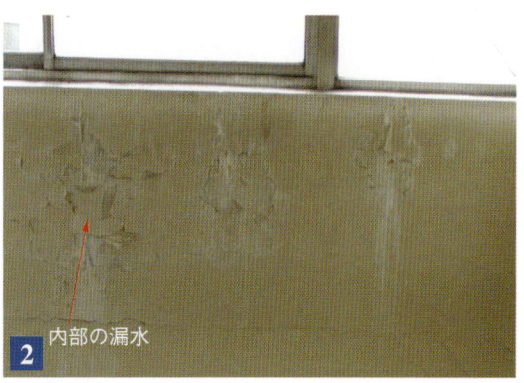

その内部で漏水している状況。塗料が漏水によりはがれている。

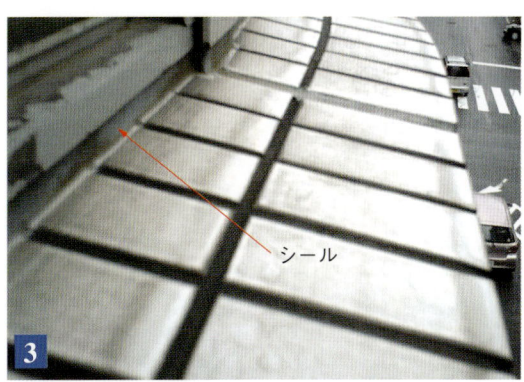

連窓サッシの水切りをタイルで仕上げたものだが，この部分から漏水している事例が多い。

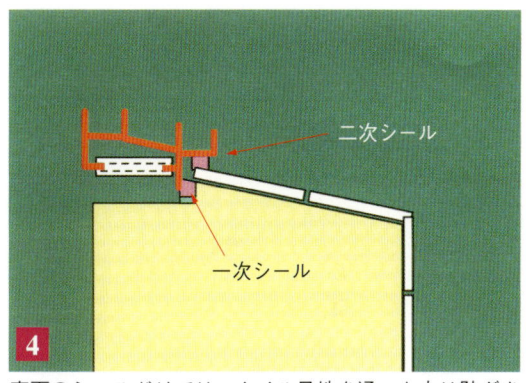

表面のシールだけでは，タイル目地を通った水は防ぎきれない。躯体との間の先行一次シールの施工を忘れてはならない。

精度が悪いため，サッシと躯体との間にあいた大きなすきまをモルタルでふさいでいる。これでは一次シールどころではない。

このように仕上がってしまうと，躯体とサッシとの防水の取合いがわからなくなる。タイル貼り前の検査と圧力散水試験は必ず行いたい。

15 サッシに金物の水切りを付けても失敗

せっかくサッシにステンレス水切りを取り付けても，**1**のようになっては意味がない。水切りを納めるための躯体の欠き込みとタイルの貼りしろを考慮して，施工図を作成しなければならない。

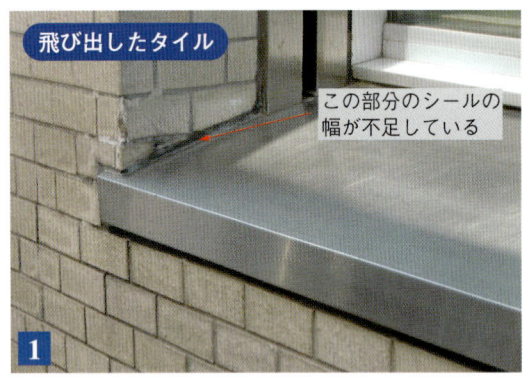

1 サッシ水切りの熱膨張や振動により，タイル下地のモルタルが躯体から剥離して，タイルとともに前面に飛び出している。

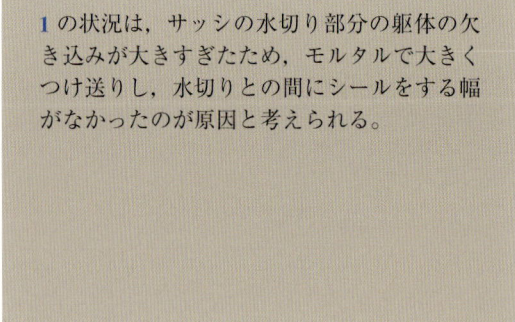

1の状況は，サッシの水切り部分の躯体の欠き込みが大きすぎたため，モルタルで大きくつけ送りし，水切りとの間にシールをする幅がなかったのが原因と考えられる。

2 上図のような躯体であったと考えられる。

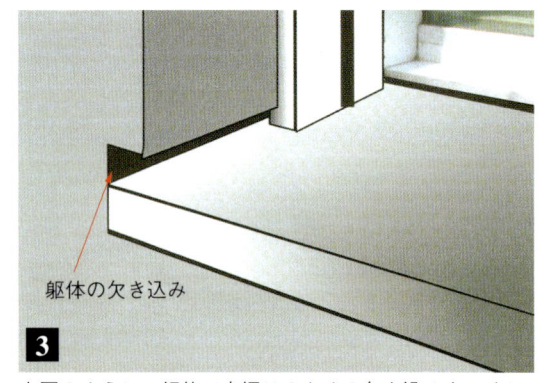

3 上図のように，躯体で水切りのための欠き込みをつくり，躯体と水切りの間に一次シールをしてからタイルを貼れば，このような事故は発生しなかった。

サッシの施工図作成時には，それを納める躯体の詳細をその時点でまとめておくと，能率的でかつ間違いを少なくできる。

4 これは，コンクリート打設前の型枠の状況である。水切りのための欠き込みを躯体工事の際に入れてはあるが，断熱材を使っているため精度が悪くなる。

16 横引きドレイン高さの失敗

1は横引きドレインが高いため、屋上に水たまりができてしまった失敗である。この状況はアスファルト露出防水なので目に見えて顕在化したが、押さえコンクリートの下でこのような状態が起こり防水層の水はけを悪くして、防水の性能を落としていることがある。配筋方向とドレインの配置の戦略が大切である。

横引きドレインが高いまま防水が施工され、降雨のたびに水たまりができてしまう。水勾配が少ない場合、水下の増し貼りシートの重ね部分でせき止められることがある。

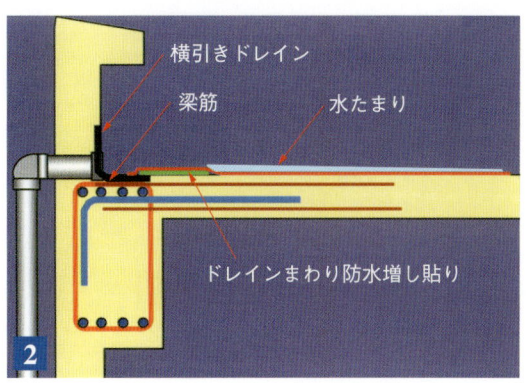

ドレインの高さが高くなるのは梁筋との取合いの検討不足である。ドレインを水下より3cm下げるには、鉄筋にあたらないように計画しなければならない。

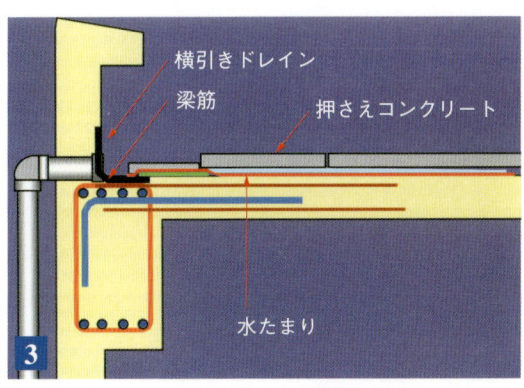

押さえコンクリートがあると、水勾配がうまくとれているように見えるが、ドレインの位置が高い場合、押さえコンクリートの下には水たまりができてしまう。

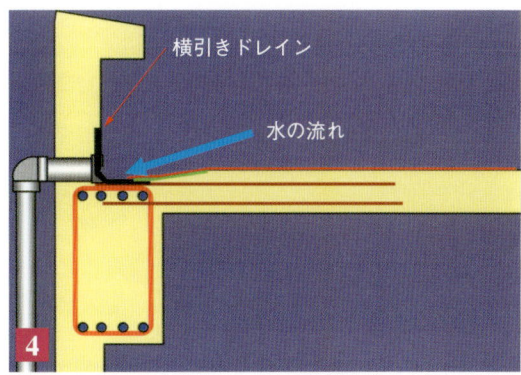

梁の配置を考慮してドレインを配置することにより、このようなきれいな納まりになる。特にドレインの下は鉄筋が密なため、コンクリートの突固めが大切である。

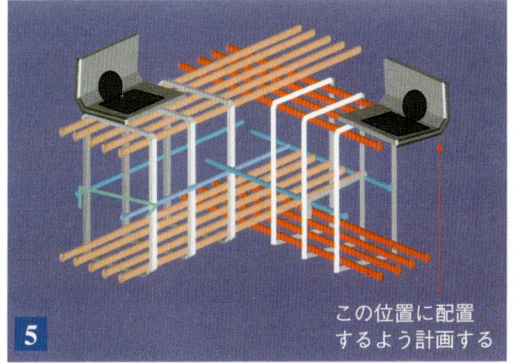

横引きドレインは、左の高い梁の上ではなく、右の低い梁の上に配置するよう計画しなければならない。

ドレインの取付け位置が高いと、雨の翌日でもこのように水たまりが残る。

17 横引きドレインまわりの失敗

1のような納まりは，設計図や施工図段階での断面図では表現されにくい部分である。建築工事では，かなり重要な部分の標準ができ上がっていないことが多い。当たり前のことがどうしてできないかというと，それぞれの受け止め方が違うからである。また当たり前のことも多岐に渡っているため，習得に時間を要する。ゆとりのないときには失敗例から学んでゆくのが効率的である。

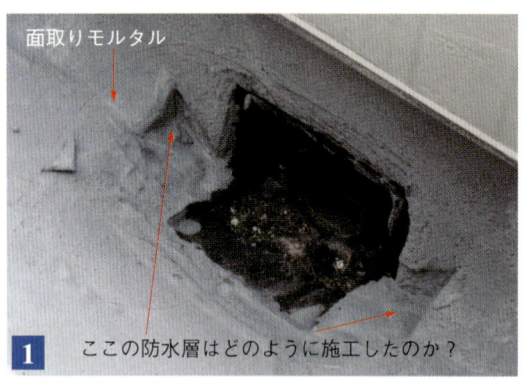

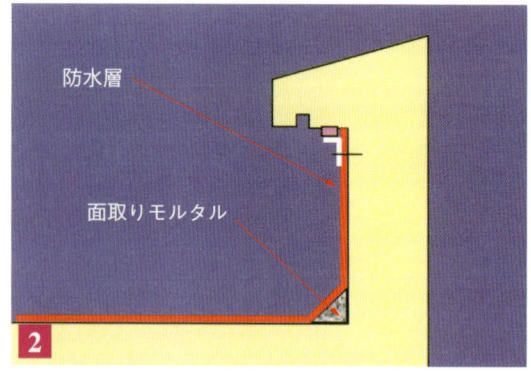

1は面取りモルタルをドレインの近くで切り落として，そのまま防水工事を行っている。ドレインのカバーを納めるための行為と推測されるが，これでは面取りモルタルを施工する意味がない。2のように防水層の曲がりを緩やかにして，防水の欠陥を防ぐのがその目的である。水を集める部分での施工不良は致命的なものになる。

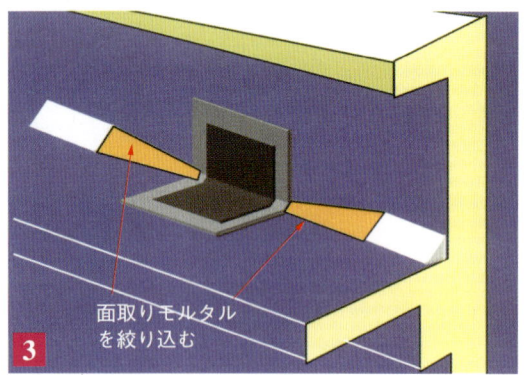

このように面取りモルタルをドレインの曲がり部分に合わせて絞り込むと，防水層を緩やかに施工でき，ドレンカバーもきれいに納まる。

横引きドレインが奥に入りすぎてしまい，メンテナンスができない。開口は大きく取らなければならない。U字溝を逆さに使うと，きれいな開口を作ることができる。

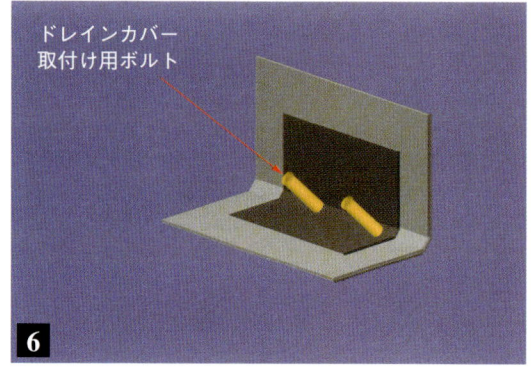

横引きドレインの位置が悪くカバーが正しく納まっていないため，別のカバーを取り付けている。穴が開いてしまうため網でふさいでいる。

ボルトをはずしておくことが多いので，ボルト穴がコンクリートやアスファルトで埋まらないよう配慮する。

18 ルーフドレインの高さの失敗

ドレインの据付けは，コンクリート打設の直前の作業になるため，下に示すような失敗が多い。スラブの配筋の後で位置を出し，鉄筋を曲げたり切断したりしてドレインを設置するようなことをしていては，正確な取付けは難しい。ドレイン固定のための計画図を作成し，配筋の前に位置決めをして，鉄筋工事担当者と調整をとる段取りが大切である。

水勾配とドレインの配置が悪く，大きな水たまりができてしまっている。水勾配が少なく複雑な勾配を取ると失敗する。またデッキプレートのたわみも考慮しなければならない。

ドレインが高く打ち込まれたため，水はけが悪くなっている。水下コンクリートレベルから3cm下げなければならない。

コンクリートに打ち込んだドレインが，コンクリート面より高い。これでは水たまりができてしまう。また斜めに打ち込まれている。

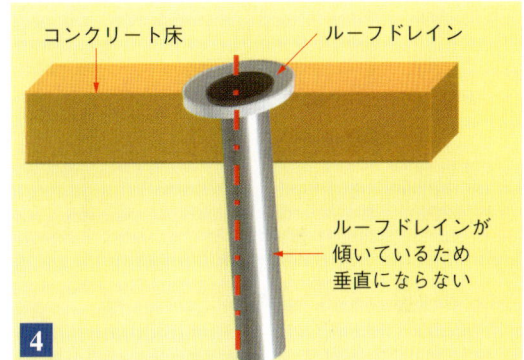

上図のように，打ち込んだルーフドレインが水平に取り付けられていないと，後にねじ込む排水管が垂直にならずに接続のやり直しとなる。

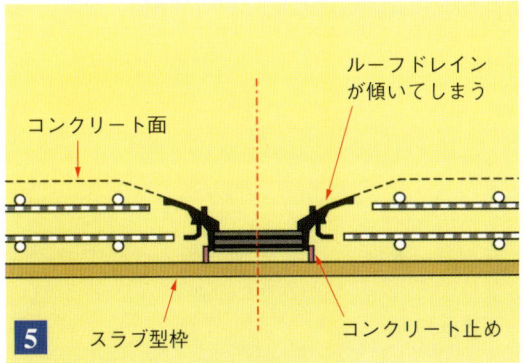

高さが高すぎたり，斜めに取り付いてしまったりするのは，スラブ型枠にしっかりと水平を出して固定していないからである。

きれいに打ち込まれたルーフドレイン。ドレインの周囲には補強の鉄筋があり，コンクリートが入りにくいので十分な突固めを行う。

19 ドレインの配置計画の失敗

　雨の日でもないのに床に水が流れ，藻が発生したり床面が汚くなっているのを見かける。先をたどってみると空調機からの結露水であることがわかる。建物の外観にはお金をかけてきれいにしているのに，このような部分に配慮がないのは残念である。はじめから計画していれば低コストで改善できた。

露出防水の屋上に空調機の結露水の排水が汚く流れ続けている。「外部だから排水を垂れ流す」という安易な考えがこのような結果を生む。

これは室内機の排水を直接バルコニーのドレインに流している良い例である。

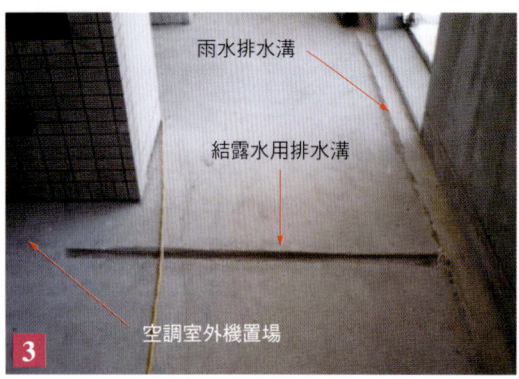

マンションの廊下側に空調機の排水が流れていると見苦しい。このようにあらかじめ排水溝をつくり，蓋をかける工夫があるとよい。

塔屋の雨水を外部の樋で屋上に流している。この配置も，なるべくドレインの近くに来るように考えて計画したい。

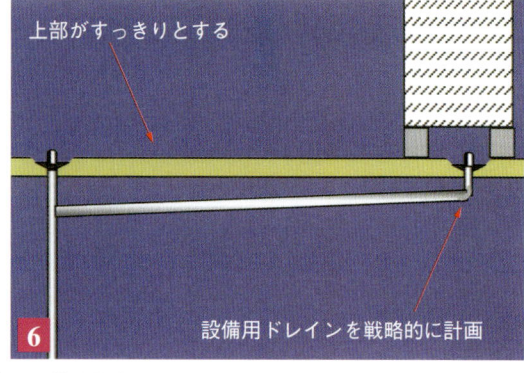

5はクーリングタワーの自動洗浄の排水が屋上の床にあふれ，床には藻が発生している。ドレインの計画のときに設備排水まで考慮することは少ない。このためのドレインを1個増設しておけば，通路をふさぐ配管がなくなりきれいな納まりとなった。

20 ルーフドレインの付け忘れ・付け替え

ルーフドレインの材料を手配しておきながら，取付け工事をあらかじめ契約しないことがある。コンクリート打設直前の忙しさの中で忘れ去られると，1のように大変な手間をかけて穴あけを行い取り付けることになる。しかも，できたものは品質が悪い。

鉄骨階段の踊り場にドレインを設置せずにモルタルを打設してしまい，後ではつり出して据え付けているところ。

スラブにコア抜きをしてドレインを据え付けモルタルを入れようとしているが，このような据付け方法では水平が出ないためやり直しとなってしまう。開口補強筋も入らない。

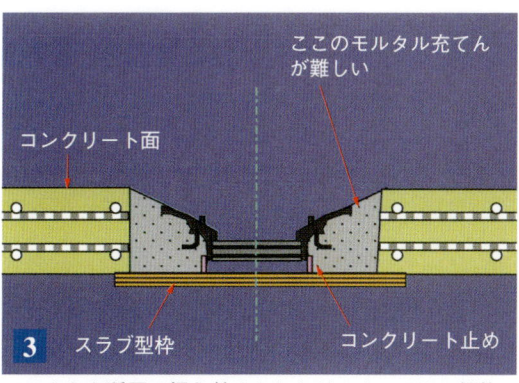

このような断面で据え付けられたドレインでは，躯体での止水は期待できない。

防水層に欠陥があった場合，もっとも弱いドレイン周囲のモルタル部分から上のように漏水する。

デッキ部分のモルタル後打ちの状況。後打ちモルタルがあふれてしまい，振動で落下するおそれがある。

ひとつの失敗が発生した場合，それを姑息な方法で手直しすると，ほとんどの場合，それに起因した新しい不具合が発生する。それも致命的な形となって現れることが多い。起こってしまった失敗はチーム全体で話し合い，その対応にはより高い技術力や経験をもったメンバーの意見を取り入れ，全員の失敗事例として認識し，堂々とした対応をしていくことが大切である。ISOを取得している企業が増えているが，形だけのものに終わらせずに，不適合をはっきりと記録に残し再発防止に真剣に取り組む企業姿勢が求められる。

21 工事中に雨水ドレインを詰まらせ引渡し後に漏水

　工事の途中，いろいろな場面で雨水排水管を詰まらせる状況が発生する。ゴミや鉄筋の結束線・釘などが樋の曲がり部分にとどまり，そこにセメントの成分を含んだ排水が流れて固まり，水の流れを遮ることになる。特に排水管の中は，検査しにくいためそのまま引き渡されてしまい，大雨の時に排水しきれず漏水へと至ることがある。

1　ドレインの排水管が詰まると，このような大量の排水に耐えられずあふれてしまう。

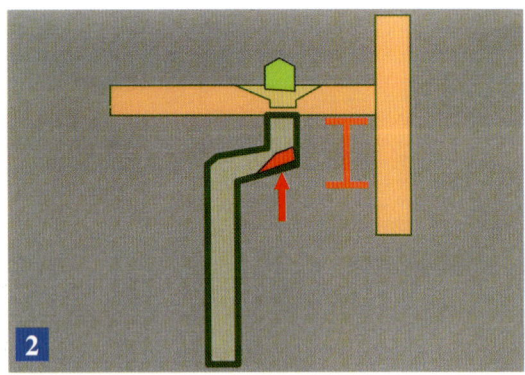

2　この部分が詰まりやすく，かつ清掃に手間とコストがかかる。

3　防水押さえコンクリートを打設した時に，セメント分を含んだ排水が流れているところ。これが樋の曲がり部分にあるゴミを固めてしまう。

4　コンクリートのほこりやゴミが，ドレインの中に入ろうとしている。ここに 3 のようなノロが流れて配管を詰まらせる。

5　対策：ドレインの周囲はいつもきれいに清掃し，ゴミの流入防止のため，写真のようにビニルパイプを輪切りにしてシールで固定し，網を入れて養生する。

6　この写真は，防水押さえコンクリートの石灰分が長い間に溶けて防水層の間にしみ出し，ドレインに流れ込んだもの。

22 ルーフドレイン配管が温度差で破断・漏水

夏に施工したルーフドレインの排水管が，竣工後の冬に継手部分で破断・漏水してしまった。上部はドレインにねじ込みで固定し，下部はコンクリート土間に打ち込んであった。硬質塩化ビニル樹脂の熱膨張係数は50〜$180×10^{-6}$である。夏の温度が30℃・冬の温度が0℃として，30℃の温度差が4mの配水管に働くと，計算上は最大$4,000×30×180×10^{-6}＝21.6$ mm 縮む動きがあったと考えられる。配水管はこの力を吸収できずに破断した。

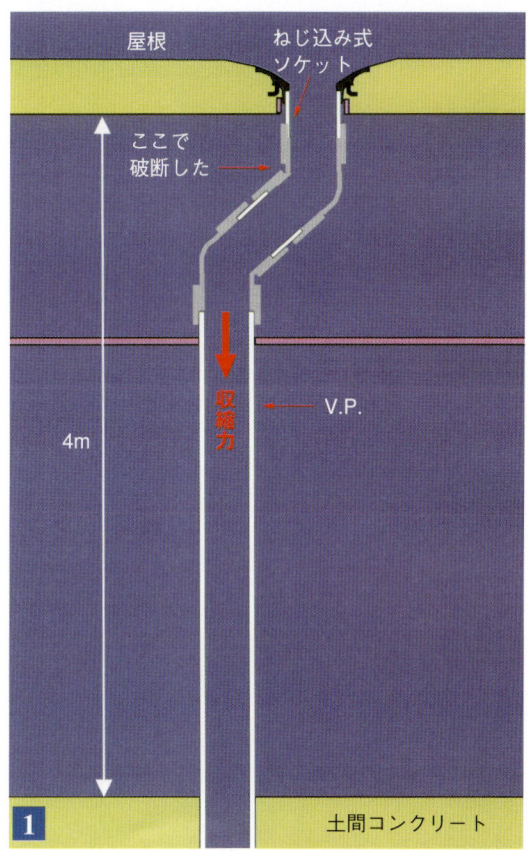

1 30℃の温度差により21.6 mm 縮む動きがあった。

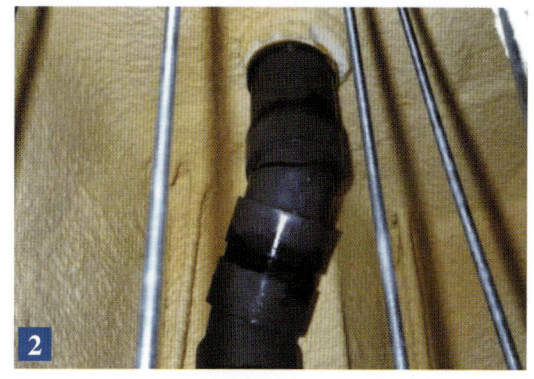

2 下の写真がドレイン配管の割れた部分である。上下を固定したために，温度差による収縮力が働き，破断してしまった。

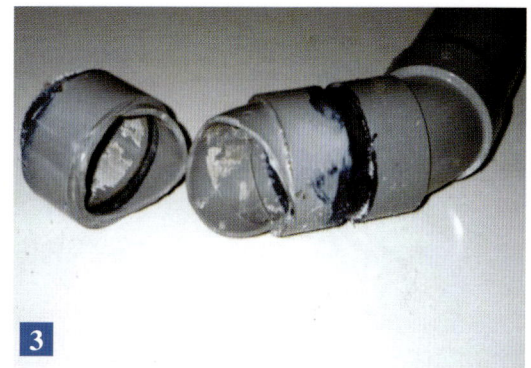

3 大きな引張り力がかかり，継手の弱い部分で割れている。

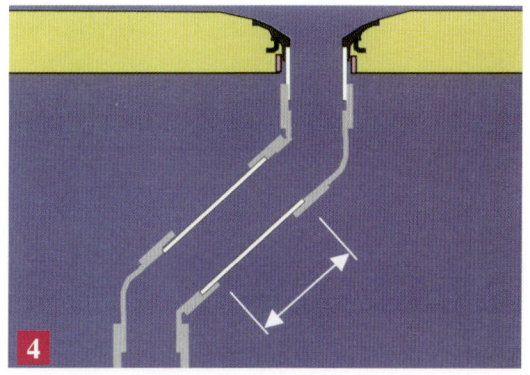

4 上の斜め部分の配管の長さを長くすることにより，ある程度の動きを吸収することができる。

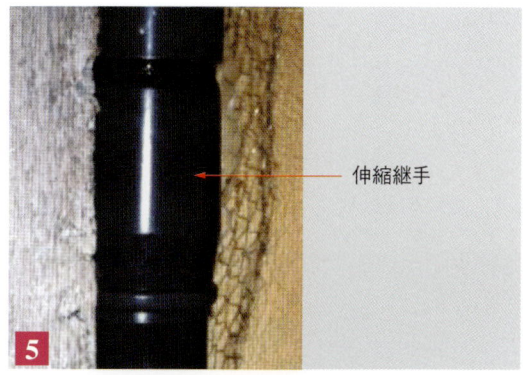

5 動きが大きい場合は，このような伸縮継手を使う方法もある（防火区画貫通のときは配慮が必要）。

23 ルーフドレイン配管からの漏水と配管隠蔽の問題

ドレインにはいろいろな種類があり、その地域特性を計画に反映しなければならない。ここでは、ひとつの失敗事例をもとにその適不適を考える。また、排水管は意匠的には隠したがるものだが、問題発生のときの点検のしやすさを考慮に入れるべきである。

1 真冬の積雪地域でバルコニーの軒天井に雨水が漏れ、ビスの穴を通してボードの表面に現れてきている。

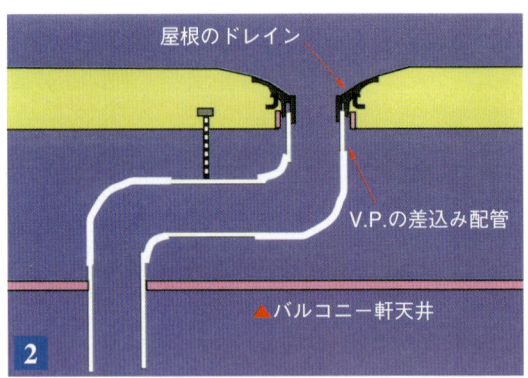

2 屋根のドレインを差込み式の配管で受け、天井内で振って落とす納まりであった。

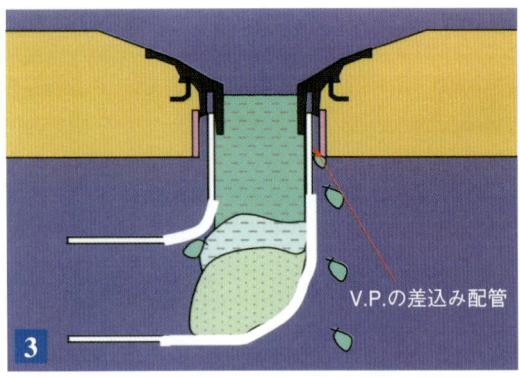

3 エルボ部分で雨水が凍結して配管を詰まらせ、上から流れた水が差込みのゆるい部分からあふれ出たのがこの原因であった。

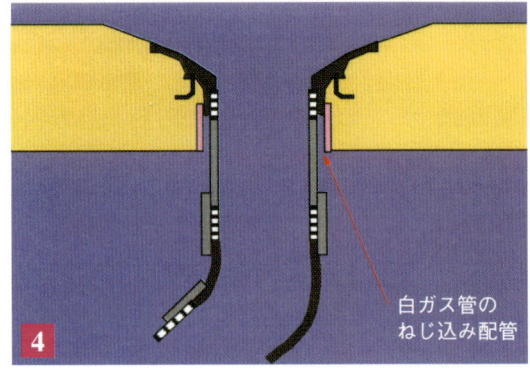

4 差込み配管をやめ、白ガス管のねじ式継手を使うことにより、このような状況での漏水を防ぐことができる。また45°のエルボを使えば、より安全性は高まる。

5 空調ドレインや雨水排水管を柱仕上材の中に隠すと、配管が詰まったとき原因の特定に手間がかかり、補修にコストがかかる。

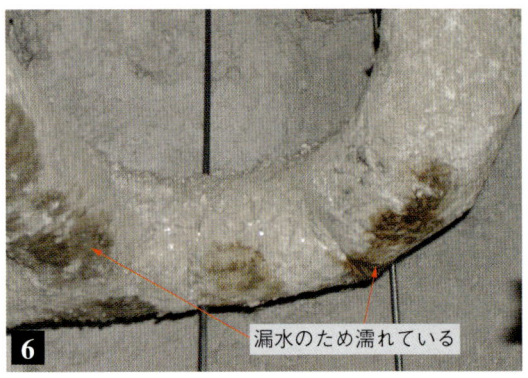

6 排水管は、室内では保温されているため、漏れている部分を特定するときは保温材をはがさなければならない。

24 シート防水の失敗

竣工してしばらくしてから，1のような不具合が発生した。原因はシート防水の接着剤がコンクリートの打継ぎ部分からしみ込み，内部の鉄筋を錆びさせてしまったことにある。防水下の打継ぎ処理をしっかりと行わなければならない。

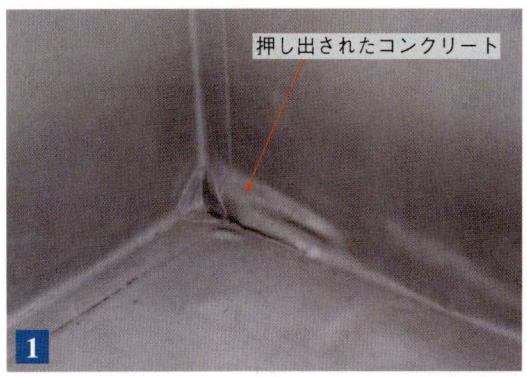

シート防水の内側のコンクリートが壊れて，防水層を押し出している。

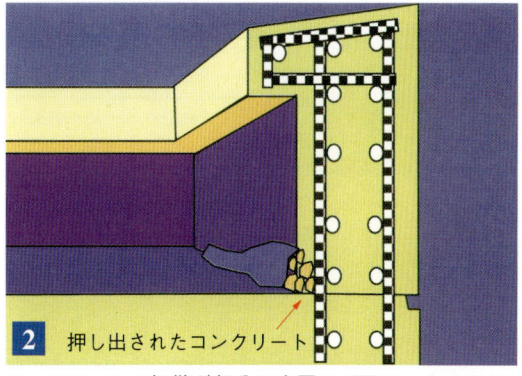

コンクリートの打継ぎ部分の突固めが悪かったためか，シートの接着剤がその弱い部分を通り，鉄筋を錆びさせ膨張した鉄筋がコンクリートを押し出した。

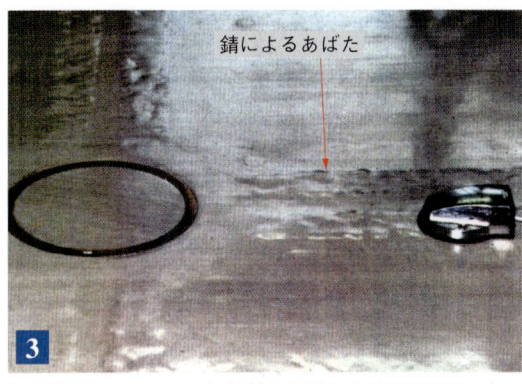

防水関連ではないが，接着剤の影響に言及しておく。床の長尺シートを貼ったところ，フロアダクト部分のコンクリートのかぶりが少なく，錆を誘発してしまった。

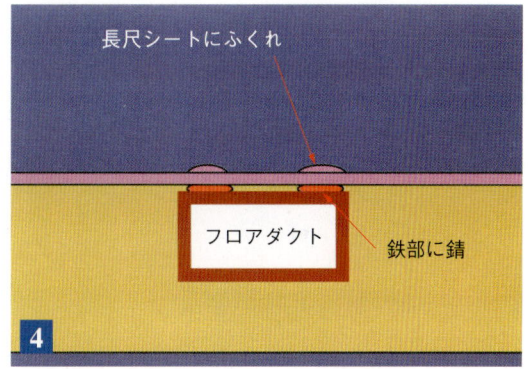

このように錆を誘発しやすい接着剤を使用するときは，鉄部の処理を徹底して行わなければならない。

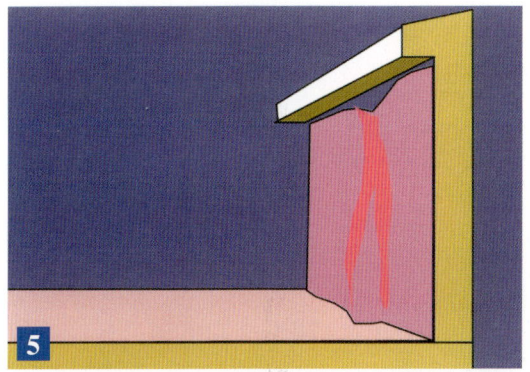

シート防水を必要以上に高く巻き上げた納まりにすると，長年の間に接着力が弱まり，垂れ下がることがある。

機械基礎の立上り部分にモルタルを塗ったため，引張り力が集中してシートが破断した。

25 板金屋根の下地施工不良による漏水

1・2 は施工途中であるが，大雨の日に漏水が発生している。板金屋根の下地シートの施工が悪く，管理されていない例を示す。

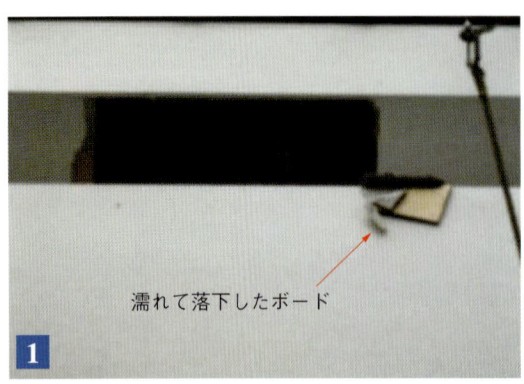

屋根部分の防水が悪く，天井のボードが下地ボードとともに落下した。

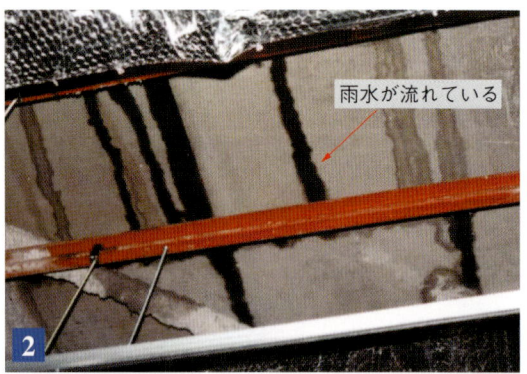

シート防水を施工した後に，写真のように雨水が天井板の裏側を流れている。

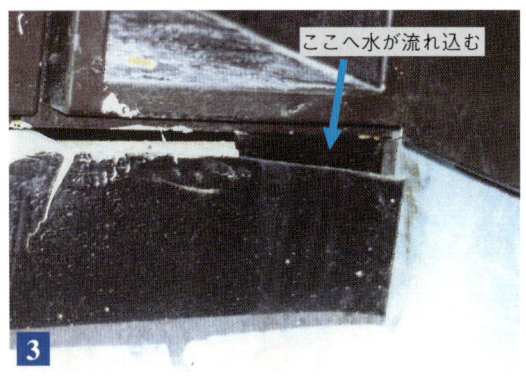

雨樋の最も危険な部分の下地シートが大きく開いている。図面の段階での検討不足はもとより，管理がされていない状況である。

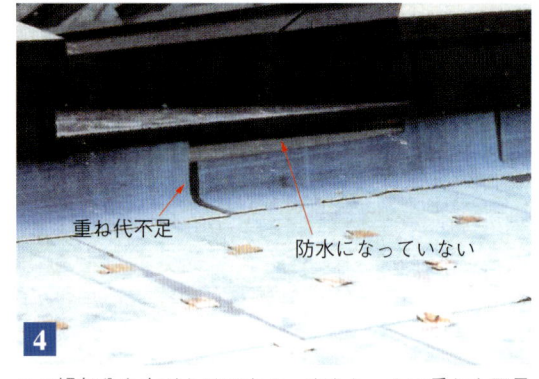

この樋部分も穴だらけである。またシートの重ねも不足している。このまま板金を施工したら，全部やりかえとなるところであった。

金物の位置が悪いため，躯体との取合いに大きな穴があいている。

ここでの失敗の原因は，第一に納まりの検討がなされずに工事を始めてしまったこと，次に下地の段階での検査がなされずに板金仕上げ工事に入ろうとしていたことである。出来合いの施工要領書は何の役にも立っていなかった。それどころか作業する人間はそれをまったく見ていない。現場にたるんだ雰囲気があると，このような仕事になってしまうことを肝に銘じなくてはならない。ここでの管理の重点は，下地の完了時点で専門工事会社の責任者立会いの下で，ハイウォッシャー等による徹底した水圧テストを行うことである。このテストでOKならば，自信をもって次の工程に移ることができる。

26 漏水箇所の発見の難しさ

　漏水があった場合，その原因を特定しようとしても難しい。**1**のように漏水している場所は，デッキプレートの条件の悪い場所から漏れている。スラブのコンクリートが見えていても，コンクリートの打継ぎや弱い部分から漏れているので，防水の欠陥場所にはなかなかアプローチしにくい。破壊しての検査ができないため，散水と漏水をチェックするグループに分かれ，順次検査していく方法が一般的である。

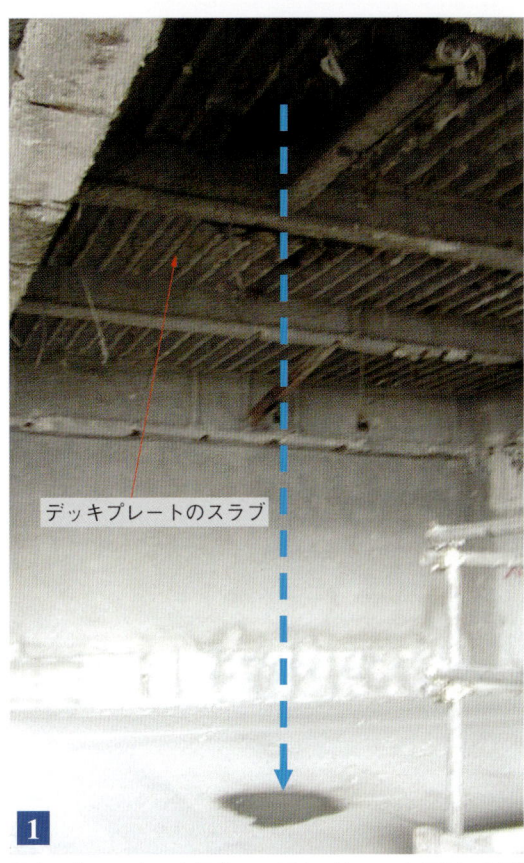

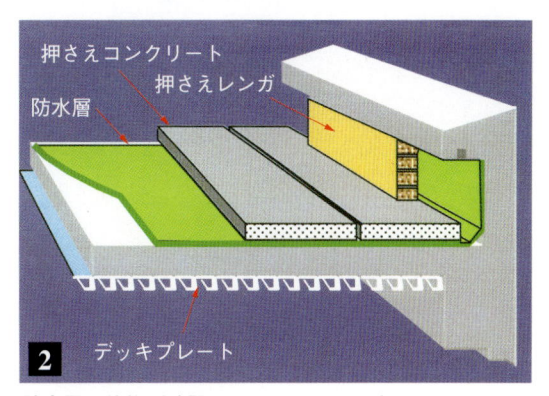

2 防水層の状態が確認できない納まりが多く，リニューアルには多大なコストがかかる。

1 防水の施工不良や老朽化で，漏水があっても原因の場所の特定には時間を要する。

3 押さえコンクリートを除去し，防水層をはがしているところ。最近は押さえコンクリートの上に新しい防水層をつくる工法が多い。

4 防水のやりかえ時に大変なのが，その上にある設備機器の移動である。将来の防水工事まで見据えた計画を行えば，建物のライフサイクルコストは下がる。

5 防水層へのアプローチのしやすさという点では，ウレタン露出防水はメリットがある。

27 防水の段取りと施工不良

　防水の納まりの検討がしっかりと確認された後は、現場の管理である。まず現場の状況が防水工事に入れる状態かどうか、防水工事を行う作業職長に工事着手前に現場を見てもらい、防水する場所の確認と仕事の流れを含めた調整打合せを行うとよい。防水作業に入った後は、その技量を早い段階で検査する。3・4・5のような施工不良をしてしまうクセは早く修正しなければ手遅れになってしまう。専門工事業者から保証書を受け取っていても、漏水を発生させた場合、信用を失うのは管理者である。

1 アスファルトのプライマーを塗っている状況。この前にはすべての事前検査が終了していなければならない。

2 コンクリート釘や穴、あるいは上のような凹凸があっても、確認をしないで防水工事を手配する担当者がいる。前工程の確認を怠ってはいけない。

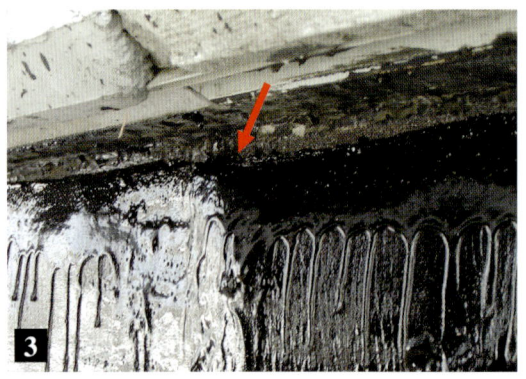

3 アスファルト防水層が躯体に接着せず浮いている。ここから水が浸入してしまう。見えにくいところを早い段階で検査するよう心がけたい。

4 シートへのアスファルトの塗布がないままに完了している。現物を確認する力がなければ、見過ごされて漏水事故に至る。

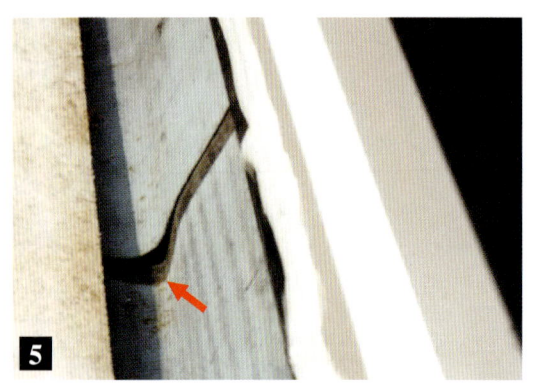

5 金属水切りの裏側の、シートの入隅の重ね部分に穴が開いてしまっている。この状態で次の工程に入ろうとしていた。専門施工会社の自主管理能力が落ちている。

6 金属屋根の下地シートを貼り終えたところであるが、タバコやナット等が散乱している。この時にしっかり管理しなければならない。

28 鉄骨柱取合い部分の防水

　鉄骨柱に取り合う部分の防水には，十分な注意が必要である。施工図の段階で防水納まりがはっきり描かれていないうえに，現場の担当者と防水施工の作業員ともに何の疑問も持たない場合，1のような施工をされてしまう。

1 アスファルト防水のプライマーを塗っているところだが，鉄骨柱の耐火被覆部分の納まりが考えられていない。

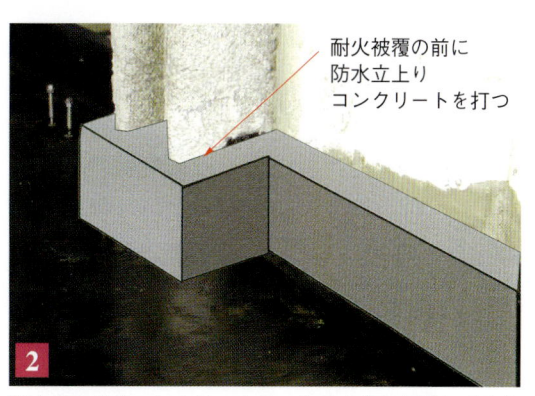

2 防水立上りのコンクリートを，上のように打設してから防水の段取りに入らなければならない。

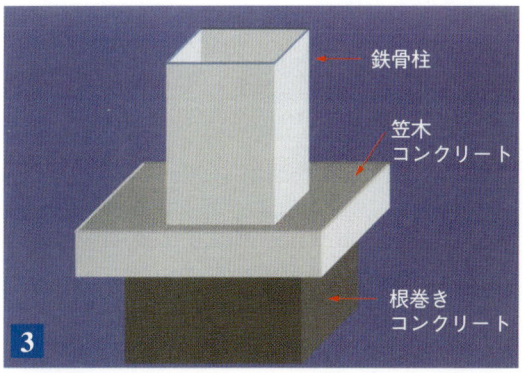

3 鉄骨柱周囲の防水にコンクリートを巻く場合，厚さが足りないと割れやすいので，仕上げが大きくなってしまう。

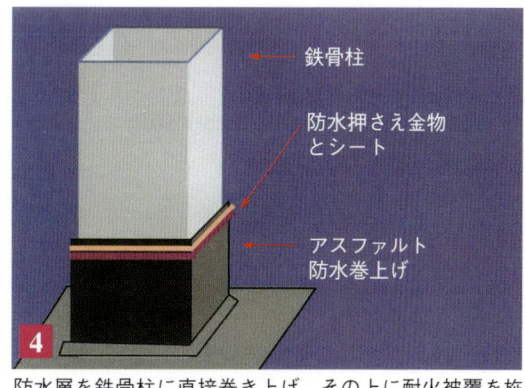

4 防水層を鉄骨柱に直接巻き上げ，その上に耐火被覆を施せば，仕上げを薄く施工できる。

5 鉄骨柱に防水を巻き上げているところ。押さえ金物にシールを打ち，柱全体に耐火被覆を吹き付けて仕上材を取り付ける。

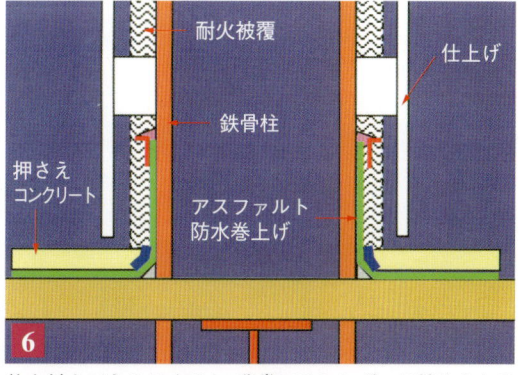

6 仕上材をパネルにすると，非常にスレンダーに納められる。

29 アスファルト防水の問題と防水工法の選択

　アスファルトを溶かすと鼻を突くような異臭が発生する。いざ施工を始めたところで近隣から苦情が出て、工事を中止しなければならないことが多い。あらかじめ状況を考慮のうえで判断しておくべきである。また、防水工法も種類が多くなっている。ライフサイクルコストを考えた、その場所に適した防水工法を選択すべきである。

1 アスファルトの釜を室内でたいているところだが、鼻を突くような異臭が発生する。煙を火災と間違え消防へ連絡され、消防車出動になったこともある。

2 スロープ部分に設置したアスファルト釜が倒れ、シートに燃え移り火災になったことがある。引火点が280℃なので、火災防止に注意を要する。

3 近隣の状況を考えて、外部のアスファルト防水をトーチ工法に変更して施工しているところ。バーナーで熱してアスファルトの付いたシートを接着する。

4 トーチ工法用のシート。シートが厚く硬いため、ジョイント部や防水端部の施工がやりにくい。凹凸の多い部分では十分に管理しなければならない。

5 上図のように狭く作業の難しい場所でのアスファルト防水は、欠陥の出るおそれがあるので、あらかじめ基礎を整理しておくか、防水の種類を変えることも必要になる。

6 屋上をウレタン防水で施工した状況。複雑な場所でも施工性が良く、将来漏水が発生したときも漏水箇所を特定しやすい。断熱は、躯体内部で施工する。

30 後施工アンカーなどによる防水層の破損

建築には多くの作業員が関わる。多くは作業当日来てから指示を受け，作業を行うため，以前の事情はわからない。そのため，指示する人間がこまめな指導を怠ると，問題が発生しやすい。管理者も忙しさの中でその問題を見逃してしまうため，下記の2つの事例（1〜3・4〜6）のような失敗が起こってしまう。現場担当者と作業員の「あたりまえ」や「常識」には距離があることを認識しなければならない。

1 屋上の防水押さえコンクリート打設後に，設備機械の基礎を作るため後打ちアンカーを打設したところ。

2 ドリルで削孔した下部には防水層がある。水張り試験で漏れなくても，後でこのように孔をあけてしまったのでは，意味がない。

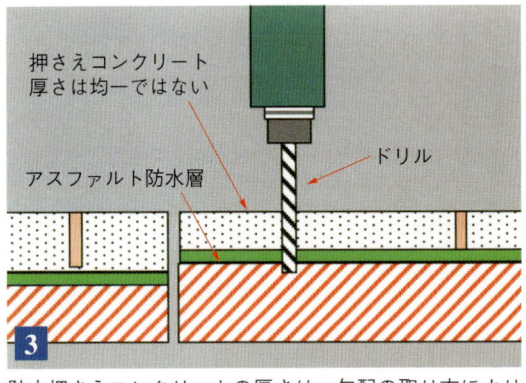

3 防水押さえコンクリートの厚さは，勾配の取り方により均一にはならないことが多いので，後打ちアンカーの施工は危険である。

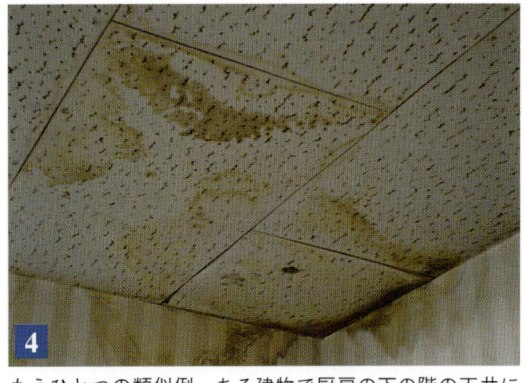

4 もうひとつの類似例。ある建物で厨房の下の階の天井に漏水があった。

5 厨房のグリーストラップの型枠工事の際に，アスファルト防水層を傷付けてしまったのが原因であった。

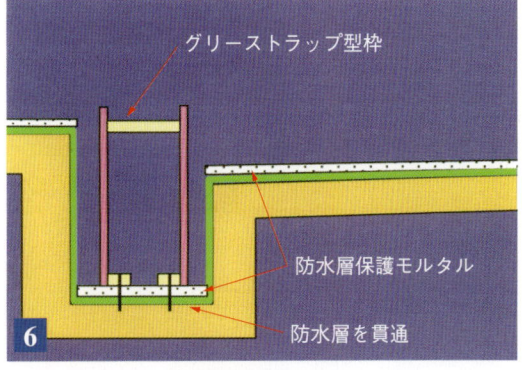

6 グリーストラップの型枠を固定する時，保護モルタルの上にコンクリート釘を刺してアスファルト防水層を貫通してしまった。

31 温度差による屋上防水押さえコンクリートの伸縮

防水押さえコンクリートは，防水層を保護するために設けるものであるが，基本を理解しないで施工すると，かえって防水層を傷める結果となるので注意が必要である。

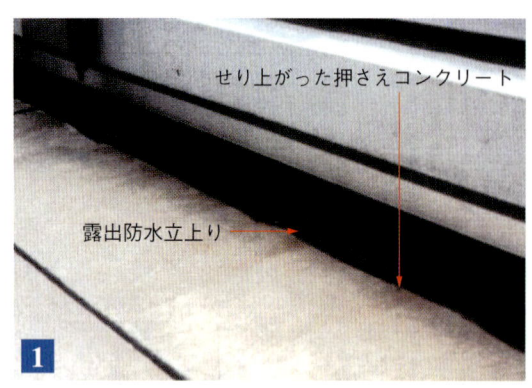

1
防水押さえコンクリートが温度差によってせり上がり，露出防水の立上りを押し込み，傷めてしまった。

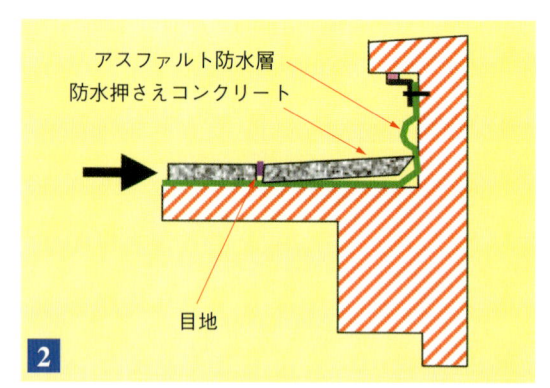

2
上図のように，端部の押さえコンクリートが熱膨張で押されてせり上がり，温度が下がると元に戻る。この繰り返しで防水層を傷める。

3
目地に入れたアスファルトコンパウンドが，押さえコンクリートの膨張によって上にはみ出している。除去すると防水層が圧密されていた。

4
膨張により接する2枚の押さえコンクリートが圧縮され，手前側が折れて奥のコンクリートがせり上がってしまった。

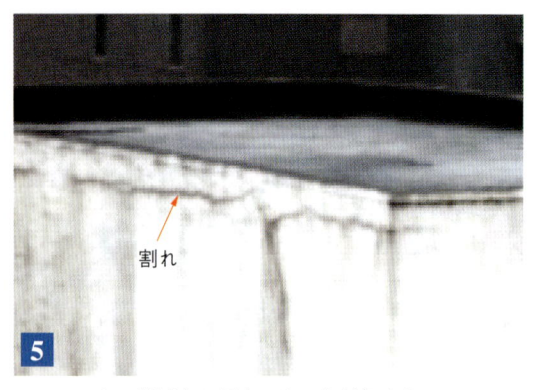

5
エレベーター機械室の屋上。ちょうど押さえコンクリートの位置にひび割れが発生している。

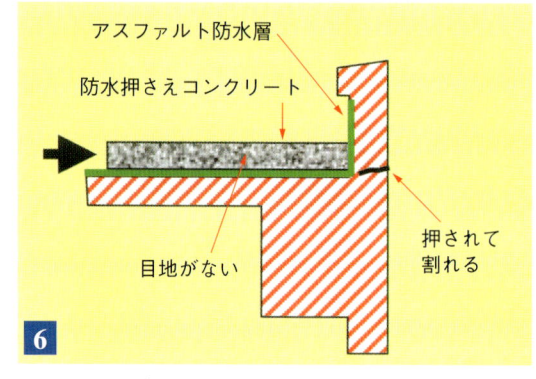

6
パラペットの高さが小さいため壁厚が小さく，シングル配筋にしたため，押さえコンクリートの力に対抗できなかった。

32 温度差による屋上防水押さえコンクリートの伸縮の原因と対策

　温度差による屋上防水押さえコンクリートの伸縮を吸収するために，伸縮（吸収）目地棒があるが，その取付けのときのモルタルの施工に問題の原因がある。膨張による動きを吸収する仕組みを作っていながら，その目地の下に少量のモルタルが入ることが原因になっている。

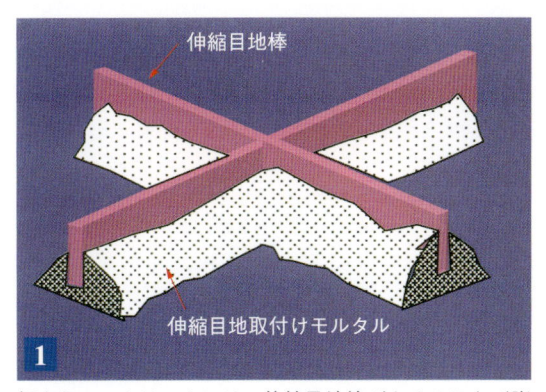

1 伸縮目地棒／伸縮目地取付けモルタル

押さえコンクリートには，伸縮目地棒があるのになぜ膨張を吸収できないのか。目地を取り付けるためのモルタルに問題がある。

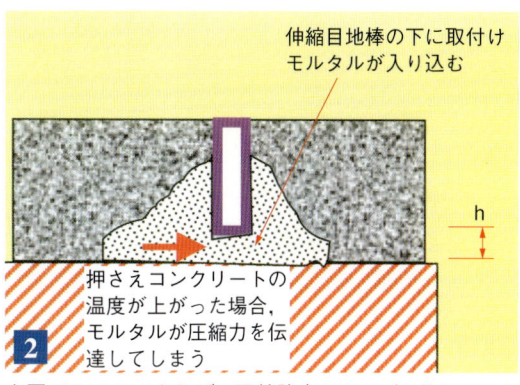

2 伸縮目地棒の下に取付けモルタルが入り込む／押さえコンクリートの温度が上がった場合，モルタルが圧縮力を伝達してしまう

上図で h＝2 cm あれば，圧縮強度 300 kgf/cm² のモルタルで 1 m 当たり 100 cm×2 cm×300 kgf/cm²＝60 tf の力を伝達する。

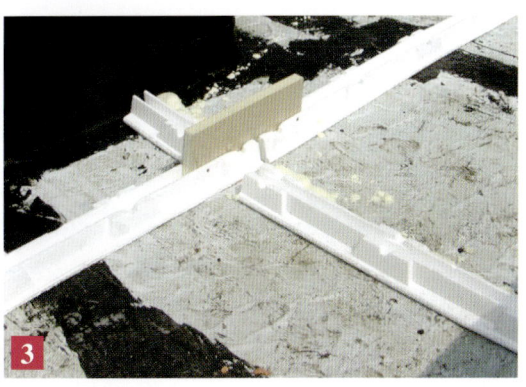

3

上のようなアスファルト面に貼り付けるタイプの製品ならば，モルタルが入り込むことがない。

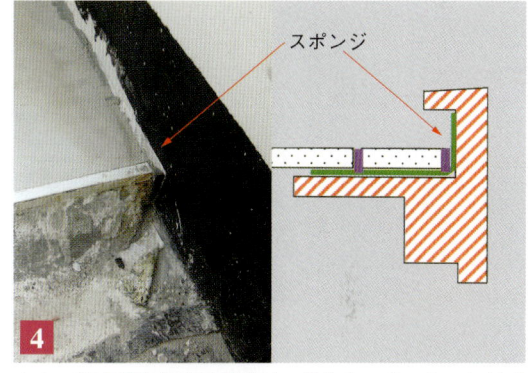

4 スポンジ

また，防水層と接する部分は，柔らかいクッション材を入れると，熱膨張による動きを吸収しやすい。

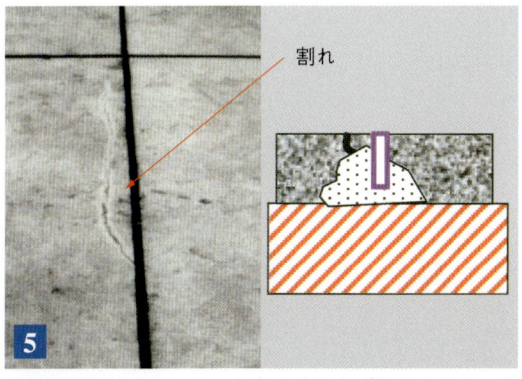

5 割れ

伸縮目地取付けモルタルを高く盛りあげ過ぎた場合，後で打設するコンクリートが薄くなるため割れが生じやすい。

6

防水の寿命が切れて漏水が発生したときに，防水押さえコンクリートがあるとやりかえに時間とコストがかかる。保全性を考え，断熱ブロックを使うのもよい。

33 アスファルト露出防水の上に砂利を置いて漏水

1のような屋上のアスファルト防水層に直接砂利を敷いた建物が，しばらくして漏水するようになった。屋上緑化が指導されるようになってきているが，十分な配慮を行わないと漏水が発生して，その対策に多額の費用がかかることになる。

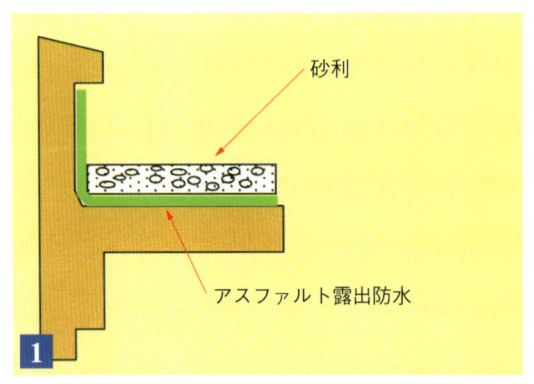

1 アスファルト防水の上に直接砂利を敷く設計であった。

2 上には写真のような植物が生えていた。水分と光があり，植物の生育には良好な環境になっていた。

3 竹が写真のように防水層を破って根を広げ，漏水を引き起こしていた。

4 上のように，防水押さえコンクリートの上に砂利を敷いても安全ではない。根は目地の間からでも伸びるため，効果は期待できない。

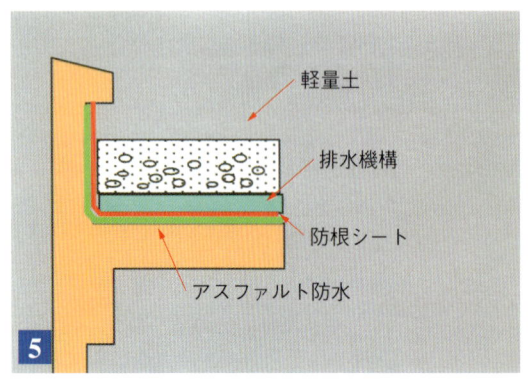

5 最近では上図のような納まりが増えているが，根がアスファルト層に食い込まないような工夫が必要である。防根シートは実績のあるものを使い，重ね合せを十分に取る。

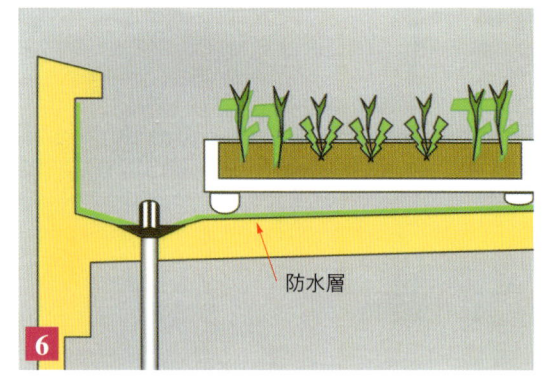

6 防水層の点検が可能で，ドレインへの泥水の流入を確認できるようにしなければならない。建物のライフサイクルの中で，防水層のやり直しは間違いなく出てくる。

34 地下二重壁まわりの漏水

地下外壁は，二重壁にして外壁から漏水した水を二重ピットへと誘導するが，柱についても同じように対策が必要である。また二重壁の内部の状況を確認できるよう，点検しやすい工夫を忘れてはならない。

1
柱のコールドジョイントから漏水して内部の床を濡らし，カビを発生させている。

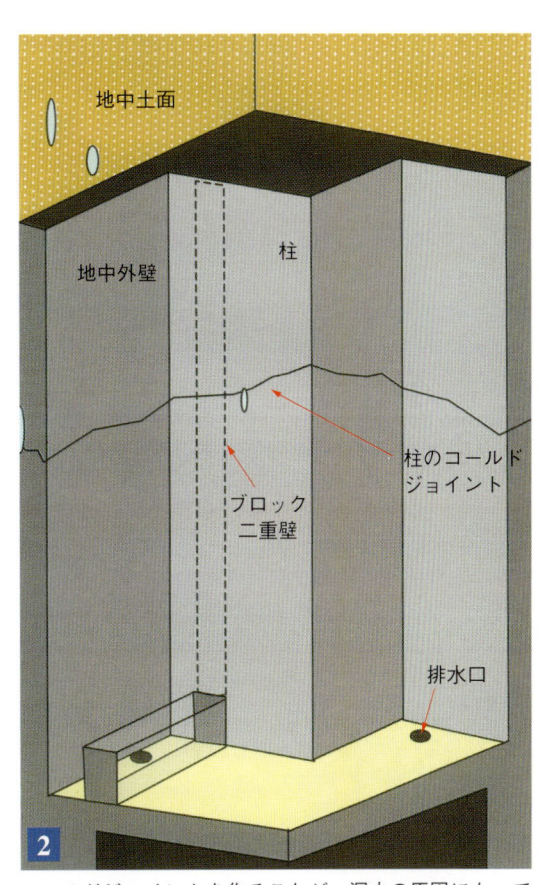

2
コールドジョイントを作ることが，漏水の原因になっている。打ちまわしに配慮して密実なコンクリートを打設しなければならない。

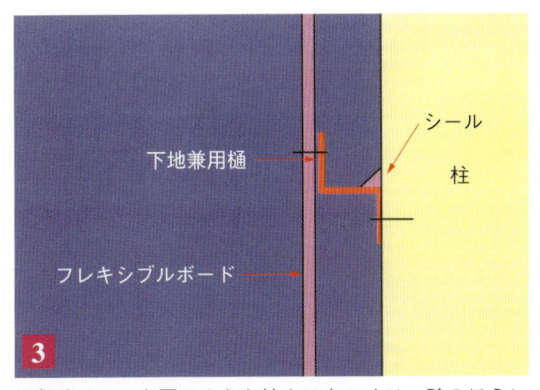

3
柱部分には，上図のような納まりをつくり，壁のほうに漏水した水を誘導する。

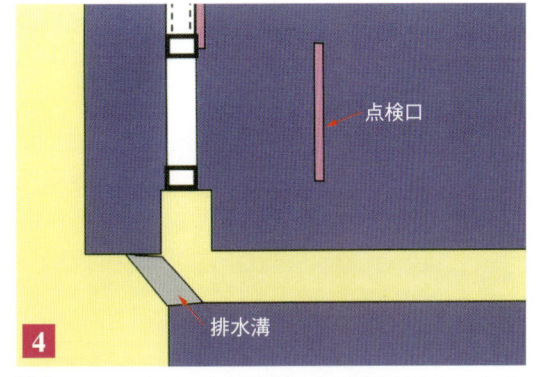

4
排水口はコンクリートの成分により詰まりやすいので，壁の点検口は必要である。上図のような簡単なビス留めの納まりでもよい。

35 防水しにくい部分の漏水

　工法により外部からの止水が難しい部分がある。内部から小さな穴を開けて膨張性のある防水材を詰める止水方法があるが、水はその場所が止まっても次に弱い場所へ移っていくものである。ならば樋を取り付けて流してしまうというのも漏水防止のひとつの対策である。

1 仮設の構台杭の部分のスラブコンクリートを後で打設したが、その打継ぎから漏水しているところ。上部からの防水ができにくい場所である。

2 その下部の水たまり。水は躯体の打継ぎや弱い部分を通り漏水する。

3 これは漏水が天井に落下したために、応急措置としてビニルシートで樋をつくり、排水溝へ流しているところ。

4 漏水部分にドレインパンを取り付けて水を流しているところ。これを天井内部に納められるとすっきりとする。

5 漏水部分にステンレスの受け樋を取り付けたもの。

6 地下道の壁に漏水するのを防ぐために受け樋を通したもの。

36 施工要領書と施工記録の問題点

防水専門工事会社が作成した一般的な施工要領書を，何のチェックもなしに印鑑を並べて承認願いを出す現場がある。その施工会社の品質保証では漏水防止を第一に掲げていても，工事現場の担当者の教育にまで手がまわらないのが実情なのかもしれない。防水工事の施工要領書は，その建物で特に注意を要する点を重点的にピックアップし，施工不良を起こさないためにどのような管理をしていくかの意気込みを表すものである。それをもとに管理者・建設会社・工事専門会社がお互いに約束通りの施工を行う取り決めをし，あらかじめ決められた工程の各段階での検査を，誰の責任の下で行うかを明記しなければならない。そのためには実際に施工を行う作業員を含め，関係者全員が短時間で共通認識を持てるようなわかりやすい形にしておく必要がある。施工要領書の通りに施工が行われたか，もしくは変更があったのかの記録が重要な書類になる。

1．将来発生するおそれのある漏水事故の把握

漏水防止は防水専門工事会社一社のみで完結するものでない。漏水の発生しやすいエキスパンションジョイント，コンクリート躯体の立上り，サッシ・水切りとの取合いなどが総合的に絡み合っている。したがって，まずその現場の基本的な姿勢が打ち出されなければならない。そのための参考資料となるのが，同種の建物における過去の漏水事故の状況把握である。それを考慮して今後建設する建物の漏水事故の危険予知を行う。ここで重要なのは，その被害が発生した場合，どれだけ多くの損害をビルオーナーに与えてしまうかを想定してみることである。

1の問題点

建設現場では，原価が厳しくなってきたために，技術力以上にコストマネジメントの能力をもつものが必要とされてきている。そのため建設業では分業化が進み，技術的なことは担当部署や外部に丸投げされてしまうことがある。そうなると，リーダーシップを発揮して漏水事故の防止を図ることが難しくなる。

2．対策の作成

1で行った想定の中で，損害の大きい順番に各作業範囲にわたる漏水対策の基本方針を立案する。そのためには，具体的に誰が何を行うかを決めていかなければならない。関係する専門施工会社が集まり，お互いの役割を確認しあい実施していかなければならない。なかでも施工性の悪い部位のないように，それぞれの立場で確認しあわなければならない。

2の問題点

ここで起こしやすい失敗は，現場責任者が経験の少ない防水工事担当者に対策を丸投げしてしまうことである。十分な指導もしないで，当然のことのようにすべてをその担当者の責任にしてしまう。本来ならば，漏水事故防止の基本的な内容は，設計段階で固めておくべきことであるが，それがうまくいっていない。また，専門施工会社の決定が遅くなり，十分な段取り調整ができないのも一つの原因である。

3．実施

実施にあたり，作業員が施工要領を理解しているかの確認が必要である。その後，施工状況を確認して検査を行う。必ず記録写真を撮り，施工が正しく行われた証拠とする。この一連の流れをまとめて施工記録として残しておく。後に問題があった場合でも，その写真を元に正しい判断が取られなくてはならない。将来問題が発生したときには，漏水の原因特定のための非常に有益な資料になる。

3の問題点

現場入場の前日に初めて作業員が決まるため，施工要領書や図面を見る時間がない。専門工事会社も必要な指導をしていない。しっかりとした検査体制を作らないまま作業が流れてしまうことがある。設計管理も巻き込んでことに当たるべきである。

4．漏水事故の発生原因の把握

時間がたち経年変化によって漏水したときに，まず，その漏水の原因を把握してから次の段階に移行すべきである。その時点で大いに役立つのが施工記録である。

4の問題点

保証期限が切れているからやりかえよう，という安易な結論に至ることが多い。漏水しやすい部分はどこだったのか，以前の工事に反省すべき点はなかったのかを調査して，その後の防水工事ではその対策を盛り込んで施工するべきである。

37 木造住宅での漏水

　新築まもない住宅で漏水事故が発生した。雨が降ると１階居間の天井ボードに水滴がたまり、家具の上に落下する。このような漏水でも、原因を特定するためにはかなり時間がかかった。作業の順序をひとつ間違えたのを、やりかえないでそのまま工事を進めてしまったのが原因である。住宅の施工会社も重層請負になっていて、ほとんど下請まかせになっているものが多い。

1 １階の天井に漏水があり、天井をはずしてみると、２階のバルコニー部分の壁側から水が漏れていた。

2 ２階のバルコニー出入口サッシの下部の壁をはずして内部を見ると、漏水部分が見えた。

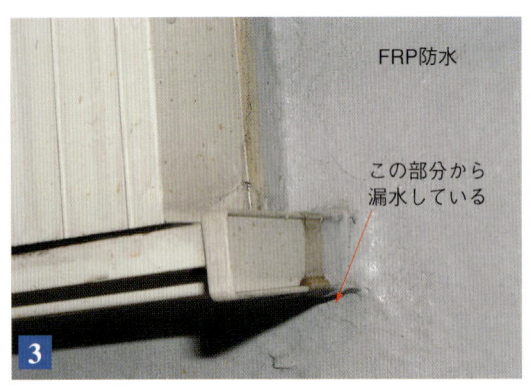

3 壁面とサッシの取合い部分から漏水している。

4 FRP防水をはがしたところ、原因を特定できた。サッシを取り付けた後に防水を施工したため、ベニヤ板とサッシの間に練り付けたシールが切れていた。

5 サッシを下から見上げたところ。

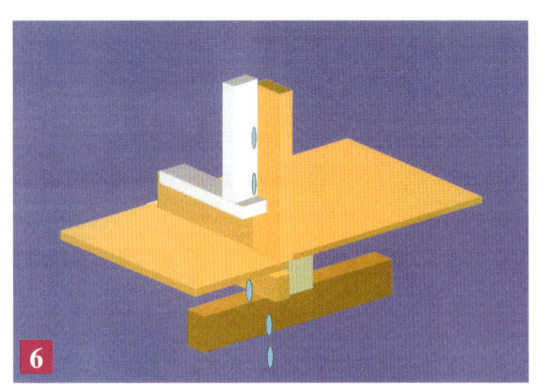

6 FRP防水を完了させてからサッシを取り付けていれば、サッシ際に流れる水は処理できた。

38 外部シーリングの施工不良

外部無足場工法で施工した外壁シーリング工事は，ゴンドラで施工されることが多い。高層で壁面ゴンドラレールがない建物においては，風の影響を受けやすく不安定な中でのシーリング作業になる。また施工状況の検査もしにくいため，施工不良が見逃されやすい。施工者の技量を確認するため，早めの検査・確認を行わなければならない。

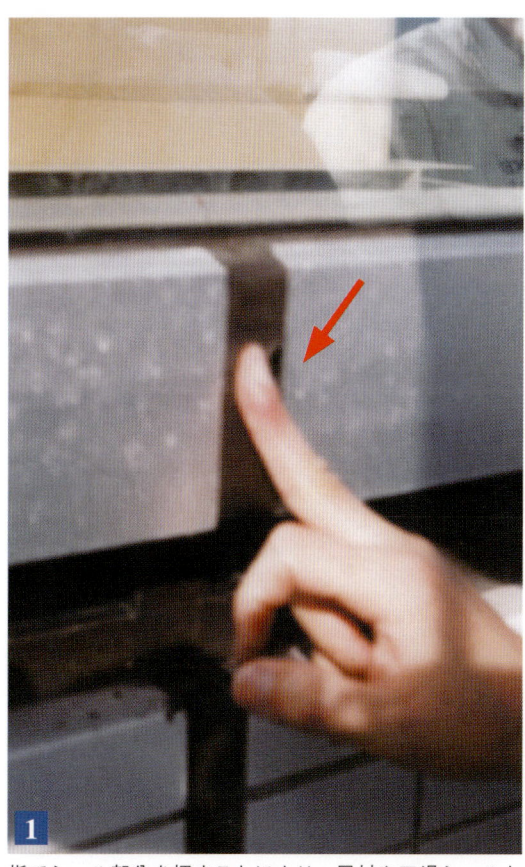

1 指でシール部分を押すことにより，母材や工場シールとの接着力が確認できる。矢印部分のシールがはがれている。

2 中を調べてみたところ，本来底面にあるべきボンドブレーカーが，ずれて接着面に貼られていた。

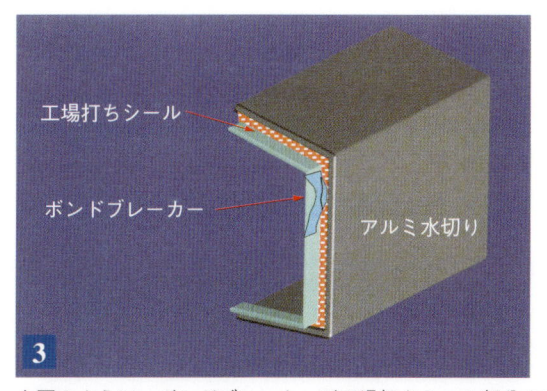

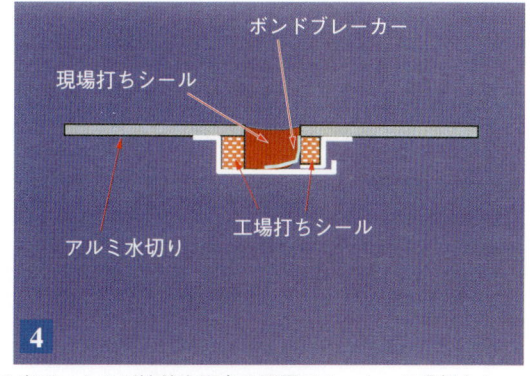

3 4 上図のように，ボンドブレーカーが工場打ちシール部分まではみ出ていたのが接着力不良の原因であった。工場打ちシールがきれいに施工されていないと，ボンドブレーカーを正しい位置に貼りにくくなる。工場打ちシールの管理が大切である。

39 超高層ビルにおけるシーリングの戦略

外装にどれだけの量のシーリング工事の量があり，どの時点で施工するかを計画しておかないと，竣工近くになってドタバタすることになる。止水が終わらないと内装工事に着手できないので，仕上げも含めた総合的な判断が求められる。ユニット化等により，外部で施工するシーリングの施工量を少なくすることも必要である。

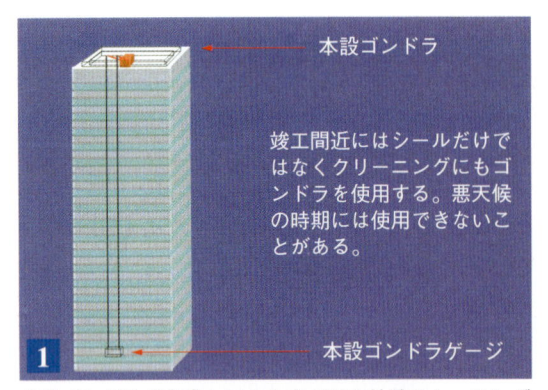

1 本設ゴンドラが完成してからすべての外壁のシーリングを施工しようとすると，工程が間にあわなくなることがある。

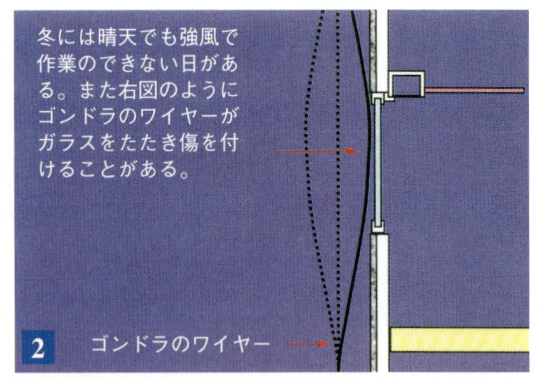

2 総合工程を作成するときは，ゴンドラ作業の施工性のよい時期に作業するように計画する。

3 これは途中の階に仮設のゴンドラレールを設置して，シーリングを行った例である。ワイヤーの長さの短い状態で施工すると能率が上がる。

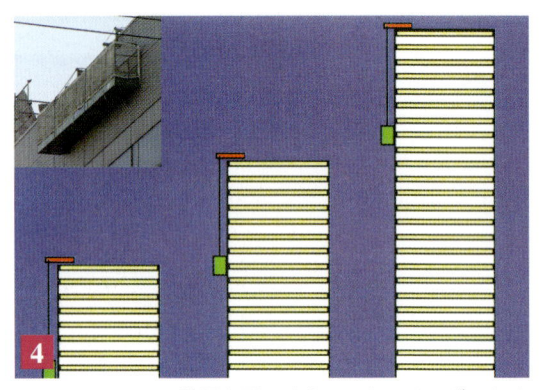

4 タワークレーンの計画と同じように，シーリングのための仮設ゴンドラ計画を戦略的に立てたい。

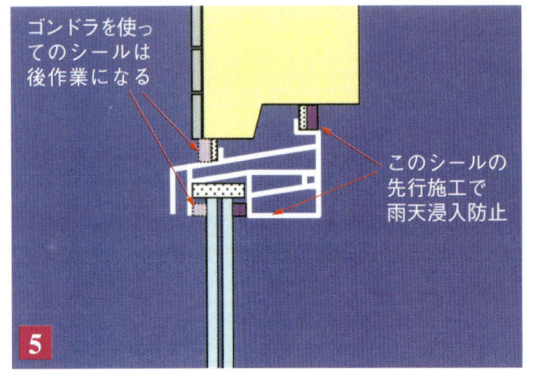

5 台風の季節などは，雨水の浸入により内部の作業ができなくなることがある。上図のように，内部からのシールを打つ納まりにしておくとそれを防ぐことができる。

6 外部作業の効率を上げるために，揺れやすいゴンドラの代わりに上のような上下に移動可能な足場を使う方法もある。

［2］金属

40 鉄部の錆 1

　鉄部の溶接部分や出隅部分はどうしても錆び止め塗装が乗りにくく，メンテナンスを怠ると下の写真のようにひどい状況になってしまう。5のような設備類も同様である。メンテナンスの費用を抑えるような防錆の工夫が必要である。メンテナンスを考えると，当初のコストは高いが，ステンレスやアルミを使ったほうがトータルでは安くなることがある。

1 鉄骨階段の踏面や溶接部，出隅部分に錆が多く見られる。

2 鉄骨階段の錆が外壁を汚している。塗装のメンテナンスがやりにくい納まりになっている。このような鉄骨外階段は，亜鉛メッキ処理を施すべきである。

3 この状態になると，錆を落としてから錆止め塗装をかけなければならないが，部材が細かい手すりのケレン・塗装はたいへん手間がかかる。

4 煙突のタラップが錆びている。煙突ではガスにより鉄部の侵食が促進される。昇降中に折れると墜落災害に至ることがある。

5 電線の中継ボックスの底板が錆びて抜け落ちてしまっている。このように薄い鉄板は，内部からの錆に非常に弱く，補修がやりにくい。

6 上のように庇の下に配置することにより，寿命は大きく延びる。

41 鉄部の錆 2

　以下に示す失敗は，竣工後，時間が経過してから出てくるため，フィードバックがなされにくい事例である。1 は腰壁に水切りの錆が付着したものである。2 のような納まりとすれば，コストをかけずに錆の発生を防止できた。3 はいたるところで目にする失敗だが，少しの工夫で防止できる。

1
工場のスレート壁の下部に取り付けた水切りが錆びて，腰壁を汚している。

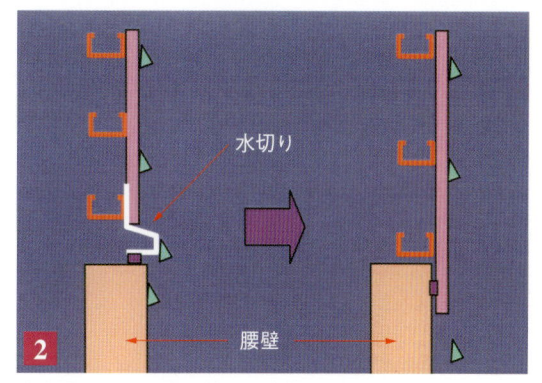

2
左上図のように取り付けた水切りが，錆を発生する原因となっている。右上図のように，水切りを取り付けずに水をそのまま落とすほうが合理的である。

3
袖看板のアンカー部分の錆が外壁を汚している。

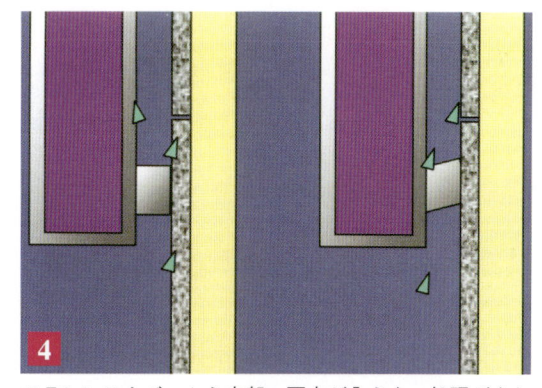

4
ステンレスカバーから内部へ雨水が入らない処理がされていなかった。右図のようにブラケットを前方へ傾け水を切れるようにし，止水処理をしっかり行う。

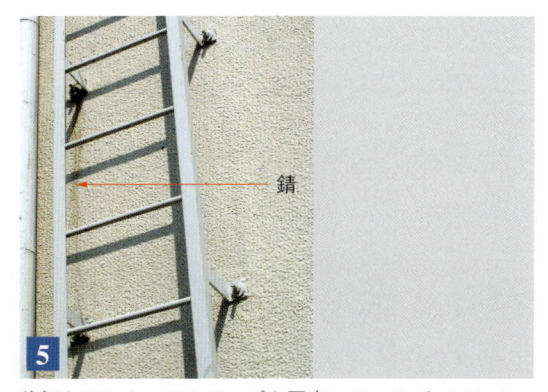

5
後打ちアンカーでタラップを固定しているが，アンカーの錆が外壁に流れている。

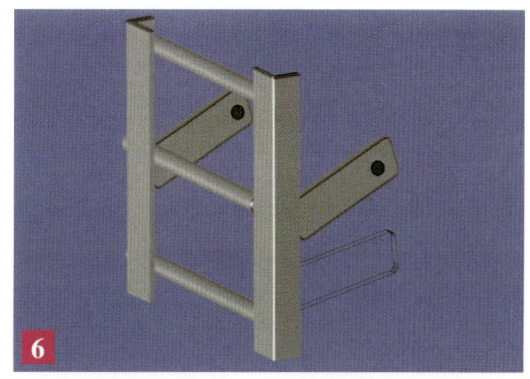

6
アンカー部分をコンクリートに打ち込み，手前側に勾配をつけることにより，汚れの水切りができ，外壁をきれいに保つことができる。

42 金属の錆と汚れ

　錆や汚れの付きやすい建物は，清掃に継続的に多額のコストがかかってしまう。汚れにくい建物にするように計画段階での配慮が必要である。納まりの決定前に，汚れについてのデザインレヴューを行うとよい。

1
ステンレスパネル外壁の上げ裏部分に鉄分が付着して，「もらい錆」になっている。

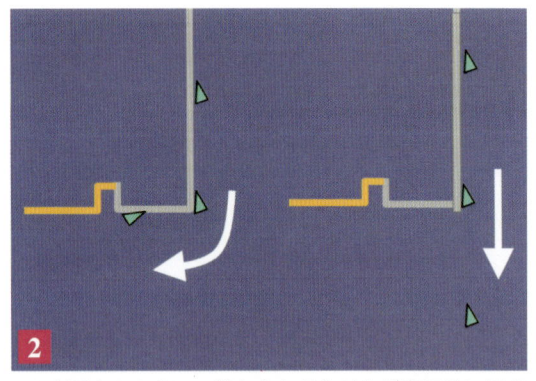

2
1は上図左のように，錆を含んだ水が上げ裏部分に回り込み，錆ついたもの。右図のように水を切るようにすると効果がある。

3
タイル貼りの外壁の下部にステンレスの幕板を取り付けているが，鉄分が付着して錆が発生している。しっかりと水を切る工夫が必要である。

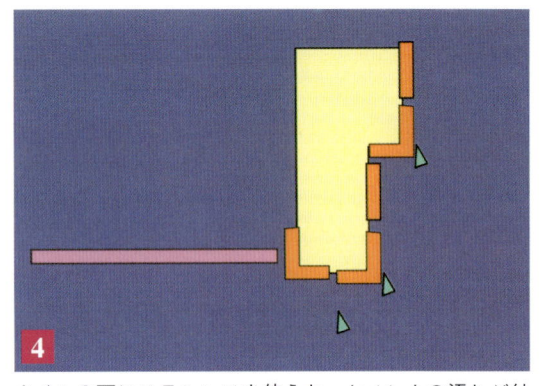

4
タイルの下にステンレスを使うと，セメントの汚れが付きやすい。上図のような納まりのほうがきれいに保てる。

5
広告塔の鉄骨が外壁面に出すぎているため，錆や汚れを含んだ雨水が外壁に沿って流れ，外壁を汚してしまう。

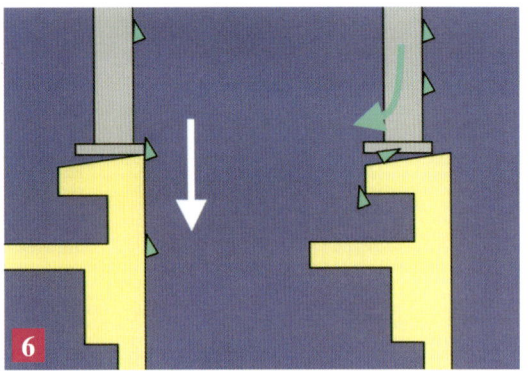

6
5の鉄骨と外壁は，上左図のような位置関係になっている。上右図のように，鉄骨を外壁面からセットバックさせると汚れは少なくなる。

43 外部取付け金物の汚れ

1のような汚れがどのようにしてできていくかを考えると，その対応方法も見えてくる。5のような汚水防止の対策を取り込んだ形は，確実に効果がある。

1 外壁の看板のアンカーをステンレスでカバーしたものだが，カバーの側面に沿って汚れが流れている。

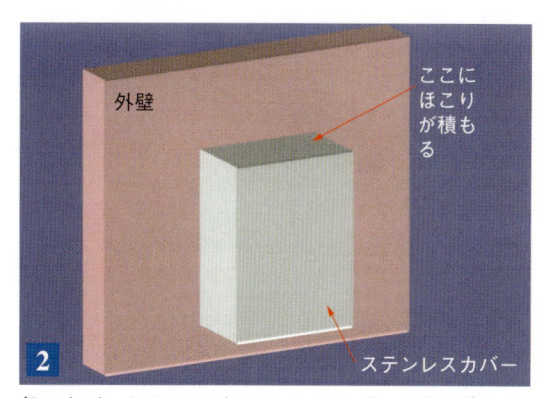

2 舞い上がったほこりがステンレスカバーの上に積もり，そこに弱い雨が降ると，ほこりを含んだ濃度の濃い汚水ができる。

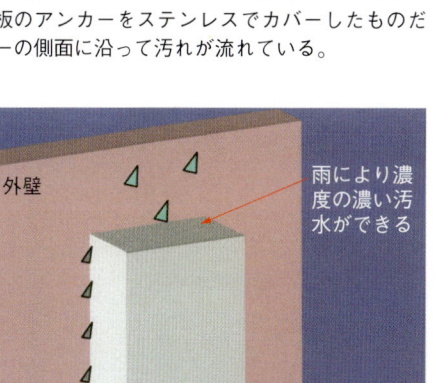

3 その汚水がステンレス箱の側面に沿って外壁面を流れ落ちるため，外壁が汚れる。

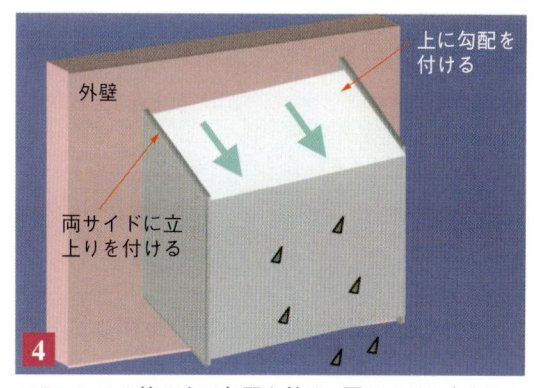

4 ステンレスの箱の上に勾配を付け，両サイドに立上りを付けて汚れた水を外壁から離れたところへ落とす。

5 これは外壁に取り付く航空障害灯のベース。汚水を切れるように勾配を付けたため，外壁への汚れの付着が見られない。

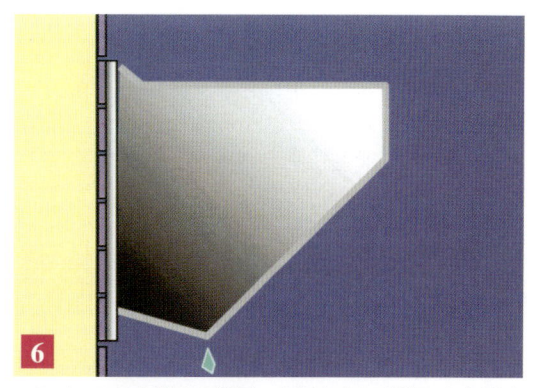

6 5のベースの水切りの断面。上下ともに外壁から勾配を付けている。

44 手すりの根元の失敗

　コンクリートを欠き込んで手すりのアンカー金物を埋め込み、後に手すりを溶接することが多いが、その納まりが悪いと **1** のようになってしまう。また、その精度が悪いと **3** のように補修手直しに手間がかかる。**6** のようにコンクリートに手すり本体を打ち込むことも検討してみるとよい。

1 腐食している

バルコニーの手すりである。手すりの上部に錆は見られないが、根元が腐食して離れてしまっている。

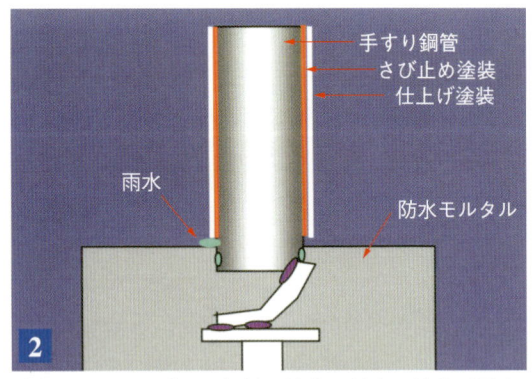

2 手すり鋼管／さび止め塗装／仕上げ塗装／雨水／防水モルタル

防水モルタルと手すり鋼管の接点の錆止め塗装が悪く、そこに雨水が浸入して錆を進行させたもの。

3 シーリング／モルタル補修している

手すりの部材にアルミを使用しているが、躯体の欠き込みが大きすぎるためモルタルで補修し、手すりの間をシールしている。

4 これは躯体欠き込みの精度がよく、しっかりと管理されている。シーリングもうまく施工されている。

5 ステンレスのアンカー

3 のような失敗をなくすために、このようなステンレスのアンカーを精度よくコンクリートに打ち込む方法がある。これに手すりをはめ込む。

6 上の写真は、ステンレスの手すりそのものをコンクリートに打ち込んでしまったものである。手すりそのものを設置するため、位置の間違いがなくなる。

45　手すりの失敗 1

　いろいろなデザインの手すりが計画されるが，それによりどのような問題が発生するかの検討がなされないままにでき上がってしまうことがある。施工実績のないことをおそれてとどまっては進歩はないが，そのデザインで起こりうる最悪の状況を検討し話し合い，あらかじめその対策を取っておくことは大切である。

1 手すりの支柱に丸鋼を溶接したが，丸鋼の張力や振動により溶接部分が外れてしまったもの。

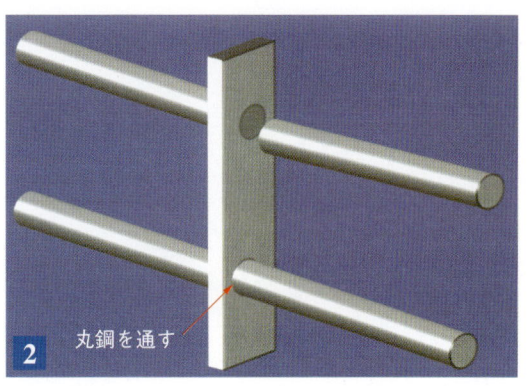

2 支柱に溶接するのではなく，支柱に穴を開けて丸鋼を通す納まりにしなければ，強度を確保できない。

3 手すり子の中央を膨らませ，きれいに見せようと隅肉溶接部分を削り取るデザインであったため，膨らみ部分に力を加えるとねじれにより手すり子が外れた。

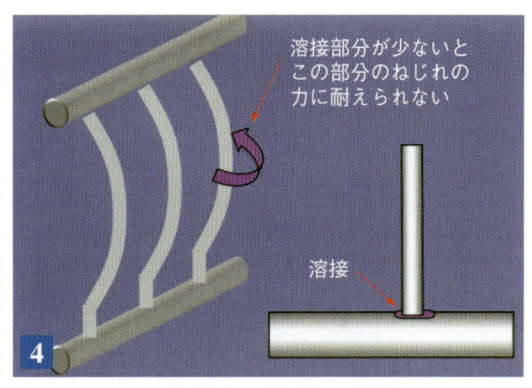

4 このような納まりの場合，溶接部分の脚長を十分に取り，膨らんだ部分に補強を入れる対策が必要になる。

5 台風時の強風の圧力で手すりが基礎とともにずれてしまった。自然の力を甘く見た失敗事例である。

6 前ページで紹介した手すりのパラペット部分に打ち込んだもの。乗り越えによる落下防止の対策は必要だが，風圧には対抗できる。

46 手すりの失敗2

1のようなマンションで，ベランダの下部の18 cmのすきまを3歳の子供が潜り抜け，墜落してしまうという事故が起こった。同様の事故が再発している。子供は思いがけない行動をとることがある。われわれ建築に携わる者は，再発防止を真剣に考えなければならない。

1 マンションのベランダ
18 cmのすきま
図のような18 cmのすきまから子供がすり抜け，落下した。

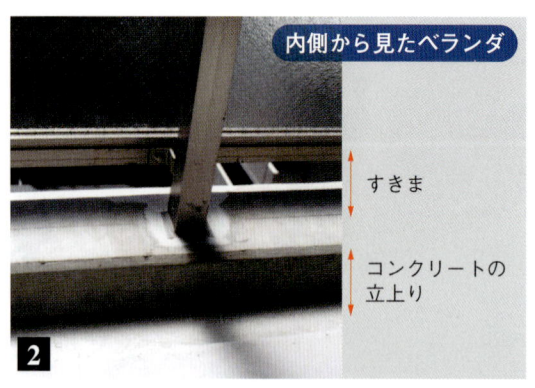

2 内側から見たベランダ
すきま
コンクリートの立上り
マンションの場合，小さな子供がベランダで遊ぶことがあるので，このすきまの大きさには注意したい。また立上りは，物の落下防止のためにも十分にとりたい。

3 上のような基礎形状の手すりは，すきまが大きくなりがちなので，子供の遊び場となる施設の場合，注意が必要である。

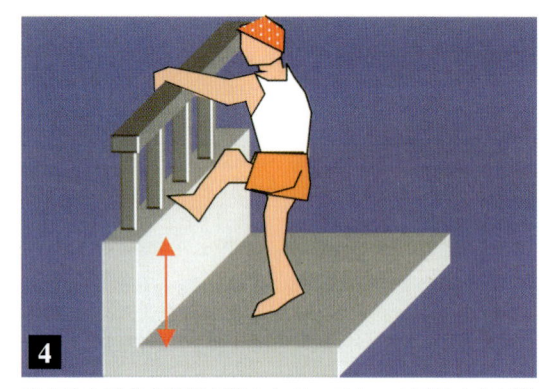

4 手すりの高さの基準は満たしていても，上図のように途中に足がかりとなるものがあると危険である。

5 幅木
不特定多数の人が通行する階段だが，落下防止のないデザインになっていたため，後に幅木を取り付けている。

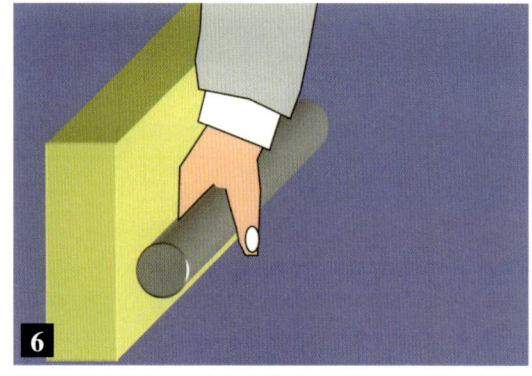

6 壁との間のすきまが小さすぎてつかみにくい手すりがある。自分が使う立場になって寸法を決定したい。

47 避難ばしごの配置の失敗 1

1は室内側からバルコニーを撮影したものだが、火災等の際に使用する避難ばしごに問題がある。実際に避難するときの状況を考えた計画が必要である。この設備には多くの関連する注意点があるので、わかりやすく述べていく。

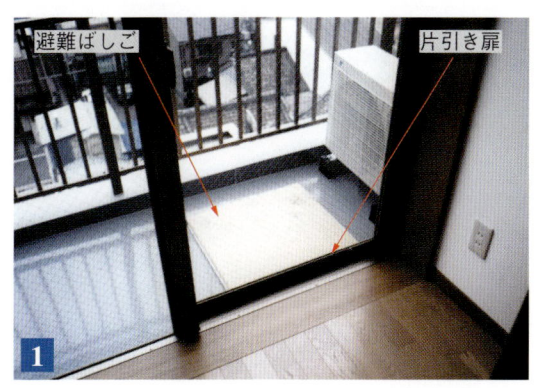

1
バルコニーへの出入口の前に避難ばしごがあるため、出入りのたびにはしごの蓋の上に足をかけることになる。蓋が傷つきやすいだけでなく、避難の際にも問題がある。

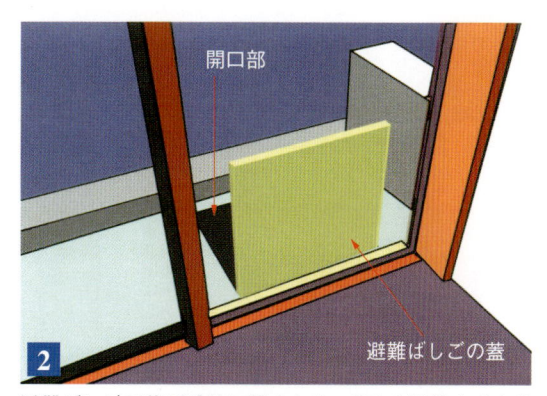

2
避難ばしごの蓋が手前に開くため、後から避難する人は蓋を乗り越えられない。上階から避難する状況も考えると、中に残った人は逃げ遅れるおそれがある。

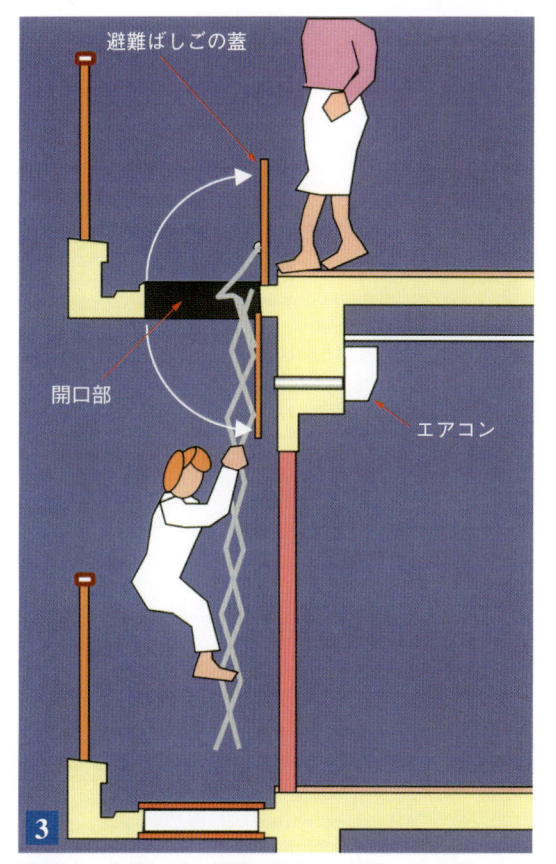

3
避難ばしごが開けられ避難が始まった状況では、部屋の中に残された人は、はしごの蓋が障害になる。また乗り越えたところに開口があるため、乗り越えたときに落ちる危険性がある。

4
各階位置をずらして避難はしごが設置されているが、このように狭いバルコニーの場合、出入口との関係を計画時に盛り込んでおかなければならない。

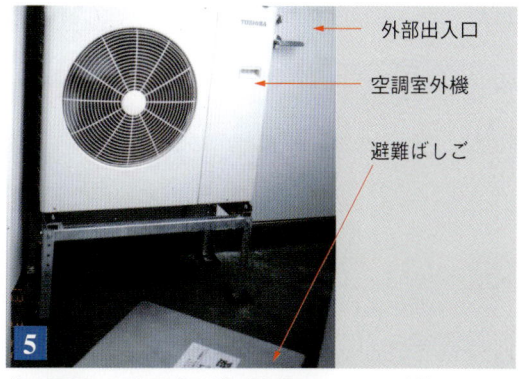

5
後で配置した空調室外機が障害になって、避難時の通路が確保できていない。また、地震時などには空調室外機が倒れてしまうおそれがある。

48 避難ばしごの配置の失敗 2

　避難ばしごは，避難設備として設置後の検査が必要になり，指導や指摘を受けやすいので，事前に十分な調整打合せが必要である。5のようなパースを描くと，全体の把握ができて間違いを防ぐことができる。

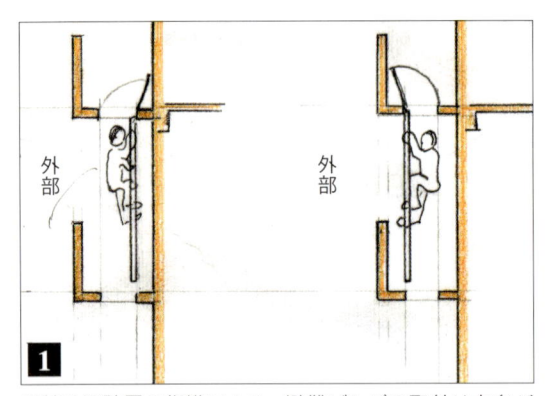

1
所轄の消防署の指導により，避難ばしごの取付け方向が上図右や左のように違うことがある。

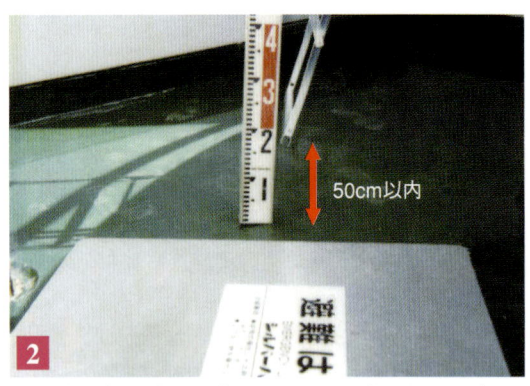

2
避難ばしごの下部は，床から50cm以内でなければならない。上の写真は検査で指摘を受けて，やり直しをしたもの。

3
空調室外機が別途工事の場合，後に避難タラップの下の部分に取り付けられないような配慮が必要である。

4
空調機の排水管をバルコニーの排水ドレインに直接接続し，結露水を排水すると，バルコニーをきれいに保つことができる。

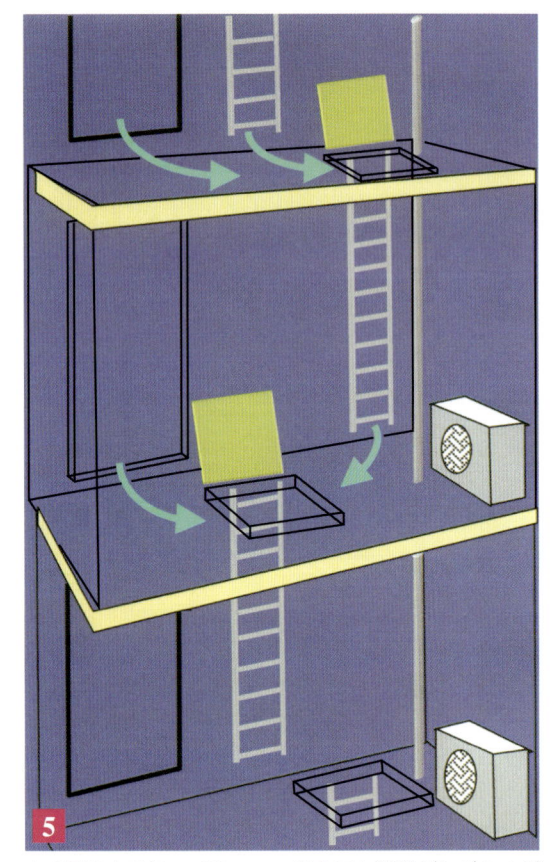

5
上の図のように，バルコニー出入口と避難ばしごおよびエアコンの室外機と排水ドレインの配置の関係を考えた計画をしなければならない。

49 タラップ取付け調整不足による失敗

　タラップの配置が，他職種の設備と交錯してしまうことがある。全体調整というのは，できそうでいてなかなかできないものである。建築と設備の分業化が進みすぎてしまっているのが，この種のトラブルのひとつの原因である。この失敗防止には，工事責任者の強力なリーダーシップが欠かせない。

1 タラップの奥に配管があるため，上るときに配管を踏んでしまうことになる。タラップと配管の位置関係の検討が不足していた。

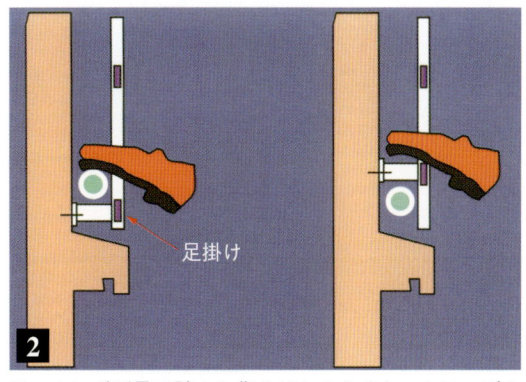

2 ラッキングが足で踏まれ傷んでしまうのと，タラップを降りてきたときに滑って墜落するおそれがある。右図のようにしなければならない。

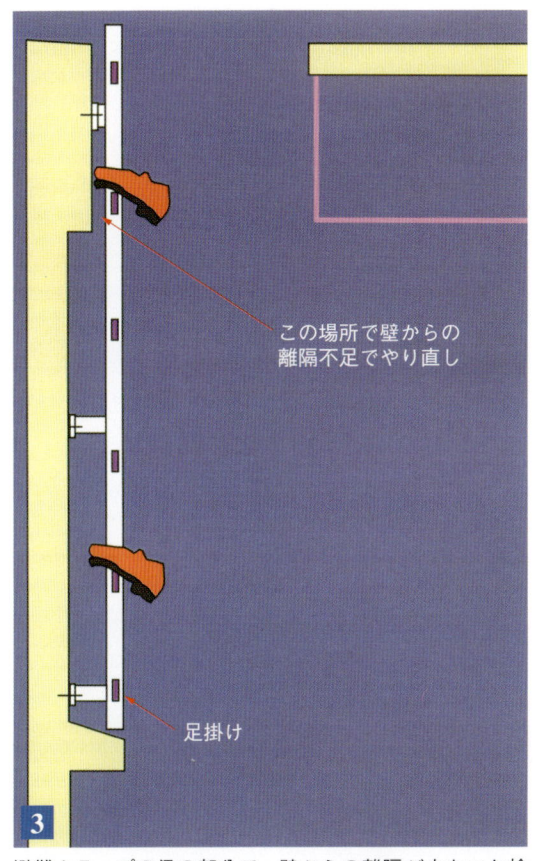

3 避難タラップの梁の部分で，壁からの離隔が少ないと検査で指摘を受け，やりかえになった例がある。

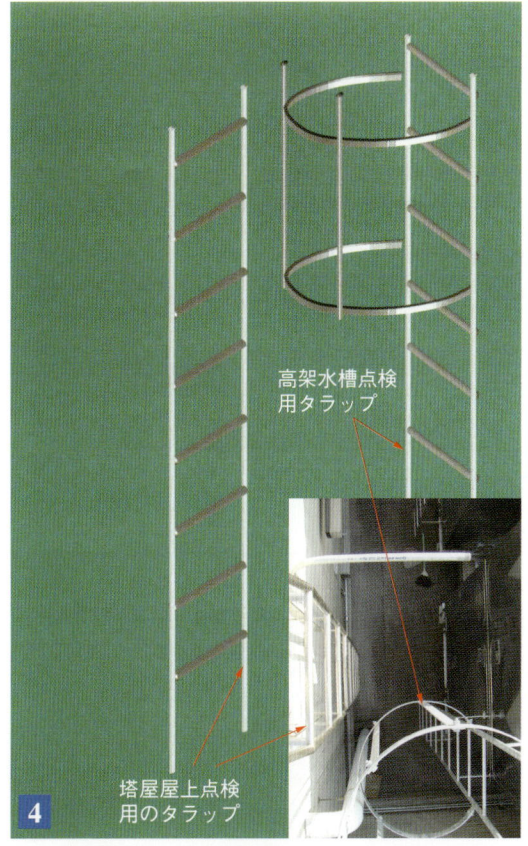

4 屋上点検用のタラップ（建築工事）と高架水槽点検用のタラップ（設備工事）が交錯しているので，屋上に上る途中で水槽用タラップのガイドにぶつかり墜落するおそれがある。

50 エキスパンションジョイントの失敗

エキスパンションジョイントを安易に構成すると，後に 1 のような問題が発生することになる。このようになると補修は難しい。計画段階でのしっかりした考察が求められる。

1 ペデストリアンデッキのエキスパンションジョイントに強い力がかかり，端部のタイルが剥がれている。

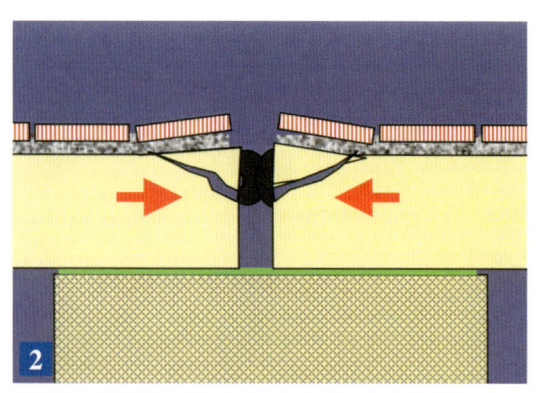

2 温度による膨張などの力がコンクリートの角の弱いクッション部分にかかり，割れてせり上がったもの。

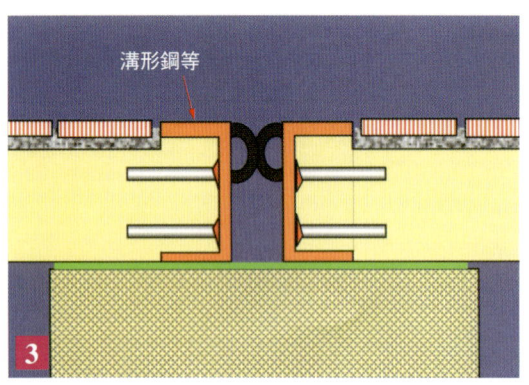

3 端部の弱い部分を肉厚の厚い鋼材などによって保護すると，1 のような失敗は防ぐことができる。（溝形鋼等）

4 エキスパンション部分は力がかかるため，モルタル補修をしても上のように割れてしまう。（モルタル補修部分）

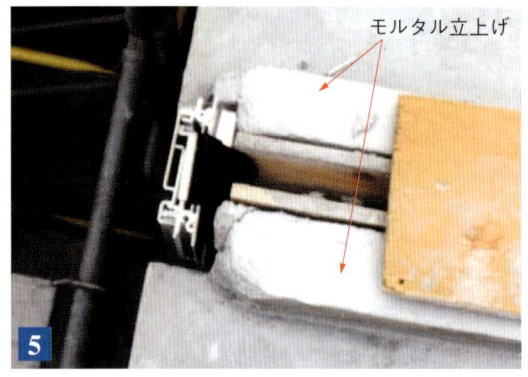

5 渡り廊下の上部のエキスパンションジョイントをモルタルで立ち上げているが，モルタル立上げ部分は動きによって壊れてしまう。（モルタル立上げ）

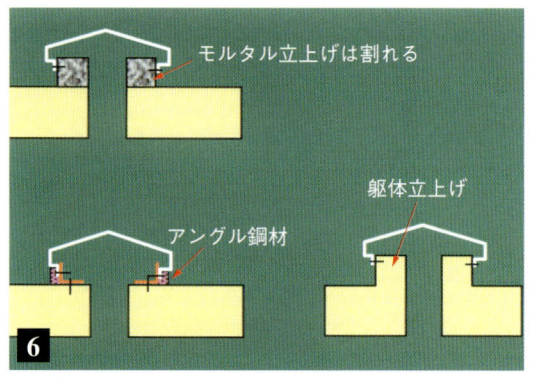

6 この状況では，アングル鋼材を躯体に固定してシーリングとするしかない。本来ならば躯体立上げをしておくべきである。（モルタル立上げは割れる／アングル鋼材／躯体立上げ）

51 鳩の糞の落下による被害

　商業施設の建物がオープンしたあとで客の頭上に鳩の糞が落下することは，大きな問題である。また，被害が出てからその対策をとることが多く，多額の出費となる。鳩の止まりやすいデザインにならないように，設計の段階で留意する必要がある。

1 正面出入口上部の壁を下げたデザインだが，鳩の止まり木にちょうどよいスペースになってしまった。鳩よけワイヤーが施工されている。

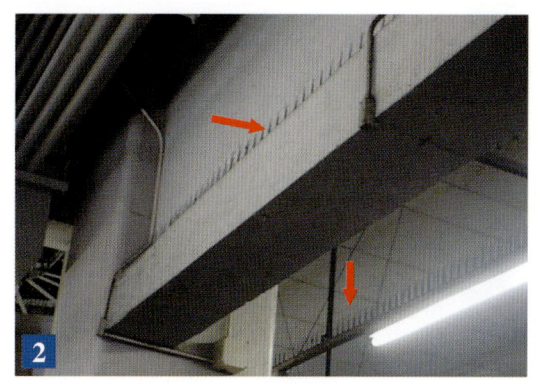

2 鉄骨梁の下フランジ上や照明器具の上が，鳩の休憩所になったため，鳩よけの金物を取り付けている。

3 駅のホームで屋根鉄骨に取り付けられた鳩よけ金物。鳩の被害は深刻な問題であることが伺える。

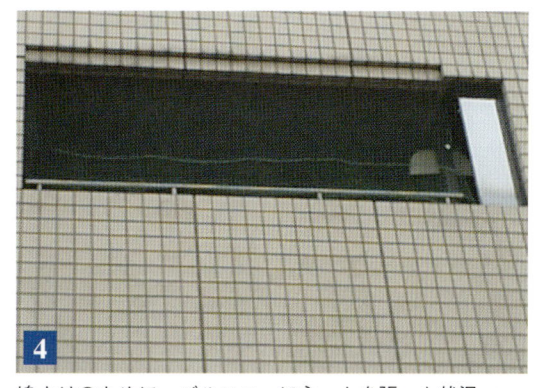

4 鳩よけのために，バルコニーにネットを張った状況。

5 ゴミ置場でカラスの被害を防ぐため上部に網をかけてあるが，錆が出て見苦しくなっている。

6 手すりのパイプの太さが止まり木にちょうどよい。ワイヤーなど細いものは苦手のようである。

52 スロープ排水溝の失敗

　地下駐車場部分のスロープには，雨水が内部へ浸入しないように排水溝が必要になるが，**1**のように排水溝が詰まり，地下が浸水してしまった。その原因と対策をあげる。

1 排水溝が水であふれ，排水が機能していない。グレーチングの内部の排水目皿にゴミが詰まってしまった。

2 この排水目皿を落ち葉が塞いでしまい，排水できなくなった。

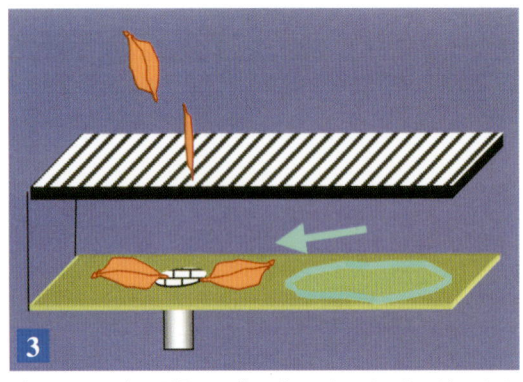

3 グレーチングを通過した落ち葉やゴミが，水の流れとともに排水目皿の方向に流れて目皿を塞ぐために，排水ができなくなる。

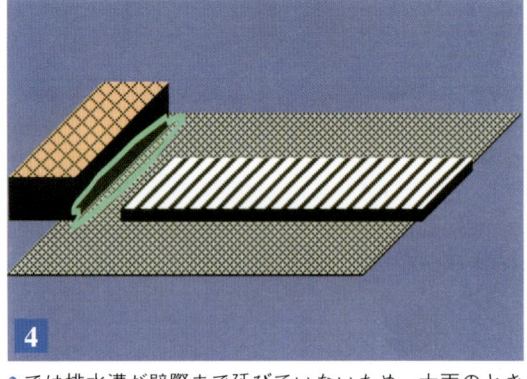

4 **2**では排水溝が壁際まで延びていないため，大雨のときに雨水が上図のように壁と排水溝の間を流れ，内部に浸入してしまう。

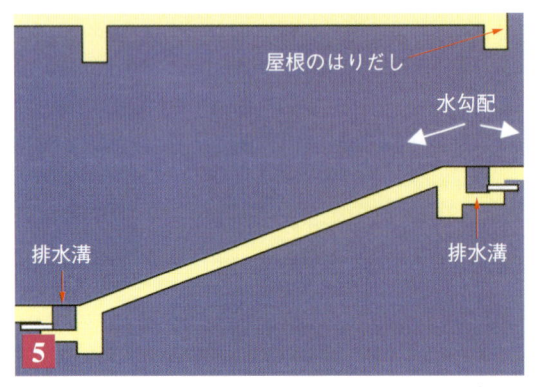

5 後のメンテナンスを考えて，上図のようにスロープの上下に排水溝を設け，屋根は上部排水溝よりはね出したい。

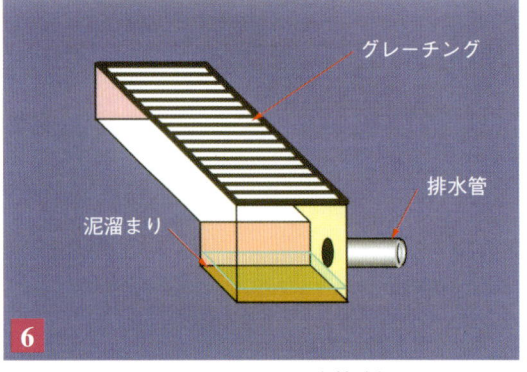

6 上図のように泥溜まりをつくり，点検清掃しやすいように，その上のグレーチングは取り外しが容易な形に計画する。

53 外部排水溝の失敗

建物のメンテナンスは，なかなか継続的に行われにくい。メンテナンスのしにくい場合はなおさらである。計画時点において，その点を十分に考慮した設計が求められる。

1 落ち葉は排水溝のまわりに集まる。落ち葉が多くメンテナンスのしにくい場所には，このような排水溝は付けないほうがよい。

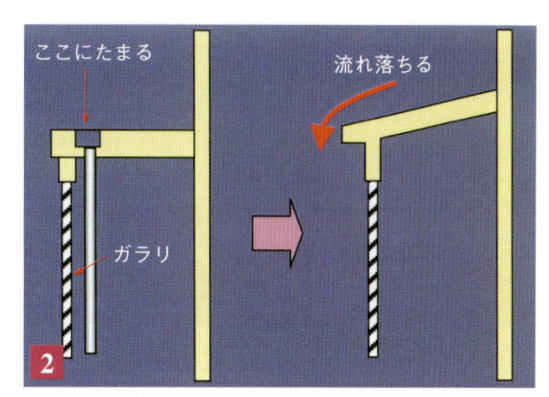

2 1 は上図左の納まりになっている。右のように計画すればメンテナンスの費用が大幅に削減できたはずである。清掃をする人の立場での計画が求められる。

3 屋上のドレインまわりに堆積した土に植物が生育してしまっている。点検しにくい屋根部分は，このようになりやすい。

4 植物がなくても，鳥の羽がドレインに流れ込むことがある。

5 排水溝の中に土が堆積して，グレーチングの下に植物が生育している。こまめな清掃ができるような計画上の配慮が必要である。

6 屋上排水溝のボーダーが割れている。ここも目地を通すべきである。ボーダーとして既成の縁石を使うときれいに仕上がり，割れにくい。

54 内部排水溝の失敗

　厨房などの排水溝は，多くの作業があり失敗が発生しやすいところである。厨房のレイアウトが決まらなければ排水溝の位置が決まらないため，施工直前に決定されることもその原因になっている。また，6のようにテナントビルで営業開始後に，下階の厨房の天井内にグリーストラップを取り付けることは営業補償の問題になりたいへんな手間とコストがかかる。上階に厨房が想定されるならば，グリーストラップと排水管まで先行施工しておくべきである。

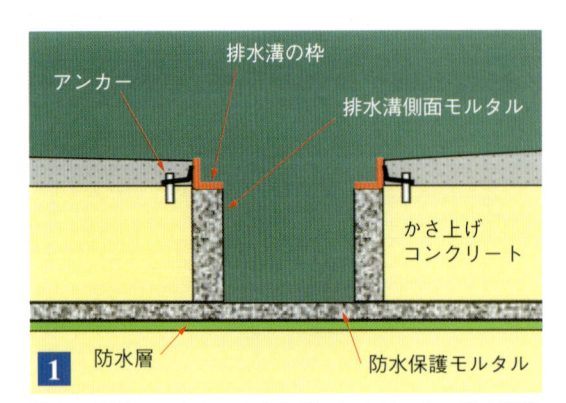

1
防水→保護モルタル→かさ上げコンクリート→排水溝枠取付け→側面および床モルタル→排水溝内水勾配モルタルと作業量が多い。また側面のモルタルが割れやすい。

2
排水溝のための型枠を組み，かさ上げコンクリートを打設し，この後排水溝枠を溶接して取り付ける。

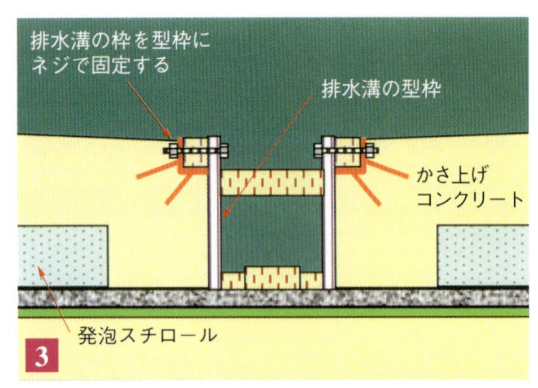

3
このような形でコンクリートを打設した後，排水溝の枠を固定しているネジを外して型枠を外すと溝ができ上がり，省力化と品質向上が図れる。

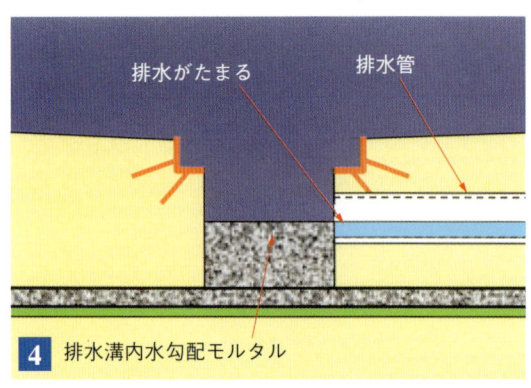

4
排水溝への排水管の高さと排水溝内の水勾配のためのモルタルの高さを考えておかないと，上図のように排水がたまって不衛生になることがある。

5
厨房の排水溝蓋の上は歩きにくいため動線をよく考える。また4のような失敗防止のため，排水溝全体の長さを考えたい。

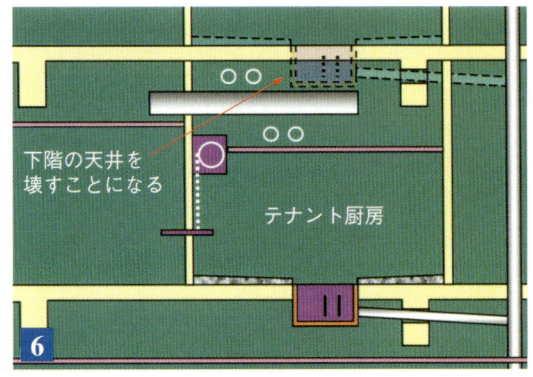

6
テナントビルで将来厨房を設置しようとするとグリーストラップと配管取付けの工事は，下階への影響が大きすぎて難しい。先に設置し，配管まで施工しておくべきである。

55 後施工アンカーの失敗

後施工アンカーは手軽なため多くの場面で使用されるが，振動を受ける部分には使うべきではない。また躯体にしっかりと入ってはじめて強度が確保できるので，慎重な確認が求められる。

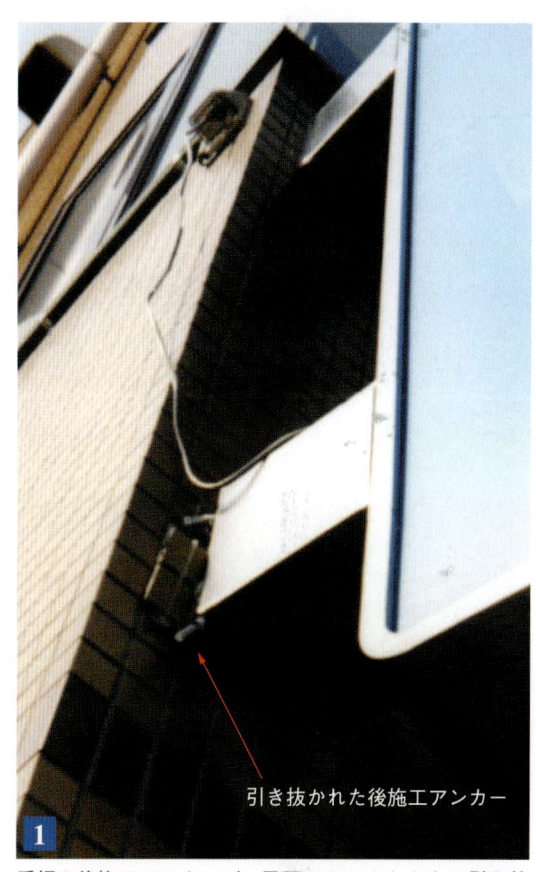

1 看板の後施工アンカーが，風圧でタイルとともに引き抜かれてしまっている。

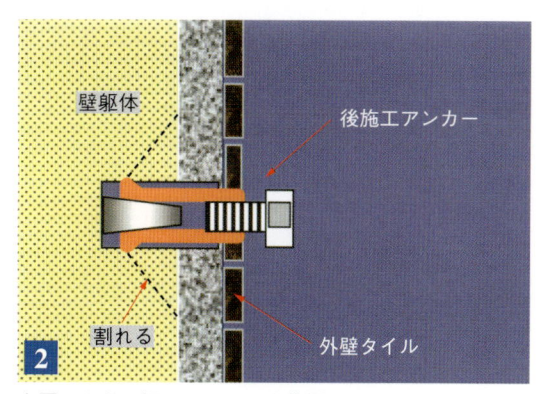

2 上図のように短いアンカーを使用しているため，タイル下地の奥の壁躯体にはほとんど入っていない。

3 パラペットに後打ちアンカーを打設したが，コンクリート壁にひび割れが発生した。写真はひび割れをエポキシ注入により補修している。

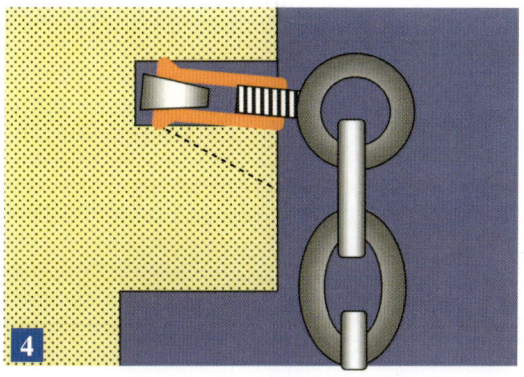

4 梁の側面に後施工アンカーを打ち，重量物を引き上げたところアンカーが下がり，引き抜かれて大きな事故になったことがある。

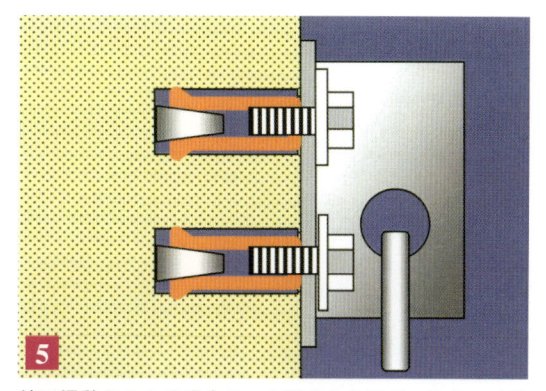

5 特に振動のかかる場合は，上図のようにベースをつくり荷重を受けるべきである。アンカーもケミカルアンカー等を使用したい。

56 外部広告パネルの飛散

広告塔のパネルが強風で飛散したことがある。広告塔は錆の状況の点検がしにくい構造になっているものが多い。今後計画する場合は，内部に点検用の歩廊等を設けてアプローチがしやすい構造にすべきである。

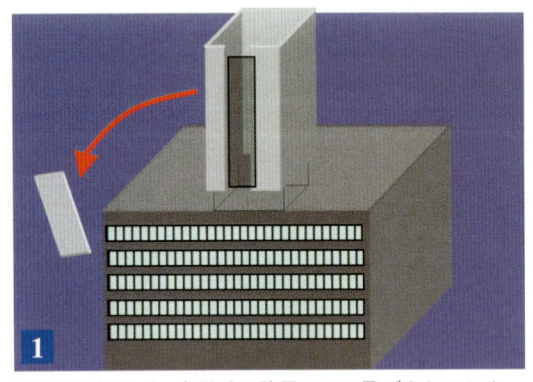

1 広告塔の板面が，台風時の強風により飛ばされてしまった。

2 看板面をこのようにタッピングビスでCチャンネル下地に留めてあった。

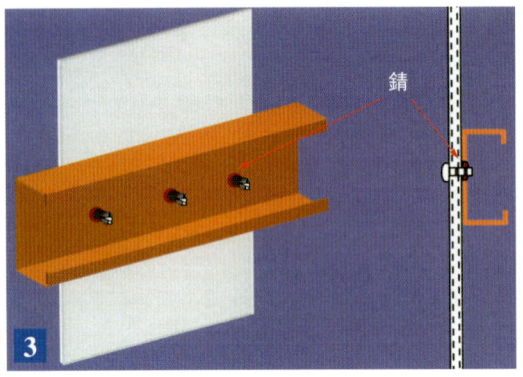

3 Cチャンネルは肉厚が薄く錆びて腐食していたため，風圧に耐えられずに飛散してしまった。錆止め塗料はタッピングビスをもみこんだ段階で剥がれてしまう。

4 下地にアングルのような肉厚の厚い部材を使うと，Cチャンネルに比べ信頼性は高い。

5 点検しにくい広告塔の内部の状況。パネルの点検以外にもトランスのメンテナンスに歩廊は必要であるが，このように取り付けられていないものが多い。

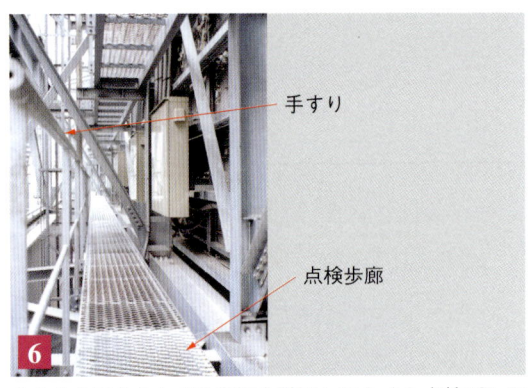

6 このようにあらかじめ歩廊を計画しておくと点検がしやすく，パネルのビスの状況の確認がしやすい。

57 外部パネル工事の失敗

　外部のパネルの失敗は，不良のまま人の目に触れることになるので，十分な確認が必要である。足場を完全に解体してしまってから，再度かけ直すこともあるので，施工途中での確認手直しの危険予知をしておきたい。

1 外壁の自然発色パネルの色むらが大きい。工場検査の際，自然光を当てて検査をしないと，このような色むらは発見できない。

2 天井のスパンドレル板仕上げは難しい。近くで見ると合格であっても，足場を解体した後に見て，愕然とすることがある。

3 玄関の庇の幕板の厚みが少なく下地補強も入っていないため，たわみが大きく見苦しい仕上げになっている。

4 色むらを直すため，再度吹付け塗装を行っても，改善されにくいのは，角度の違いのためである。艶を抑えた塗装のほうがこの傾向は出にくい。

5 このようなパネルも水平度とシーリング施工の精度に注意しなければならない。

58 内部パネル工事の失敗

　大型現場で現場担当者と施工図担当者の間に意思の疎通がなく、図面を読んでから工程を作る習慣のない現場では、1のような失敗が起こる。また、3のようなことにならないように、納まり検討はしっかりとしておきたい。

1 天井より先に壁パネル取り付ける仕組みの図面になっていたが、天井を先に貼ってしまい、やり直しとなった。

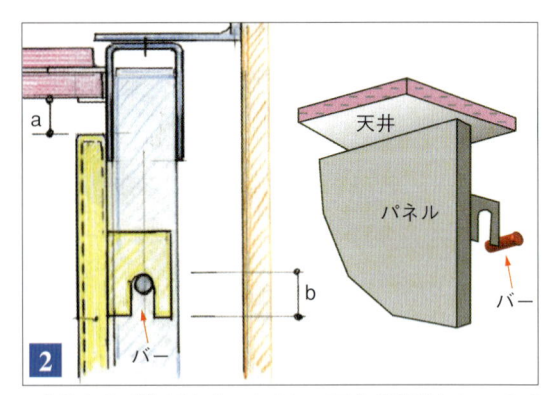

2 aよりbの寸法が大きいために、天井が障害となってパネルのフックを下地のバーにかけられない。

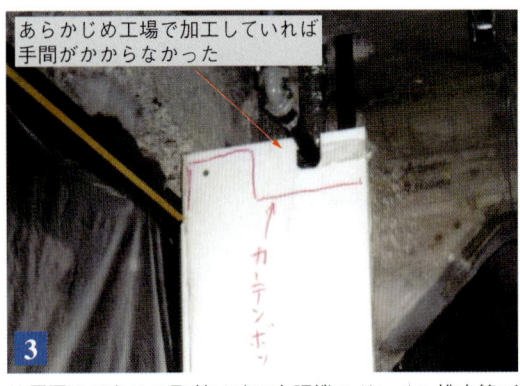

3 柱周囲のパネルの取付け時に空調機のドレイン排水管があたったため、切込みを入れている。現場の進捗の妨げとなっているのはこのような納まりの把握不足である。

4 壁面にこのようなデザインのものを使ったところ、ほこりが付着しやすくなり、清掃に手間がかかるようになってしまった。

5 パネルにスイッチを組み込んだものだが、加工した跡が表面に表れてしまっている。

6 ファンコイルカバーの前板は、早めに取り付けると機器の調整で取り外しがあるため傷つきやすい。最後にこのような状況で取り付けたほうが問題は少ない。

59　OAフロア取合い部分の失敗

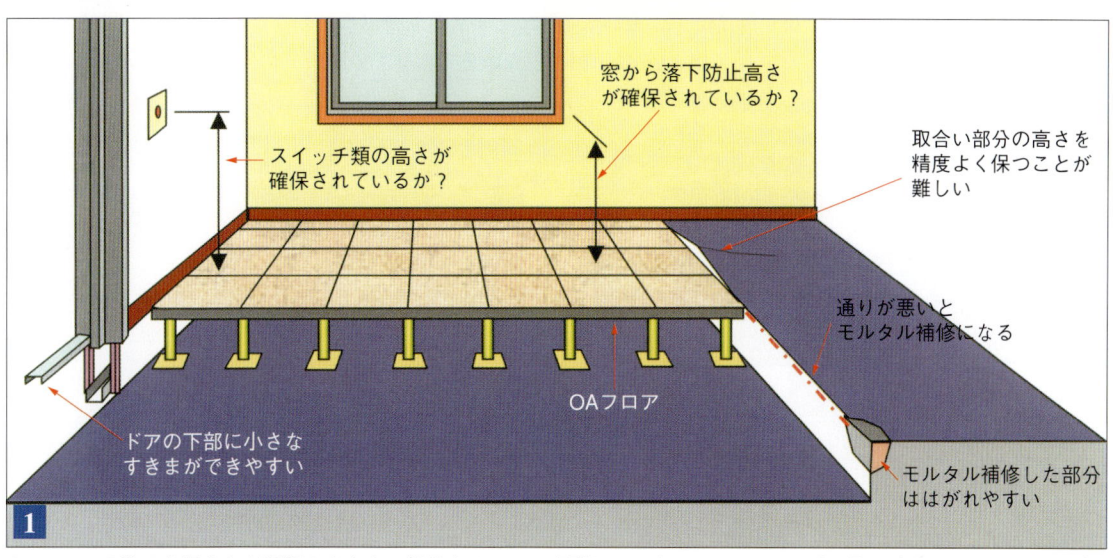

1

- スイッチ類の高さが確保されているか？
- 窓から落下防止高さが確保されているか？
- 取合い部分の高さを精度よく保つことが難しい
- 通りが悪いとモルタル補修になる
- OAフロア
- ドアの下部に小さなすきまができやすい
- モルタル補修した部分ははがれやすい

OAフロアの施工を行うとき問題の出やすい部分をパースで表現してみた。OAフロアはその取り合うコンクリートの高さ・通りの精度が悪い場合、その手直しに時間とコストがかかり、手直しした部分が将来割れる欠陥が発生しやすいので、躯体工事の段階でのしっかりした準備が必要になる。

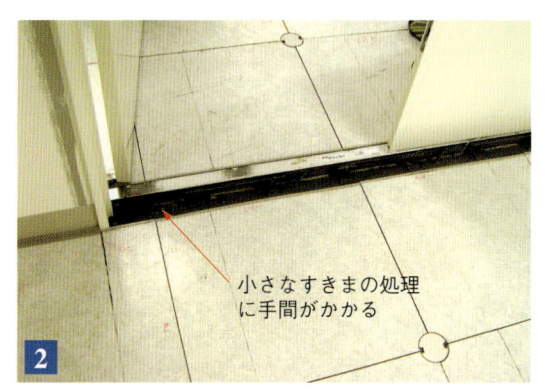

2　小さなすきまの処理に手間がかかる

ドア取合い部分は上のようになりやすい。あらかじめ、どのような納まりにするかの検討をしておくべきである。

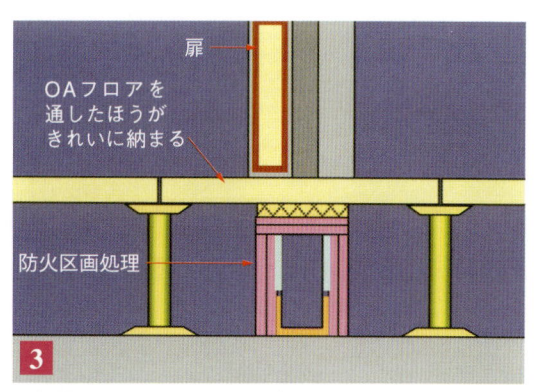

3
- 扉
- OAフロアを通したほうがきれいに納まる
- 防火区画処理

両部屋がOAフロアであれば、上図のようにOAフロアを通してしまうほうが良い納まりになる。防火区画がある場合は、下部に区画壁を設ける。

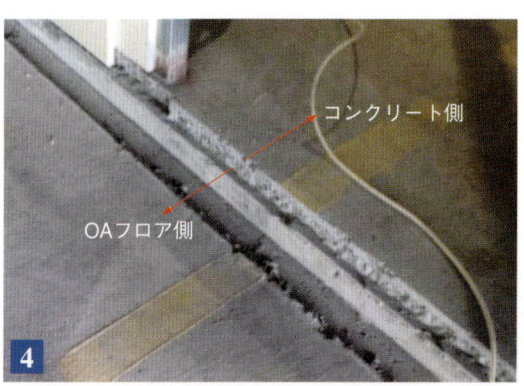

4
- コンクリート側
- OAフロア側

OAフロアとの見切りのコンクリートの精度が悪い場合、手直しにコストがかかる。

5　見切りアングル

このように、コンクリート打設前にOAフロアとコンクリートの取合い部分に見切りアングルを入れておくと、精度が確保できる。

60 その他の金属工事の失敗

　ちょっとした配慮の不足で，使い勝手の悪いものができてしまうことがある。**1**のような場合は，ケガをすることもあるので，十分に注意したい。また **5・6** は，材料の変色を考慮していなかった失敗である。

1 エキスパンドメタルの歩廊の端部がアングルの枠より出ているため，ここに引っかかりケガをしてしまう。

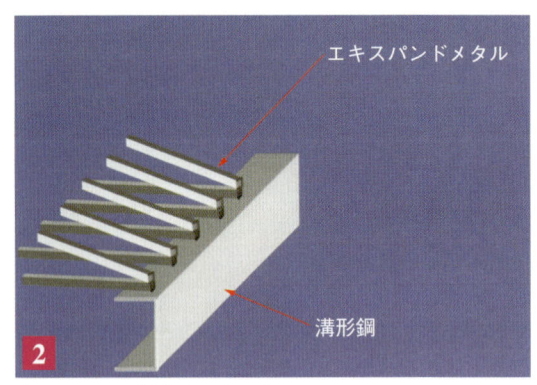

2 上図のように製作すべきである。

3 マンホールのボルトの穴にアスファルトが詰まってしまい，開けにくくなっている。

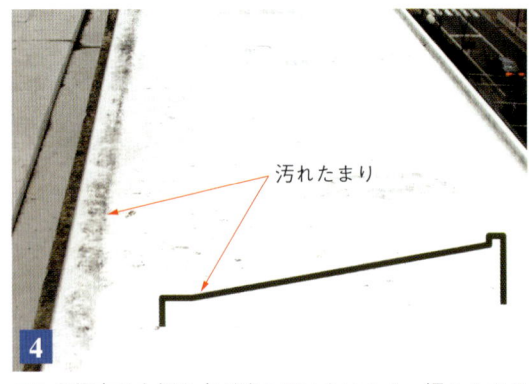

4 アルミ笠木の左側に水が流れていないため，汚れたまりができてしまっている。

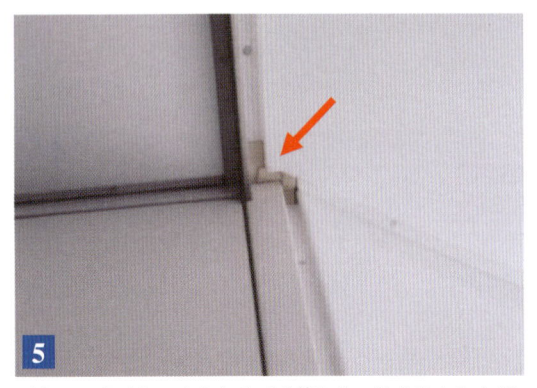

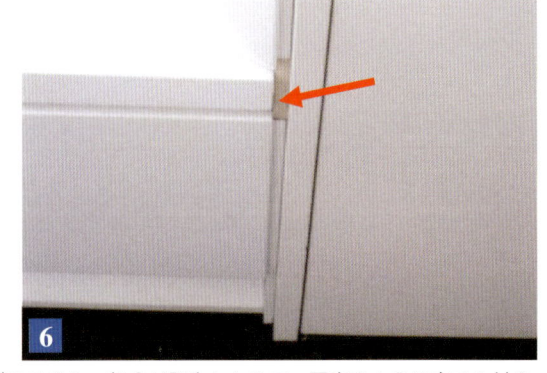

5・6 パネル工事でシールをなるべく使わない納まりとしたが，曲げのできない部分が発生したので，写真のように充てん材を使ったところ，時間とともに変色してしまった。

［3］鉄骨階段

61 鉄骨階段受け梁用ベースの失敗

1は外部鉄骨階段を受ける梁をコンクリート躯体に固定するためのベースの状況だが、2つの大きな間違いをおかしている。鉄骨の工作図のチェックがなされず、そのまま取り付けてしまったものである。

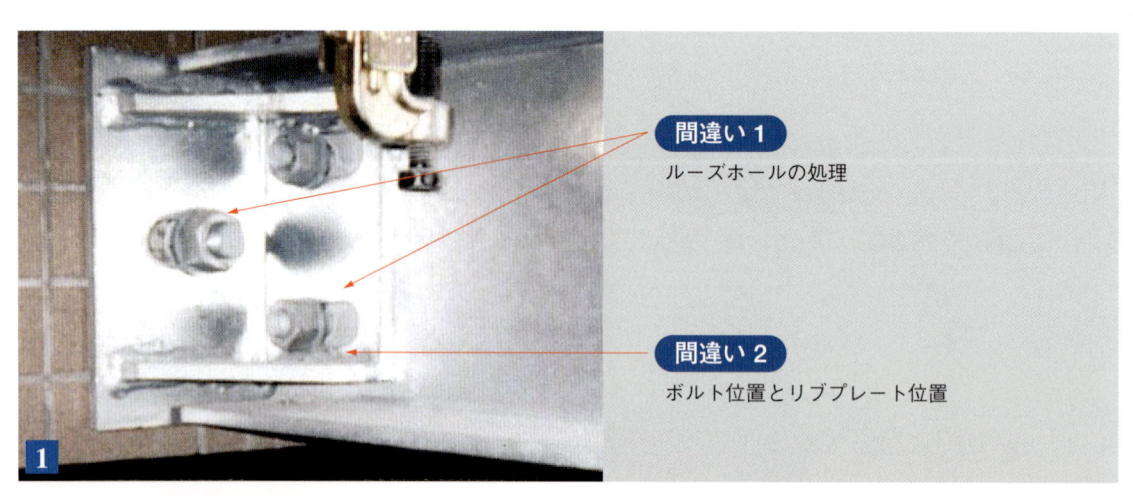

間違い1 ルーズホールの処理

間違い2 ボルト位置とリブプレート位置

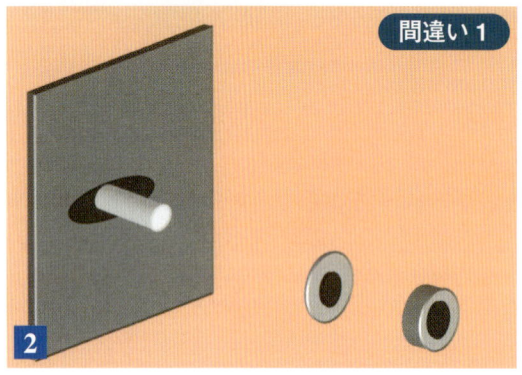

1

2 間違い1：ルーズホールの処理ができていない。大きな引抜き力がかかった場合、ナットが押さえている面積が少ないため抜けてしまうおそれがある。

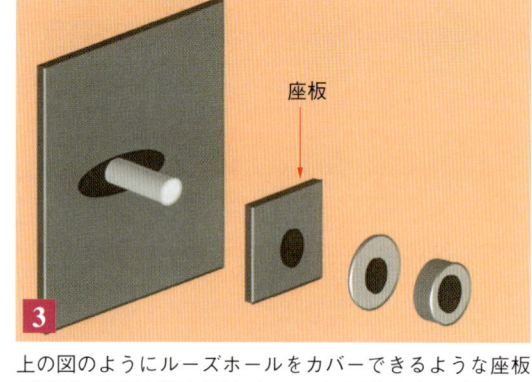

3 上の図のようにルーズホールをカバーできるような座板が必要。座板を隅肉溶接でベースに固定するのが正しい施工である。

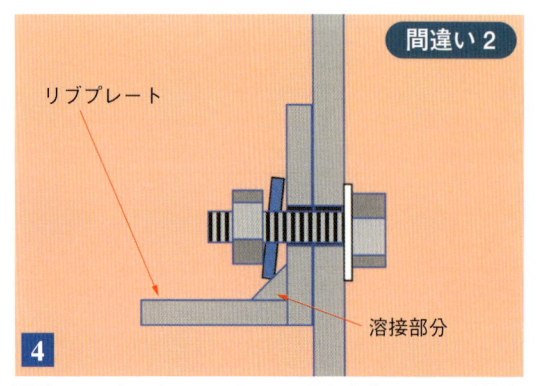

座板

4 間違い2：ナットのワッシャーがリブプレートの溶接部分にあたり、ボルトがしっかりと締め付けられていない。せん断力がかかった場合ボルトが切断するおそれがある。

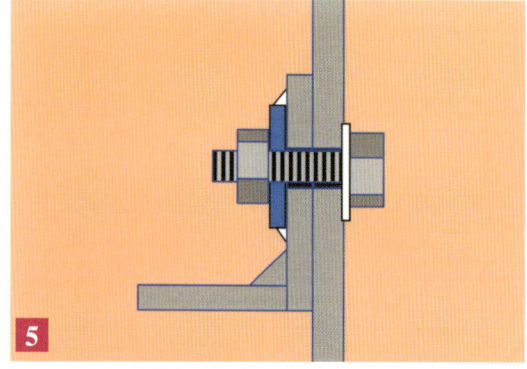

リブプレート／溶接部分

5 このように、溶接部分を考慮してルーズホールをカバーするための座板が取り付けられるようにボルト位置を決めるべきである。

62 鉄骨階段壁取合い部分の失敗

鉄骨階段は，1のように仮設利用を兼ねて先に建て込み，コンクリート躯体に固定することが多い。しかし，型枠との取合いを考慮しないで施工すると，下記に示すような失敗が生ずることになる。

1 マンションの工事現場の工事中の状況。外部鉄骨階段を先行して取り付けている。

2 ささらを固定したガセットを壁に打ち込んでいるが，ささら間の型枠がコンクリートにくい込んで取り外しにくくなっている。壁と階段の間に断熱材を型枠として入れているが，これも同様である。

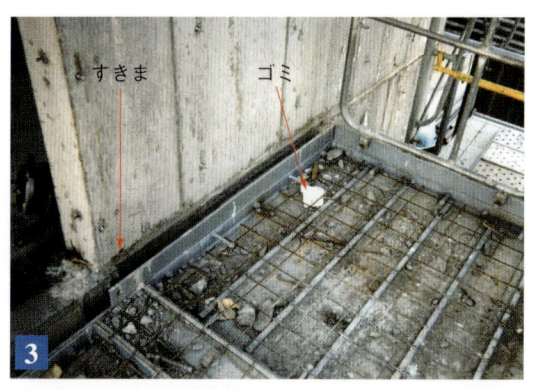

（断熱材型枠／ベニヤ型枠／コンクリートこぼれ）

3 鉄骨階段と壁の間に型枠用のすきまができる。この処理に手間がかかる。また鉄骨階段のコンクリート打設まで時間があると，メッシュの下にゴミが入り込み清掃に手間がかかる。

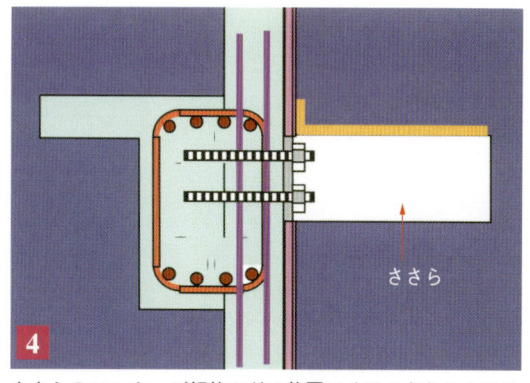

（すきま／ゴミ）

4 ささらのアンカーが躯体のどの位置にくるかをあらかじめ作図しておくと手間がかからない。またその階のコンクリート打設時に階段の床のコンクリートを打設すると作業性がよい。

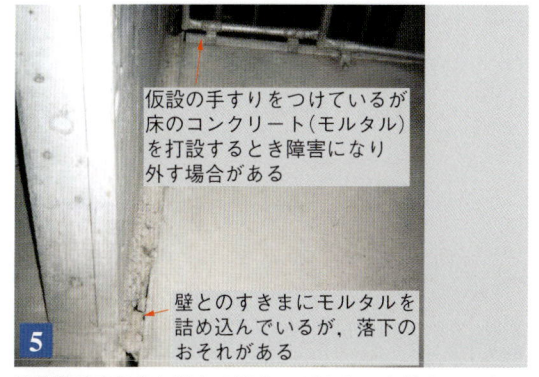

（ささら）

5 鉄骨階段床部分と壁との取合いがきれいな納まりになるように，あらかじめ十分な計画をしておくことが必要である。

（仮設の手すりをつけているが床のコンクリート（モルタル）を打設するとき障害になり外す場合がある／壁とのすきまにモルタルを詰め込んでいるが，落下のおそれがある）

鉄骨階段の仮設手すりが障害になり無計画に取り外すことがあるが，事故はそのような時に発生する。仮設部材が仕上げにあたらないように計画することは非常に重要である。このような階段の場合，本設の手すりを鉄骨階段と同時に先行取付けすることにより，事故を未然に予防できる。「時間がないから階段だけ取り付けて手すりは後で考えよう」という逃げの気持ちが，計画や仕事の無駄を作っている。ひとつの仕事で関連するものは集中して計画を進め，すべて決定するようにすると，能率は大幅に上がるものである。

63 鉄骨階段の施工で失敗しやすい部分

　計画段階での配慮不足により，後の清掃や手直しに多くの手間がかかることがある。また 5 のような失敗は，かなり経験を積んだ技術者でも見落としてしまいがちな例である。このような納まりの場合，ドアの横に小壁を設けたほうがドアチェックの納まりなども含め，かえってきれいな納まりになる。

1
亜鉛メッキ仕上げ鉄骨階段踊り場のコンクリート打設の時にノロがしみだして，後の清掃に手間がかかる。あらかじめノロの流れ止めの処理をしておくと，このような無駄な手間が省ける。

2
鉄骨階段の水抜き穴を階段の中央に配置したため，雨の日は水が流れ落ちて通行に不便であった。対策として上の写真のような樋をつけたが，水抜き穴を外側に配置すれば，このような手間をかけずにすんだ。

3
ささらと階段出入口扉の枠の位置を合わせようとしているが，10 mm ほどの施工誤差がでている。手前で止めて別の幅木をまわしたほうがすっきり納まる。

4
良い例である。階段のコーナー部分に雨水のドレイン配管を配置するための開口だが，落下防止のためあらかじめ工場で開口部にメッシュを溶接している。

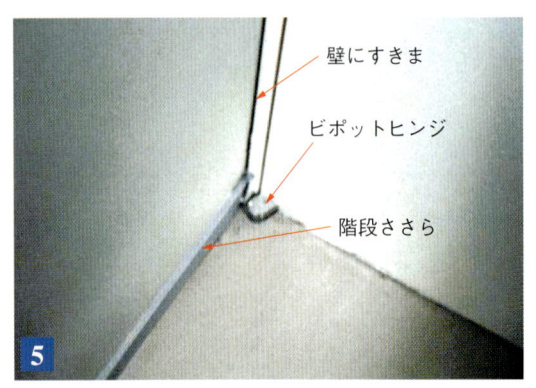

5
スチールドアのビポットヒンジと鉄骨階段のささら幅木が干渉して，壁と扉枠の間にすき間ができてしまったもの。

6
ビポットヒンジは写真のように出ているため，この方向に階段ささらが取り付く場合は，ささらプレートと枠から出ている軸受け金物に干渉してしまう。

64 鉄骨階段の踊り場のささら受け梁位置と設備ルート

　鉄骨階段には踊り場を受けるための鉄骨が必要であるが、その納まりをあまり考えず、**1**のように居室の面積を少なくしている例がある。居室の面積を少しでも多く取れるように計画すべきである。**2**よりも**3**のようにすれば、居室を広く使える。また、階段の煙感知器や照明・スプリンクラー設備のルートを、鉄骨工作図の段階で構築しておくべきである。

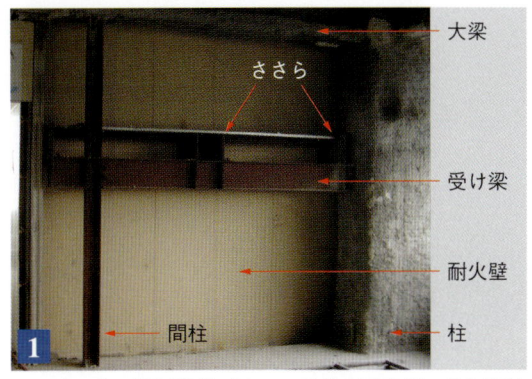

1 この壁の奥に鉄骨階段があり、手前の居室側の柱と間柱の間に受け梁を架け、それに階段踊り場のささらが載っている。

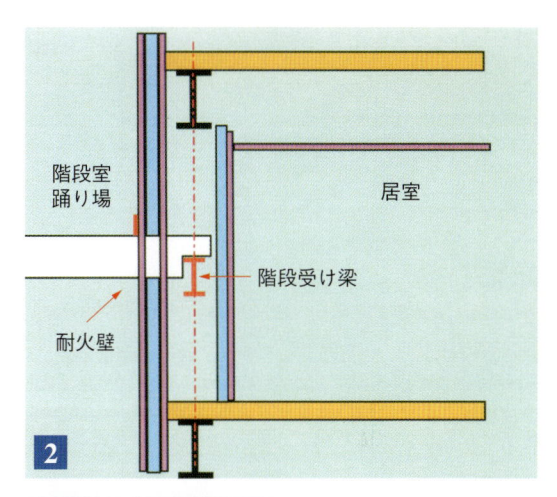

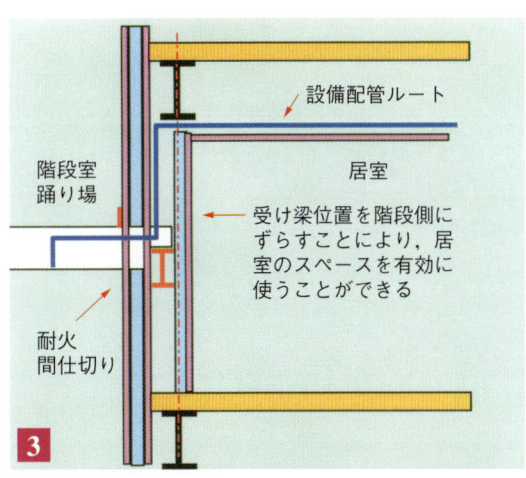

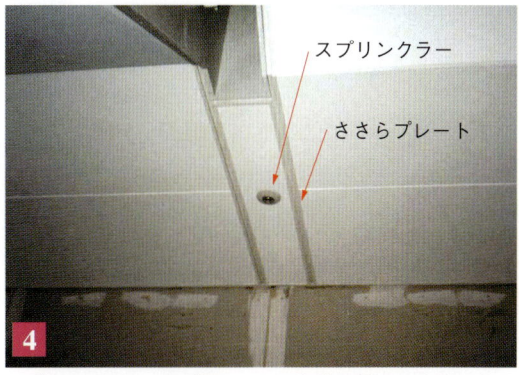

2

3

4 スプリンクラーの配管ルートは非常に難しいので、十分な検討を早めに行う。また、**3**のように上げ裏に天井ボードを貼る場合は、ささらの納まりが重要になる。

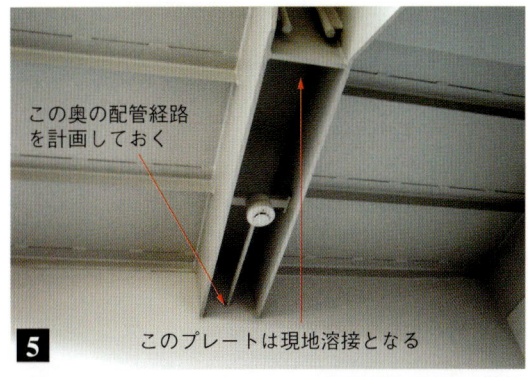

5 煙感知器が踊り場から出ている。階段鉄骨の納まり検討の際に、このような配管のルートをしっかりと構築しておく。

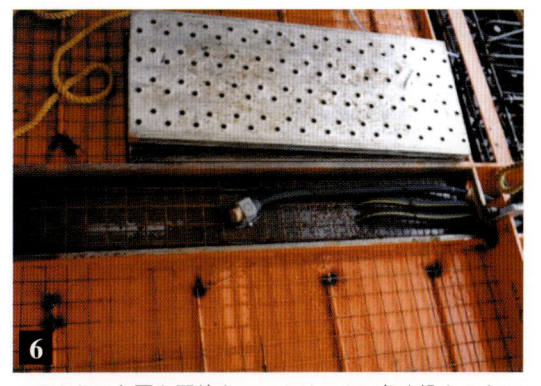

6 このように必要な配線をコンクリートに打ち込むことにより、作業足場の悪い階段での作業が少なくできる。

65 鉄骨階段の段と手すりの位置

　階段踊り場から上下の段の位置関係により、手すりやささらの形状が変わる。階高により納まりきれずに **1** の形になる場合があるが、よく理解したうえで決定したい。避難の際に上から連続して降りてきたときに、**6** のように一部のみ踊り場に段があると転倒しやすい。

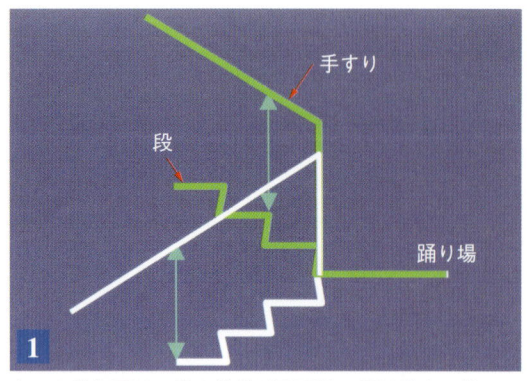

1 上りの段と下りの段の位置が平面的に同じ場合、段からの手すりの高さが決まっているため、踊り場では手すりに段差がついてしまう。

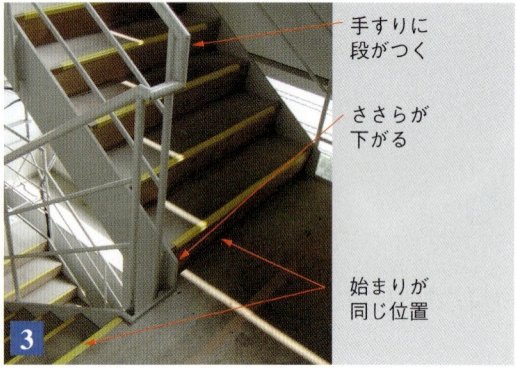

2 上りの段の開始位置を1段分ずらしたもの。上下からの手すりが同じ位置で交差するため、きれいな納まりとなる。

3 1のパターンの階段

4 2のパターンの階段

5 1のパターンの階段

6 これは階高が高いためしかたなく踊り場に段を設けたものだが、あまり一般的でないため、パニック時には転倒事故が起きやすい。

66 鉄骨階段の落下防止・壁取合い

　階段にはいろいろなデザインがあるが，注意しなければならないのは物の落下である。小さなものでも高い位置から落下すると大きな事故になる。特に公共性の高い場所では気を付けるべきである。4〜6には階段と壁の納め方を述べる。

1
蹴上げのプレートのない階段。明るく開放感が出るが，下方からの視線を避けにくいので，後でクレームの出ないようにしたい。また強度不足にならないように計画する。

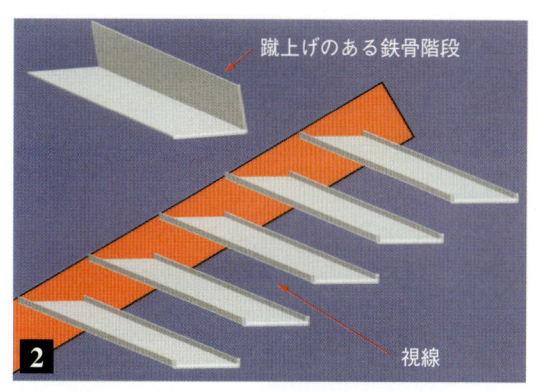

2
蹴上げ踏面が一体となった鉄骨階段は蹴上げプレートが上からの荷重に対抗するが，ない場合はその分の強度を確保しなければならない。

（ラベル：蹴上げのある鉄骨階段／視線）

3
特にらせん階段は，落下事故に注意をしたい。

4
上の写真のように，壁と階段のささらとの間にすきまができてシールをしたり，壁のボードがかぶってきたりしているのを見かける。

（ラベル：壁の間にすきまができる）

5
壁の精度を高めるため，ささらからプレートを出し，ささらとの間隔を確保して下地ランナーを通すと，きれいな仕事になる。

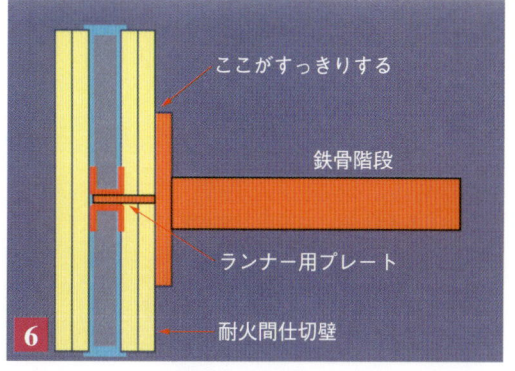

6
このようにボードの厚みを考慮してランナーを通すと，チリ際がすっきりと納まる。

（ラベル：ここがすっきりする／鉄骨階段／ランナー用プレート／耐火間仕切壁）

3 鉄骨階段

67 鉄骨階段の取付けの注意点

　改修工事などで，吹抜け部分に鉄骨階段を取り込む作業は非常に危険である。2のように階段を傾けなければ引き込むことはできない。この状態で万一ワイヤーが外れた場合，下にいる人は逃げ場がなく，大きな災害になるおそれがある。

1 鉄骨階段を上から下ろし階段室に取り付けている状況。

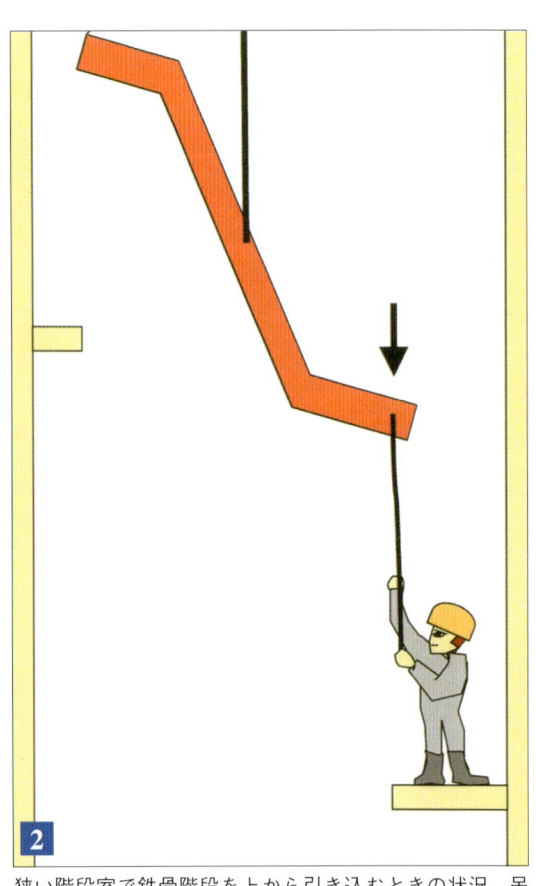

2 狭い階段室で鉄骨階段を上から引き込むときの状況。吊り荷の下に入らないという原則が崩れてしまいやすい。

3 逃げ場のない場所での作業になるので，階段が取付けの位置にくるまでは下に入らないように開口部の外で荷を扱うようにしたい。

4 吊り位置を少しだけ上にずらしておくと，荷を吊っている状態のとき，下に作業員が入らなくてもよくなる。

[4] ALC・PC

68 ALC板からの漏水

外部ALC板は，少しでもひび割れが入ると，凍害や錆の進行により1のような無残な姿になってしまう。変位の吸収方法は決められた仕様を守らなければならない。また，3以降は鉄骨階段取合いのALC板で漏水した部分について，その状況と原因を述べる。

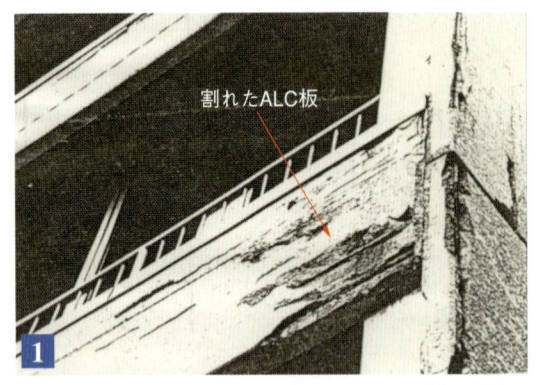

1 複雑なALCの納まりをしてしまったために，動きに耐えられずに表面が欠け，内部の鉄筋が錆びて膨張し割れが進行したもの。

2 1に比べてコーナー部分がシンプルになっている。

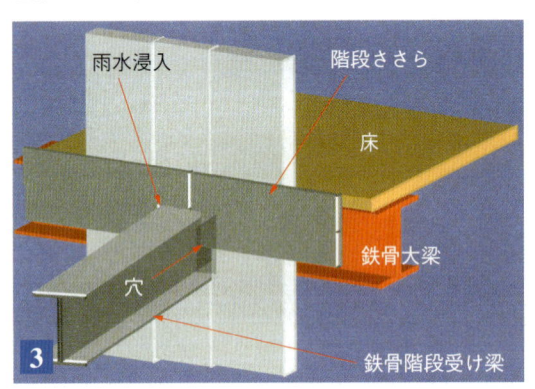

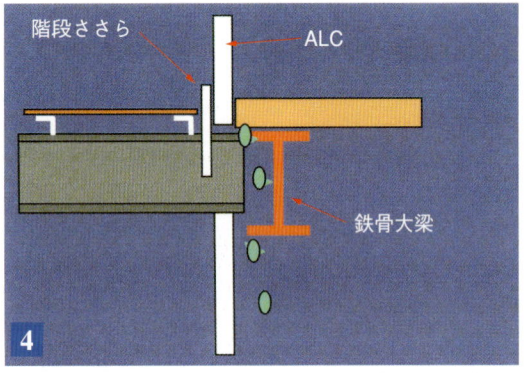

3・4 外部鉄骨階段の受け梁とALCの取合い部分からの漏水事故の例。鉄骨階段を先に取り付けた後にALCを貼るため，鉄骨階段のささらが障害となり外部からALCのシーリングができない。また内側には鉄骨大梁が通っているため，施工のアプローチができない。

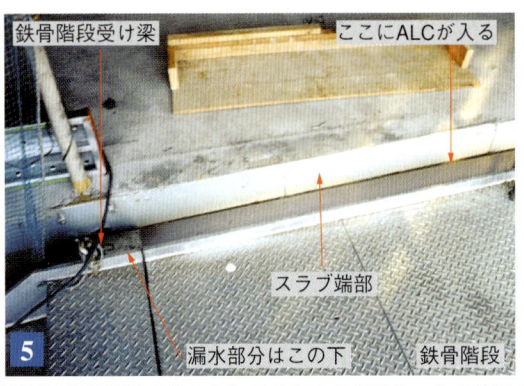

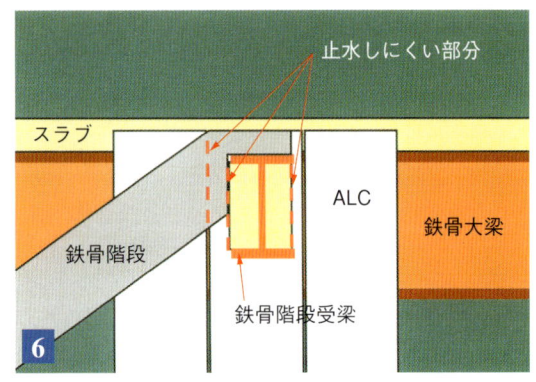

5・6 問題は鉄骨階段のささらとALC板との間にシールを施工するすきまがないことである。階段とALCの間をあけるのがひとつの解決策である。また鉄骨階段の受け梁のすきまは，ALC板で施工しにくいため，あらかじめ止水と耐火を兼ねた材料で塞いでおくべきである。

69 ALC 取合い部分の失敗

　外壁にALCを採用した場合，ALCは層間変位を吸収しなければならないため完全に固定させにくい。1のような扉がALC外壁の真上に配置されるような納まりの場合，スラブとの間にすきまができてしまい，その処理ができないことがある。5はALC壁との複合耐火ですきまができてしまった例である。

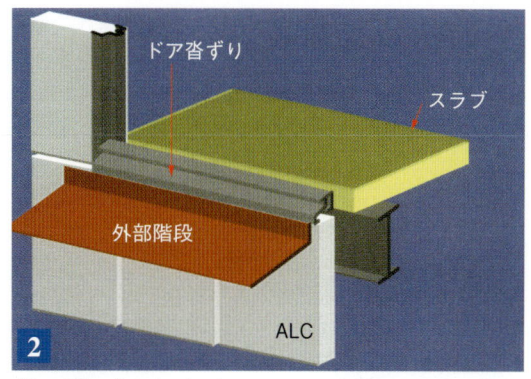

1
ALC板の真上にドアの沓ずりが納まるため，コンクリートスラブとの間にすきまができ，モルタルを詰めてもすぐ落下する。

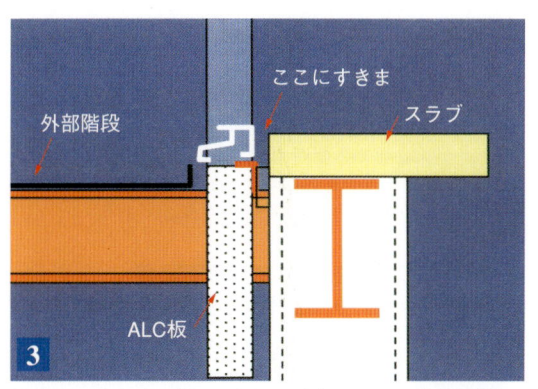

2

3
外壁ALCとスラブとのすきまが大きいため処理が難しい。

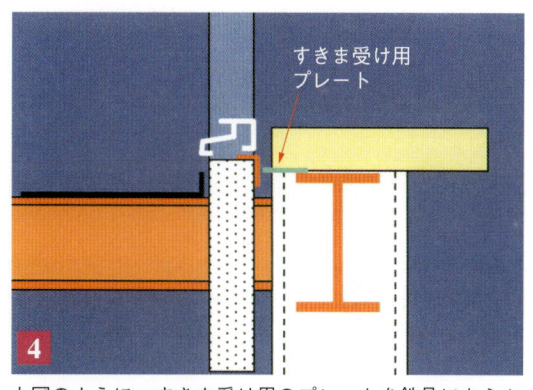

4
上図のように，すきま受け用のプレートを鉄骨にあらかじめ取り付けておくと，きれいに塞ぐことができる。ただしALCの動きを拘束してはならない。

5
鉄骨部分の耐火被覆を外壁ALCとの複合耐火で処理しているが，ALCとの間にすきまができてしまっている。

6
シャフトの中でALC板の耐火材がはがれ落ちてしまった例。動きに追随できる耐火材を取り付けなければならない。

70 上階の振動が下に伝わる

完成したマンションで，上階のサッシの開閉音が下階に大きく響くという問題が発生した。調査を行ったところ，上下階にわたって取り付けた ALC 板に原因があることがわかった。

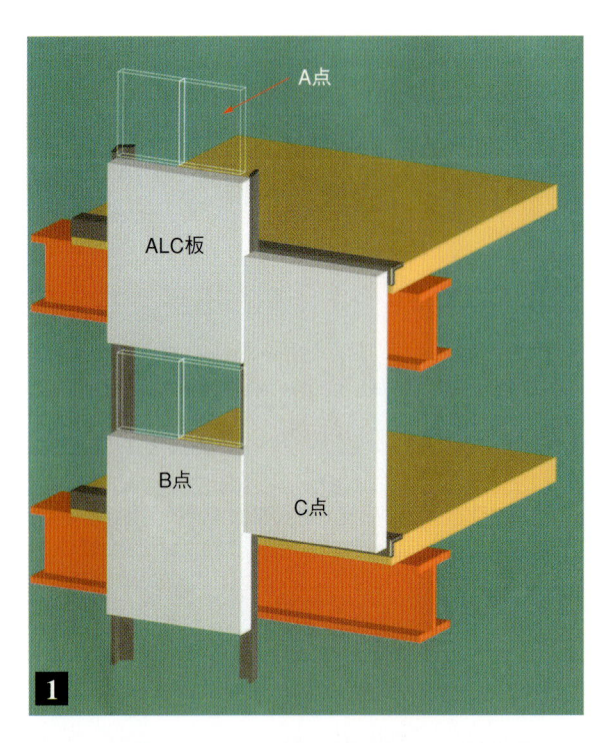

左図 A 点でのサッシ開閉音が下階の室内に大きく響いた。A 点のサッシの開閉音の伝播状況を聴診器を使って調査したところ，B 点に大きく響いていた。スラブ間で固定していた ALC 板の C 点には響いていなかった。
2 のように，ALC を固定するための竪補強アングルを上下のスラブ端部の 2 箇所で固定しているため，アングルがピンと張られた琴の糸のようになり，サッシの開閉音をより増幅させてしまったことが原因である。

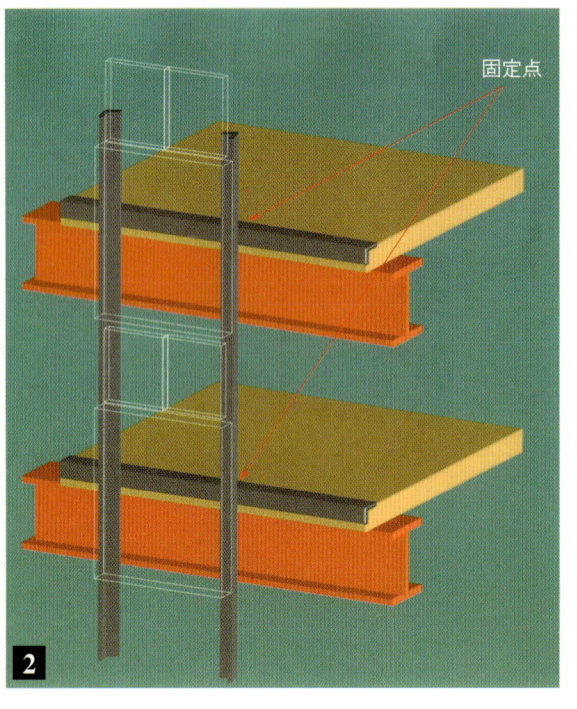

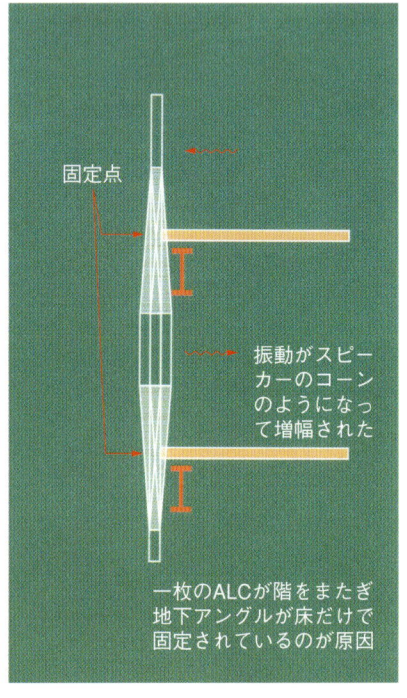

振動がスピーカーのコーンのようになって増幅された

一枚のALCが階をまたぎ地下アングルが床だけで固定されているのが原因

71 上部PCファスナーの管理の計画不足

ファスナーは，地震時の大きな力によりPC板が破壊しないように，躯体とPC板との間に変位を取れる仕組みになっている。**1**は，ひとつの建物の中でスウェーとロッキングの2つのタイプが混在し，それをひとつの形状のプレートで方向を変えることにより使用したが，施工後の検査がしにくかった。あらかじめ見ただけで施工確認ができるような計画を立てておくことが必要であった。

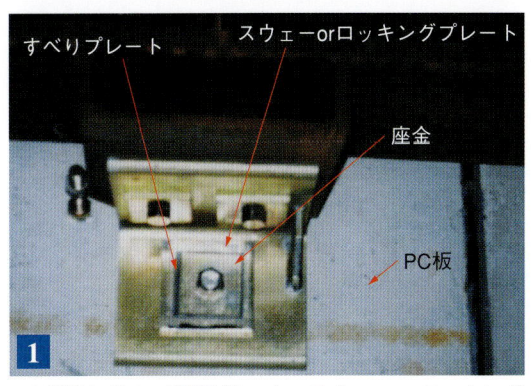

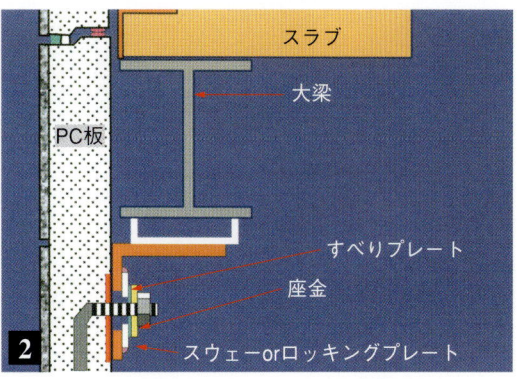

1の構造には2つ問題があった。スウェーorロッキングプレートが正しい方向に取り付けられているかが見えないことと，すべりプレートが入っているかどうかの確認がしにくいことである。正しく施工しているかを終始見ているのは不可能だが，「プロの職人がやっているから信用する」では管理不在となる。数多く施工している中に一箇所誤った施工が行われると，それが重大な事故に結びつく。これを防ぐためには「管理を行うための戦略的な技術」が必要になる。

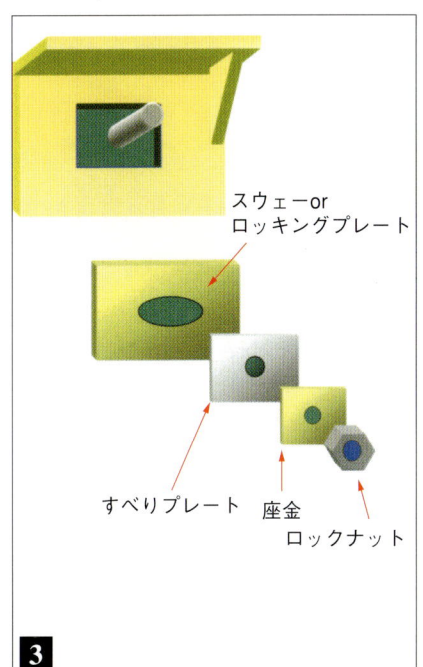

1の対策として，スウェーorロッキングプレートの方向に，上の写真のように赤い線を入れ，施工が正しく行われていることを確認した。すべり板は少し角度を変えることで，その存在を確認した。

この後ファスナーの施工には，左上図のような指示を作図の前に出し図面を確認するようにした。昨今，現場は忙しさに追われ，図面を詳しく確認するゆとりがなくなっているように思われる。ほとんどの作業が外注依存になると，このような計画を構築する機会が失われ，同じパターンの施工不良の発生が阻止できなくなる。

もうひとつ重要なのが，PC板の精度確保である。せっかくすべり板を入れてスウェーやロッキングができる構造にしても，PC板の出入りを調整するために，PC板のボルトに大きなトルクをかけてしまっては，地震時の動きが拘束されてしまう。トルク管理の大切さを認識したい。

72 下部PCファスナーの計画不足

　PCファスナーを鉄骨梁の上に取り付けるために、**1**や**2**のようにスラブに欠き込みを作る場合がある。これは溝の中での作業になるため、雨水が流れ込み作業性が悪い。PC板の取付けは、工程上クリティカル・パスになることが多いので、取付けピース数を上げるためにも、ファスナーの形状の選択を十分に検討したい。

1 ファスナーの位置の墨出しを行い、コンクリート止めの鉄板を大梁の上に取り付ける。数が多いためコストと時間がかかる。

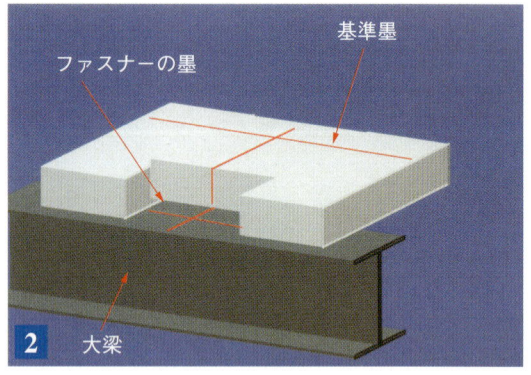

2 スラブと鉄骨の間に高さの差があるため、鉄骨の上にファスナーの墨を落とすのに非常に手間どってしまう。

3 パネル用のファスナー部分だがコンクリートが流れ、ゴミ溜まりになりやすい。また墨出しや溶接もやりにくい。

4 ファスナーを取り付けた状況。この後、穴埋めの作業が必要になる。

5 ボルトを入れられるように、あらかじめ鉄骨にゲタを組み込み、スラブから立ち上げたタイプ。**3**のような問題は解消されるが、墨は出しにくい。

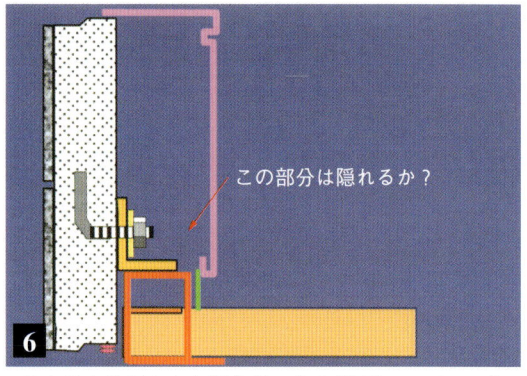

6 **5**のような計画をした場合は、その前面にファンコイルや配管が配置されじゃまにならないかの検討が必要。

73 下部PCファスナーの計画

　PC板の精度を確保するためには，誰もが簡単に位置を計測できるような段取りが必要である。実際に自分でその作業を行ってみると，見えてくるものがある。自分でやってみてできないものは，実際に作業する作業員でもやりにくいものである。

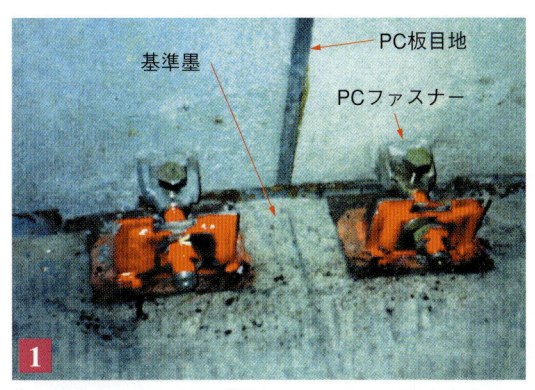

1 上の写真のようにスラブ面とファスナーの高さを合わせるよう鉄骨梁に組み込んでおくと，墨が出しやすく位置を決めやすい。

2 これは，柱から出ているPC受け梁の上フランジをスラブ表面の高さと合わせたもの。鉄骨の上に墨を出せるので，精度が向上する。

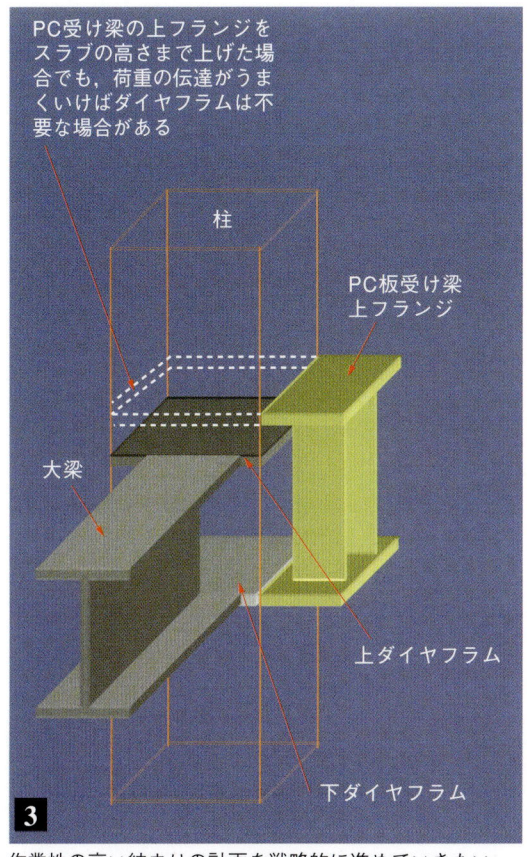

3 作業性の高い納まりの計画を戦略的に進めていきたい。

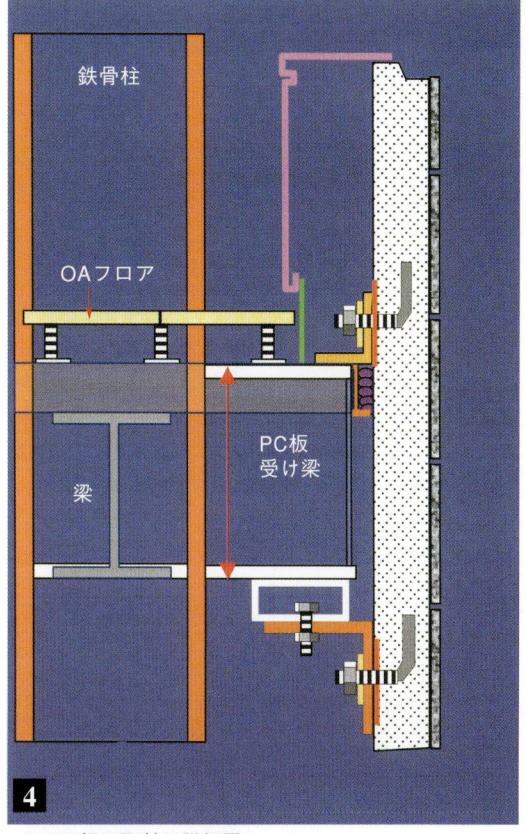

4 2のPC板の取付け詳細図。

74 パラペットのPC板受けの失敗例1

　パラペット部分のPC板の施工方法に問題が多い。PC板はPC専門工事会社が施工図を作成するが，防水の納まりまでは考えないことが多い。現場の責任者にその能力がない場合は，いきあたりばったりの工事になってしまう。

1
パラペットPC板のファスナー部分だが，ここにどのようにして防水するのだろうか？

　1を見て驚くのは，この部分の納まりが**2**のようになっていることである。なんとファスナー取付け後にモルタルで立上りを作り，そこにアスファルト防水を施工しようというのである。どうしてこのような危険な施工をすることになったのかは定かではないが，防水工事の基本を忘れている。地震や振動によりアスファルト防水層の下地であるモルタルが割れた場合，漏水の危険性は非常に高いことを認識すべきである。

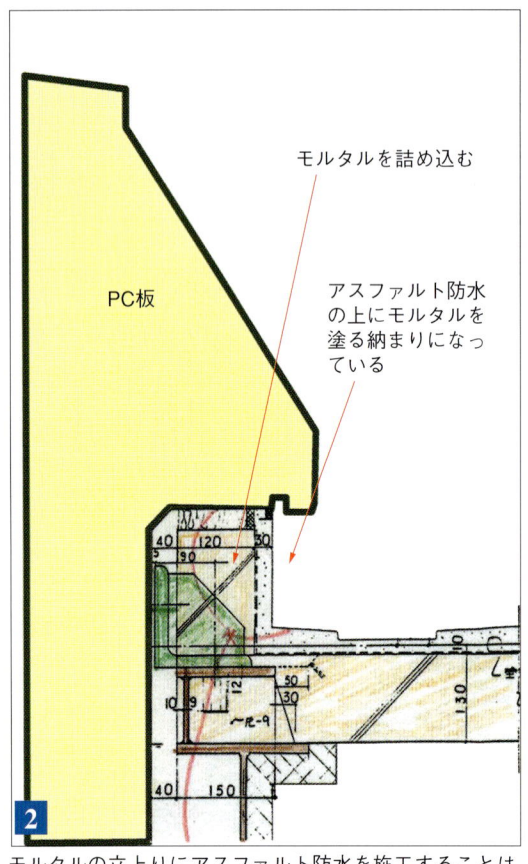

2
モルタルの立上りにアスファルト防水を施工することは危険である。また，防水層の上にモルタルを塗ると，端部からの漏水が発生するおそれがある。

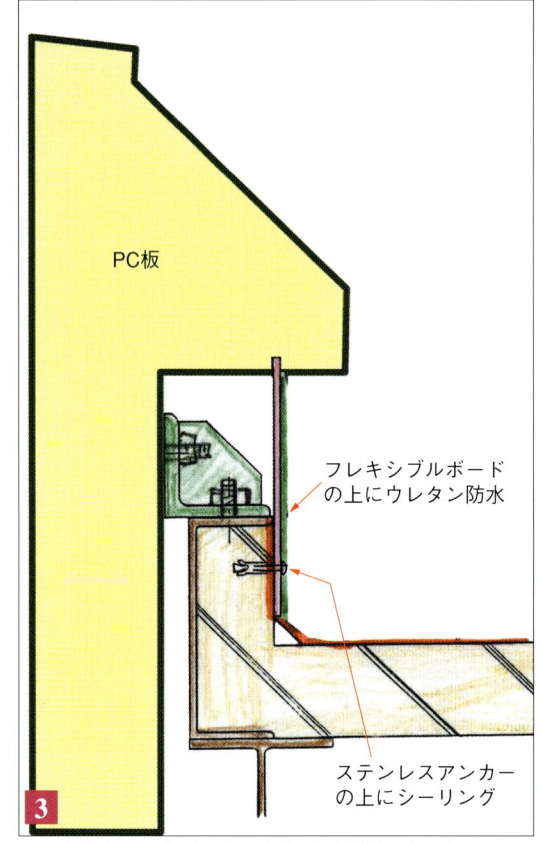

3
このようなコンクリートの立上りが必要であった。

75 パラペットのPC板受けの失敗例2

　これもPC板の最上部のファスナー納まりである。ファスナー部分の穴を埋めてから防水するという方法は同じである。

1

PC板の最上部におけるファスナー固定のためのパラペット立上り躯体の欠込み部分を、外部から見たところである。

2 カットTを使ったベース

これは **1** とは違う現場だが、同じようにパラペット躯体の立上り部分に開口を作っている。

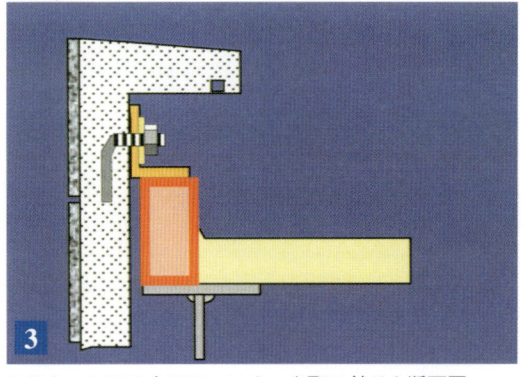

3

2 のカットTの上にファスナーを取り付けた断面図。

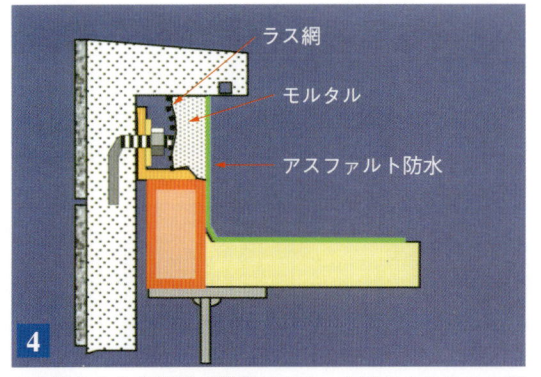

4

この部分の止水処理が問題である。上図のようにラス網を取り付け、それにモルタルを塗り、その上に防水をしている。前頁と同じような問題がある。

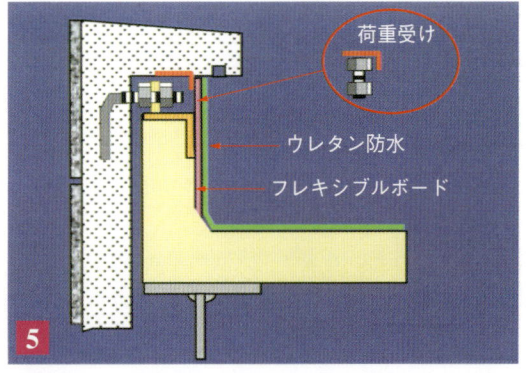

5

実証はしていないが、このような施工方法のほうが安全性は高いと思われる。

76 PC板の失敗例

　PC板の工事は，工程の中でクリティカルパスになるため，ひとつ失敗するとすぐに全体工期の遅れにつながる。慎重に計画し，関係するそれぞれの職種の人たちと十分な打合せを行ったうえで進めなければならない。

1 PC板の角部分の補修したタイルがはがれた。運搬時や取付け時の角部分の養生には十分注意しなければならない。

2 PC板の精度が悪いと，コーナー側がこのように見苦しくなる。

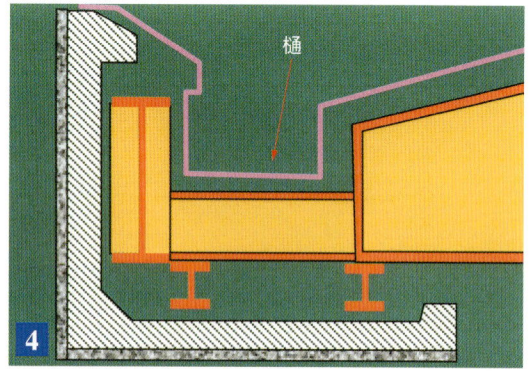

3・4 1枚の庇のPC板を取り付けた後に，隣のPC板を取り付けようとしたところ，鉄骨がたわんでPC板のレベルを固定するのにたいへん手間がかかった。樋部分のために，鉄骨のメンバーを小さくしたのが問題であった。

5 この部分は手が入るのでボルトを上から入れているが，手の入らないところはナットを先に工場で鉄骨に取り付けておくことがある。そのとき**6**のような失敗があった。

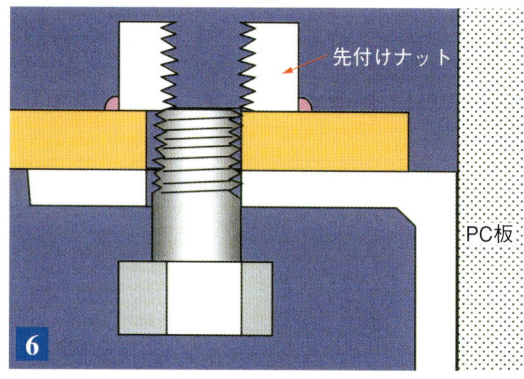

6 図のように，ナットの位置がずれて取り付けてあり，手直しにたいへんな手間がかかった。ボルト・ナットを締めてから点付け溶接するようにすべきであった。

77 PC バルコニー

　1・3 はハーフ PC のバルコニー，2・4・5 はフル PC のバルコニーである。バルコニーを PC 化することにより，建物の外壁の足場を省略できるメリットがある。しかしながら，PC バルコニーでもその仕上げや納まりによっては足場が必要になる場合があるので，戦略的に計画を進めなければならない。

1 バルコニーをハーフ PC として，品質の向上と工期の短縮をはかったもの。取付けのためのクレーンが届くように配置しなければならない。

2 屋根部分など，無足場施工では不可能な部位の検討を行い，早めにそれに対応した仮設の段取りを仕込んでおく。

（屋根工事用足場／PCバルコニー作業用足場）

3 バルコニースラブの上の鉄筋をスラブ上筋に溶接固定する。またコンクリート打設時のノロがバルコニー下に漏れると除去に手間がかかるので注意が必要。

（PC板吊りフック）

4 フル PC バルコニーを吊り上げているところだが，このように吊った状態で乗り込んではいけない。

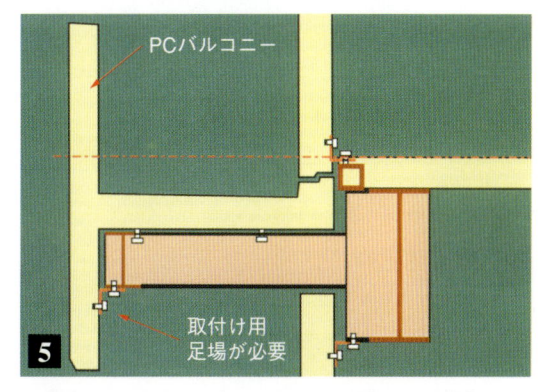

（PCバルコニー受け鉄骨）

5 上図のように，レベル合せと出入り調整・固定用のボルトが取り付くため，下部に足場（移動式でもよい）が必要になる。

（PCバルコニー／取付け用足場が必要）

78 PC小梁の取付け

PC小梁を採用すると，工期や労務不足の場合かなりの省力化になる。PC小梁取付け用の揚重設備は必要になるが，段取りよく計画すれば大きなメリットがある。

1 PC小梁を所定の位置に取り付けているところ。吊りアンカーの強度不足で落下することがあるので強度の確認が必要。

2 梁上部スターラップが完成しているので，梁筋はこの中を通さなければならない。(PC小梁スターラップ)

3 PC小梁を受けるための構台。レベルの調整ができるようにジャッキを取り付けておく。(PC小梁、フラットデッキ、PC小梁荷重受け)

4 梁主筋は入れやすいが，スターラップ上筋の定着とスラブ厚さが合わないことがあるので注意が必要である。(定着8d必要)

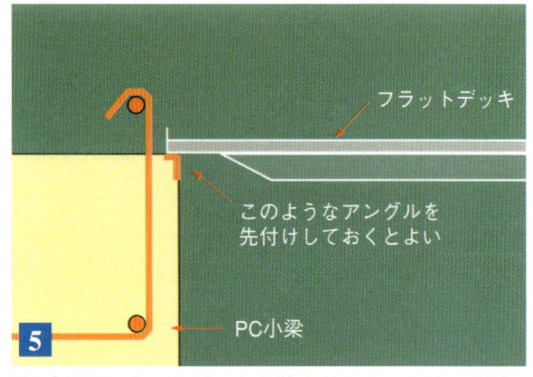

5 PC小梁にフラットデッキを載せるとき，フラットデッキを固定するための設備がない。アングルなどの打込みが必要であった。(フラットデッキ、このようなアングルを先付けしておくとよい、PC小梁)

［5］建具

79 強化ガラスの破損

ガラスの急所は小口である。特に強化ガラスは小口に衝撃を加えると、1や2のようになる。割れたときに激しく飛散するため、目にケガをすることがある。また、強化ガラス扉で面積の大きなものは風圧の影響を受けやすく、表面の傷が大きくなり、そこから激しく割れることがあるので使用場所に注意をしたい。

1 何らかの衝撃で割れてしまった強化ガラス扉。

2 砕け散ったガラス片。これが激しく飛散するため、目に入るとケガをする。

3 このようにガラスの小口を見せるデザインのときは、ガラス小口に衝撃が加わらないような対策が必要である。

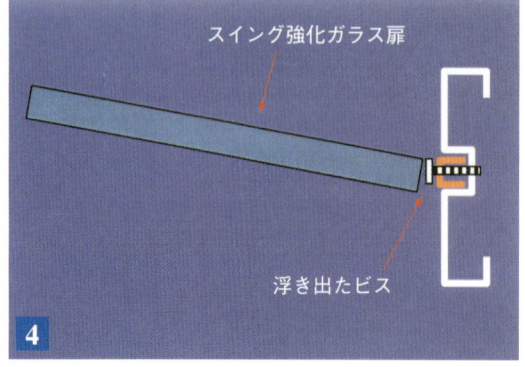

4 出入口のスイング強化扉が、枠の溝押さえ金物の固定ビスが浮いたところへ強風でガラスがたわみ、ガラス小口が接触して割れた例がある。

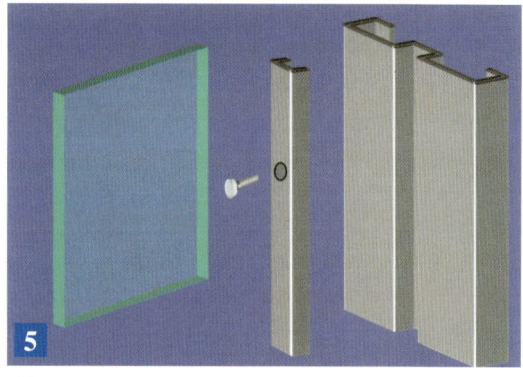

5 強化ガラスの部分のビスは、浮き出ないように固定する必要がある。

ガラス

80 ガラスの破損

　普通のガラスでも，やはり小口は弱点である。ガラスが割れると，危険であるばかりでなく，その交換に手間を費やしてしまう。多少乱暴な使われ方をしても，割れないような配慮を計画に盛り込むことが必要である。

1 カウンターの仕切りにガラスを使い下部を少し開けたが，ガラスの小口にものをぶつけたため，欠けてしまった。

2 ガラスの小口には，衝撃の力を分散できるように，保護の金物などを取り付けると **1** のような事故は防げる。

3 出隅部分のコーナーを鋭角にしている。このような状態だと，少しの衝撃で割れてしまう。

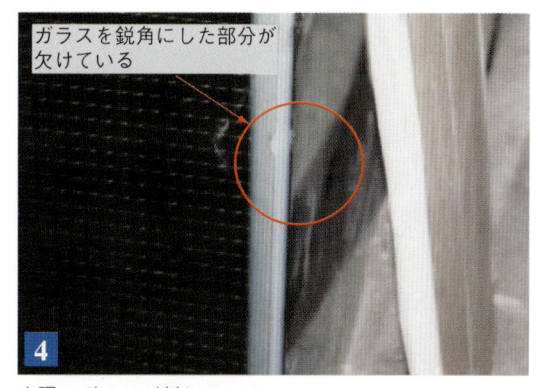

4 出隅のガラスが割れている。

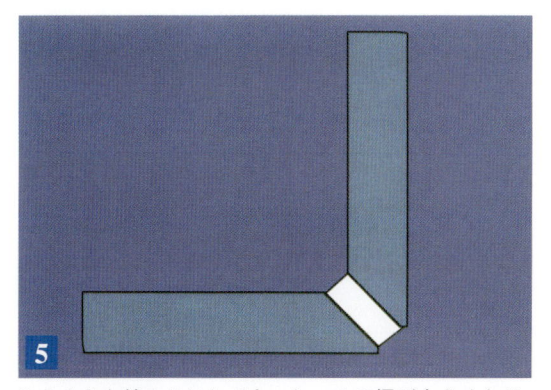

ガラスを鋭角にした部分が欠けている

5 このような納まりにしても，シールの幅が大きくなり，それほど見た目がよいものではない。

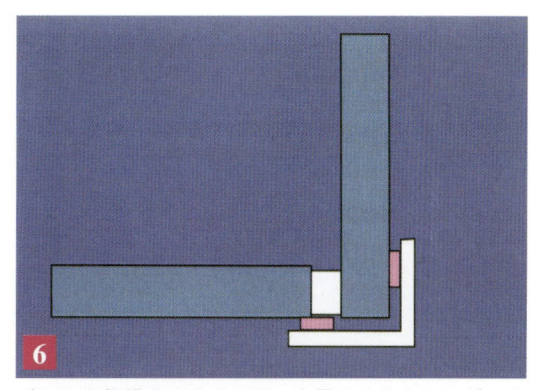

6 ガラスを保護するためには，上図のようなアングルのコーナーガードを取り付けるのがよい。

5 建具

5 建具　ガラス

81 溶接火花がガラスを損傷し取替え

建物の引渡し直前に最終クリーニングを行ったところ、大面積のガラスの多くに火花の傷が付いていることがわかり、再度足場を架けてガラスの取替えを行ったことがあった。

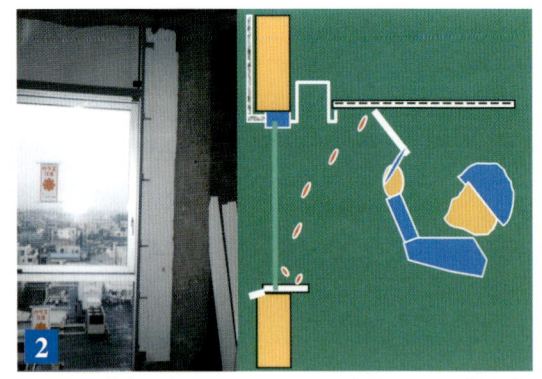

1 2

天井下地の工事中の状況。窓ガラスを養生すると暗くなるため、なかなか養生はされにくい。そこで安易にベニヤ板を立てかけて溶接を始めてしまうことがある。しかし、膳板に落下した火花がベニヤの下部のすきまからはね、ガラスを損傷することがある。

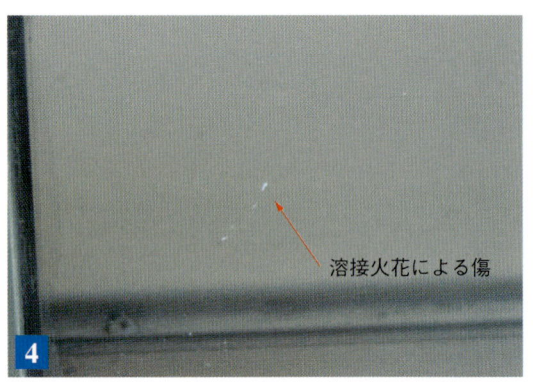

3 上部から落下した溶接火花
4 溶接火花による傷

3のように床に落下した溶接火花は、予想をはるかに超えた勢いではね上がりガラス面に当たっている。4は傷ついてしまったガラス面である。あまり目立たないため、融けたガラスがクリーニングのとき使用するナイフの刃にぶつかり発見されることが多い。発見が遅れると被害は大きくなる。

5 6 網入りガラスの小口

ガラスの小口処理の失敗例である。バルコニー部分の屋根にガラスを使っているが、網入りガラスの小口が見えている。小口から網が錆びて膨張し、ガラスの角が欠けてしまうことがある。網入りガラスの小口は、枠で保護すべきである。

ガラス

82 SSG構法によるガラスの固定の問題点と対策

サッシの方立て（カーテンウォールではマリオン）や無目を見せずに，ガラスとシールだけが外部から見えるよう考え出されたのがこの構法である。しかしシーリングには寿命がある。そのときガラスを入れ替えることが可能なのか？「10年は持つからよい」という安易な考えは許されない。外部からの見え方を検証し実践した対策を示す。

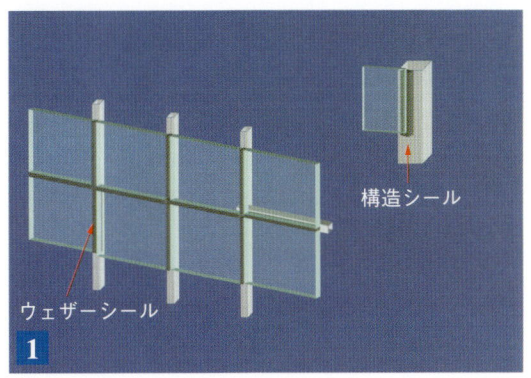

1 構造シールによりガラスを保持しているため，シールの寿命がきた場合，落下のおそれは否定できない。またガラスの入れ替えをどのようにするかの検証も必要である。

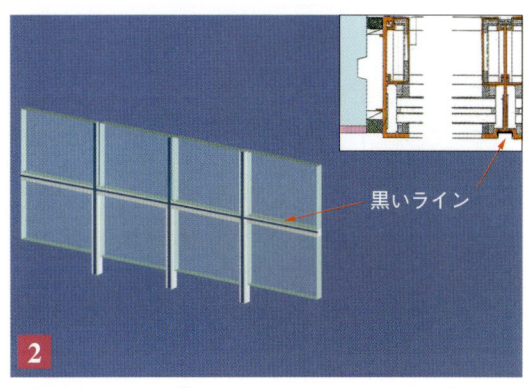

2 一般的なサッシに黒いラインを入れてすっきり見せるように工夫したサッシ。

3 一般サッシの70 mmの方立てのままだと，このように見える。

4 左がSSG構法の目地の見え方。方立てに黒いラインを入れた右のほうが，よりすっきりと見えている。

5 カーテンウォールで実施したもの。これによりSSG構法の「構造シールが劣化した場合のガラスの落下のおそれ」の心配はなく，きれいに見せることができた。

6 連窓サッシで実施したもの。

スチールドア

83 避難方向と扉の開き方向が違う

1は誘導灯が手前についていることから，奥の方向に避難することがわかるが，扉の開く方向が手前になっている。これでは火災などの災害時に避難しようとしても円滑な避難ができない。設計当初はスイング扉であったものが電気錠の仕様に変更になり，そのときに開き方向を間違えたものだが，変更があった，場合それが確認申請図の防災面で矛盾がないかを落ち着いて考えなければならない。

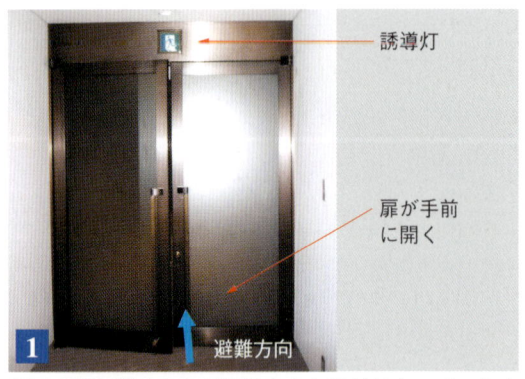

1 廊下の扉の開く方向が避難方向と反対になっていたため，消防検査で指摘を受け，向きを変えた。

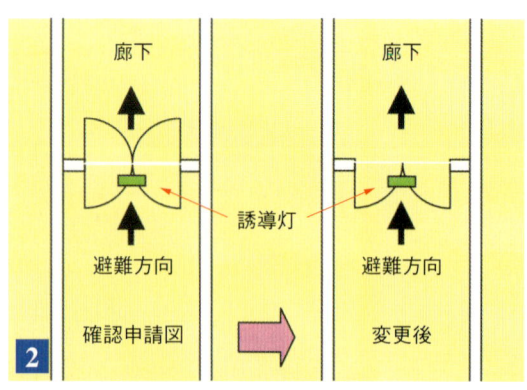

2 当初の確認申請図では，左のようなスウィングになっていたが，後で電気錠に変更した。そのとき避難のことを見過ごし，開き方向を反対に取り付けてしまった。

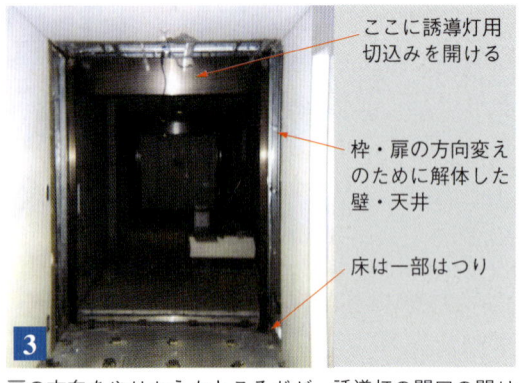

3 扉の方向をやりかえたところだが，誘導灯の開口の開け直し・ふさぎ，壁天井解体・復旧，電源の付替えなど，無駄なコストがかかる。

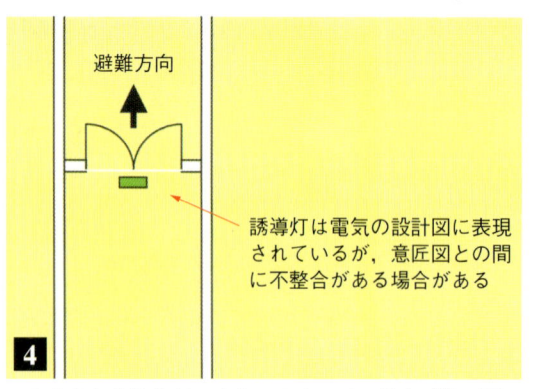

4 このような失敗を起こさないためには，仕上げ施工図の中に誘導灯やその他の主要な防災設備をプロットして確認を取り合うことが必要である。

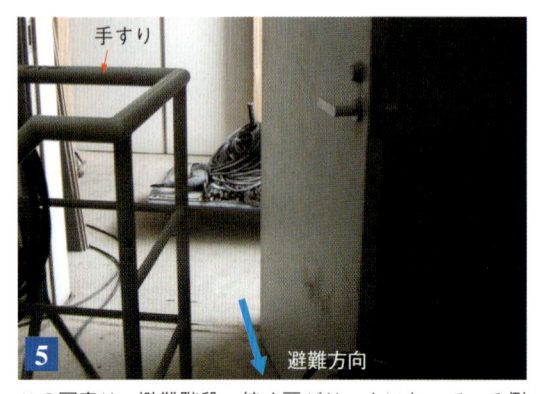

5 この写真は，避難階段へ続く扉がじゃまになっている例である。

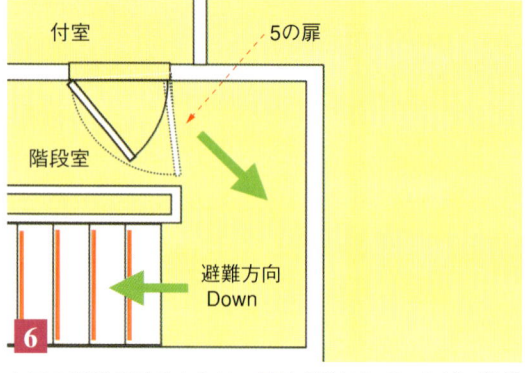

6 上図の実線の扉のように，吊元を逆にしていれば，避難しやすい扉になっていた。

スチールドア

5 建具

84 扉の開き勝手と照明スイッチの位置

扉の吊元側に小部屋の照明スイッチが付いてしまうことがある。意匠図と電気設備図の不整合がその原因にあげられるが、何らかの都合で扉の吊元位置を変更し、そのときに電気工事の担当にその情報を伝えていないことによるものが多い。平面詳細図を作成したときに関連設備をプロットすることでこのようなミスは防げる。

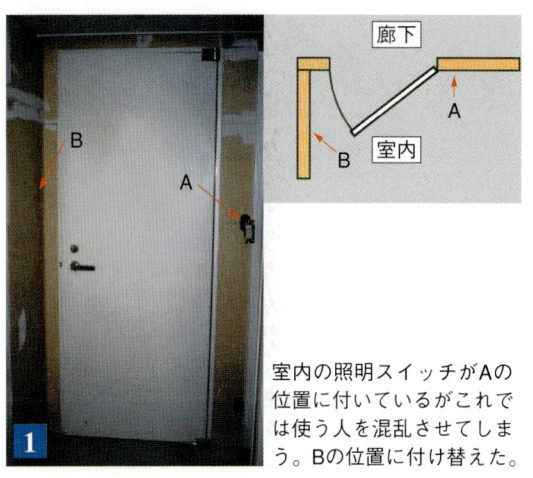

1
室内の照明スイッチがAの位置に付いているがこれでは使う人を混乱させてしまう。Bの位置に付け替えた。

2
このような失敗に最後まで気付かずに仕上げてしまっている。失敗は、早くやり直さなければ被害が大きくなるだけだ。

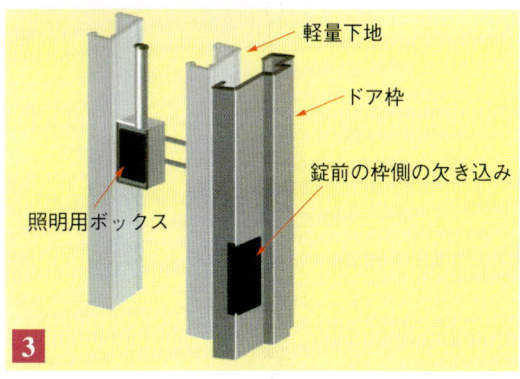

3
軽量下地の後すぐにドア枠を取り付けている現場では、そのドア枠の欠き込み位置を確認してから照明用ボックスを取り付ければ、ミスが発見されやすい。

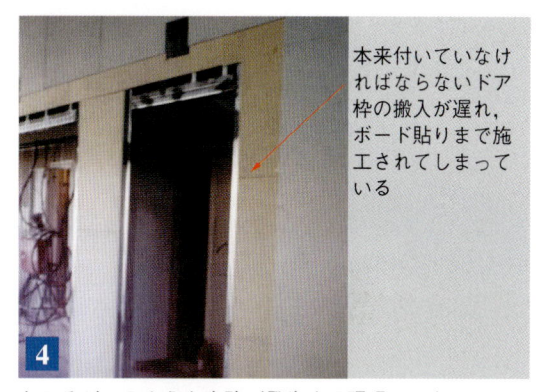

4
ところがこのような失敗が発生する現場は、上のようにボードを貼り終えてもドア枠が入ってこないことが多い。

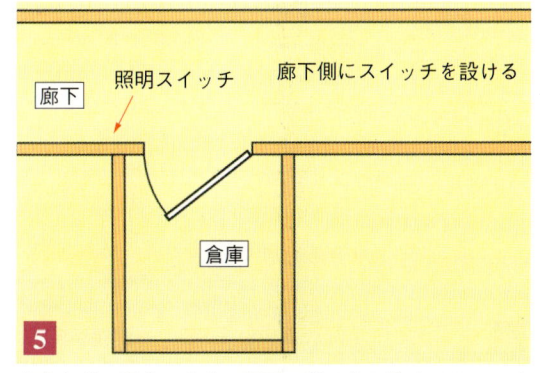

5
倉庫などの場合、室内の照明の付け忘れ防止のため、廊下側にパイロットランプ付きのスイッチを配置するとよい。

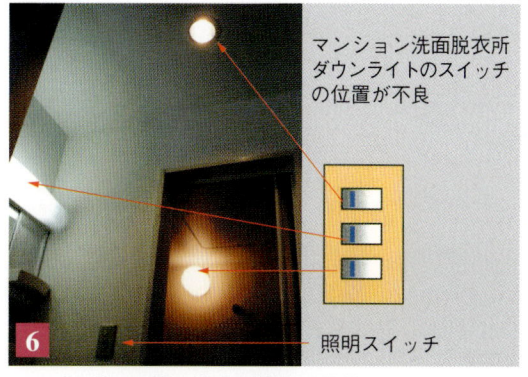

6
ユニットバスの扉の横に3箇所の照明のスイッチをまとめているが、ダウンライトのスイッチは、洗面脱衣所の手前の部屋に配置すべきである。

スチールドア

85 常時開放防火扉と火災

　避難階段内で、1のように半円を描くように閉鎖するタイプの常時開放防火扉の前にゴミや物が置かれ、火災発生時に扉が閉鎖しなかったことにより、多数の死者を出すことになってしまった。

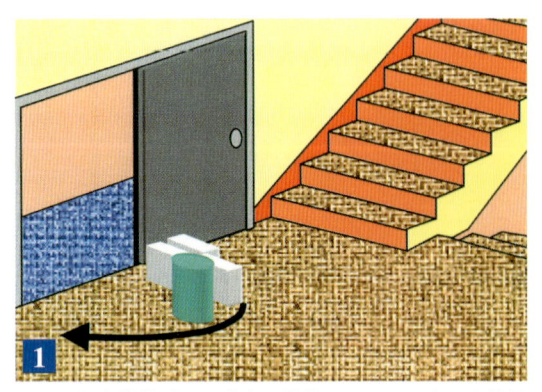

1
このような雑居ビルの場合、普段はエレベーターを使用するため、避難階段に物が置かれていることがある。

2
火災発生の煙により煙感知器が作動し、扉を閉鎖しようとしたが、扉の軌跡上にある障害物のため扉が止められ、煙が流れ込んだ。

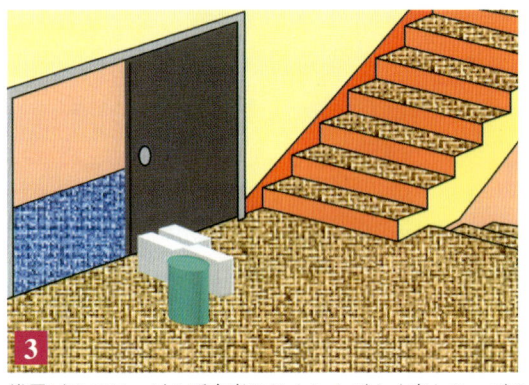

3・4
雑居ビルでは、ビル所有者やテナントがよく変わり、ビルの管理がなかなかされにくいという状況がある。再発防止のためには厳しい指導・罰則も必要であるが、設計段階でのフールセーフの考え方が必要である。このような場合は、扉の軌跡を最小にするような、引き戸形式の閉鎖装置のほうが有効ではないだろうか。

5
火災時に発生する有毒ガスに対して、階段室の扉の上部の壁は、階段室への有毒ガス流入を防ぐ効果がある。

6
避難すべき階段室に、発泡スチロールの吊下げ看板や可燃物があると、上図のように有毒ガスが上昇し、避難ができなくなる。

スチールドア

86 防煙垂れ壁とエレベーター前防火扉

　竪穴区画に取り付ける扉は，30 cm 以上の垂れ壁があり，かつ自閉式でなければならない。竪穴区画以外の扉でも，避難に供する通路に面する部分は，同様の形が望ましいと指導を受けることが多い。また，**5** のようなエレベーターの扉は，平成 12 年 6 月の建築基準法改正により，防火戸として認められなくなったことから，エレベーターの昇降路は遮煙性能をもつ防火扉等で区画しなければならなくなった。

1 検査で指摘を受け，竪穴区画の常時開放式防火扉の上部に防煙垂れ壁を取り付けているところ。

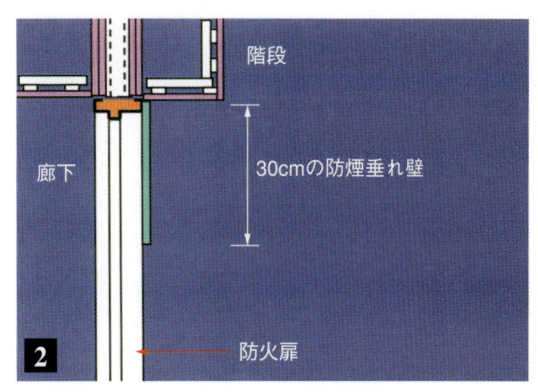

2 上の断面図のように，垂れ壁を取り付けた。

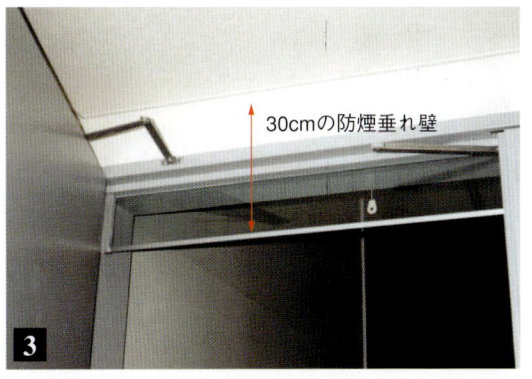

3 廊下部分で扉上部の垂れ壁の高さが足りなかったため検査で指摘を受け，ガラスの防煙垂れ壁を後で取り付けたもの。

4 これは，室内へ高さのある機械の搬出入があるため，取り外し式の防煙垂れ壁を取り付けた例。

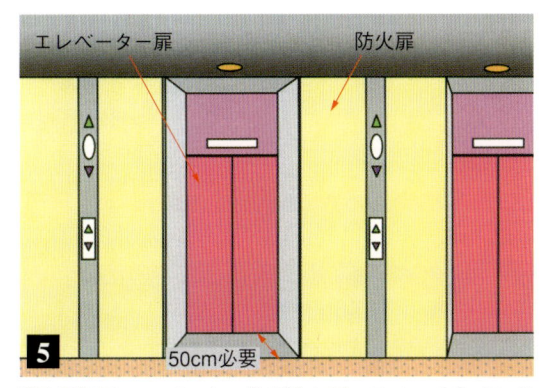

5 竪穴区画のエレベーター前の防火扉。スイッチやインジケーターの位置が制限されてくる。

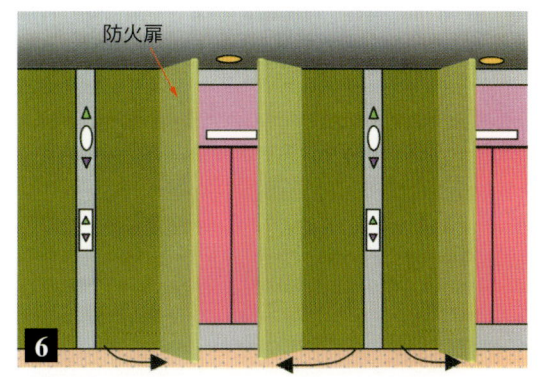

6 煙感知器が作動して，エレベーターの扉の前面に防火扉が半円を描いて閉鎖する。軌跡部分には障害物を置かないようにしなくてはならない。

87 ドアのレリーズの失敗 1

建築工事と電気設備工事の取合いの検討不足によって問題が発生することがある。1に示す失敗は，その一例である。このような場合は，建築側が主導的に段取りを進めることにより失敗を防ぐことができる。

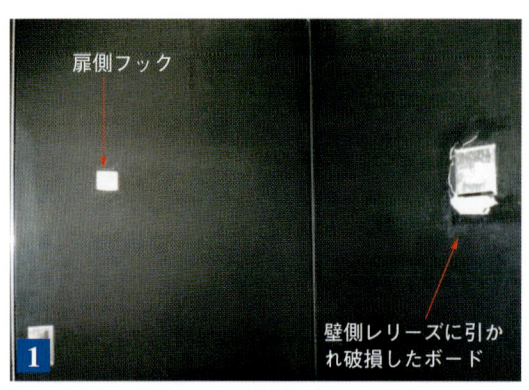

1
常時開放防火扉のレリーズの取付けが悪く，手動で扉を開けたときに，レリーズ周囲の壁がレリーズと一緒に引かれ，ボードが破損してしまった。

2
レリーズ本体と下地ボックスの写真。これはALC板に埋め込んである。

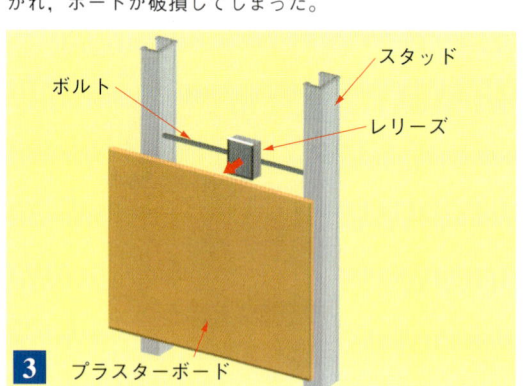

3
原因は，軽量鉄骨スタッドの間隔が大きかったため，その間に1本渡したボルトにレリーズを留めたからであった。さらにプラスターボードは1枚貼りだった。

4
ボルトは，コンセントやスイッチ類の取付けにもよく使われる。しかし，力のかかる部分は補強が必要である。

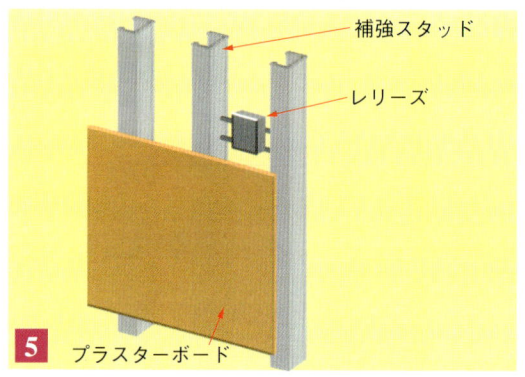

5
レリーズの部分に補強スタッドを入れることにより，しっかりと固定ができる。問題はあらかじめレリーズの位置を考慮したスタッドの施工ができるかどうかである。

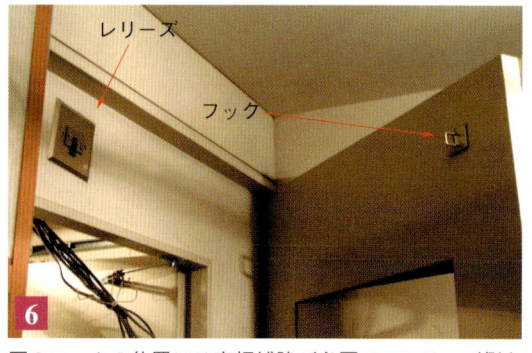

6
扉のフックの位置には裏板補強が必要で，レリーズ側もスタッド補強が必要なので，あらかじめ施工図上で位置決めをしておくとよい。またレリーズの納まるふところが少ない場合は，扉の上枠取付け式のレリーズがある。

88 ドアのレリーズの失敗2

　石貼りの常時開放式の扉と枠を**1**のように製作して、最後にレリーズを取り付け閉めようとしたところ、ドアが閉まらないという問題が発生した。このようなミスを各チェック段階で見過ごしてしまうことがあるので注意したい。

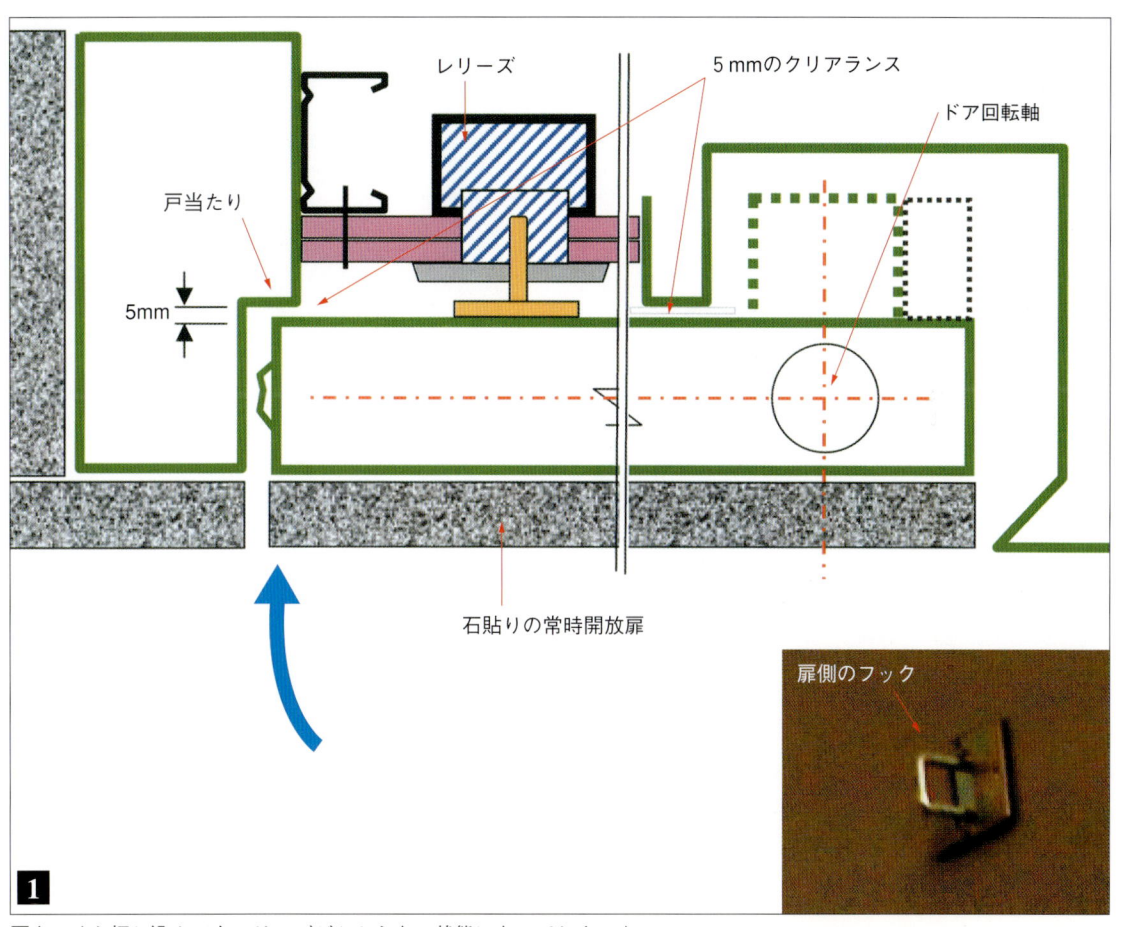

1 扉をいくら押し込んでもレリーズがかからない状態になってしまった。

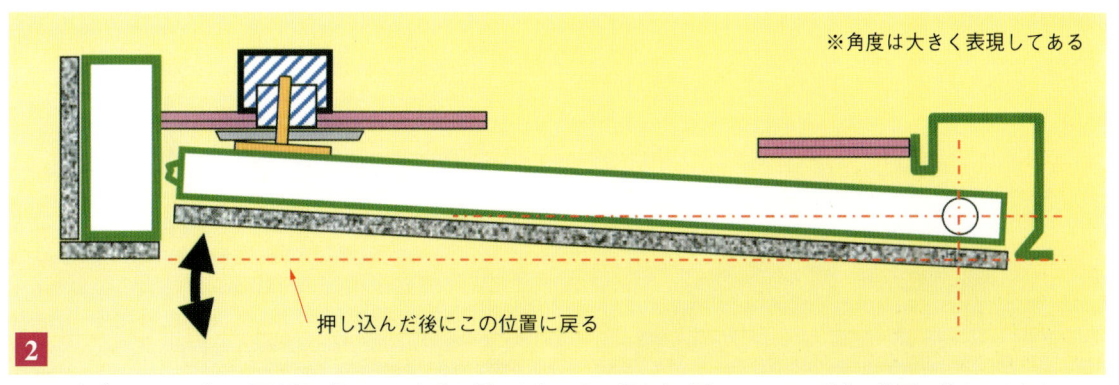

2 このタイプのレリーズは、扉を押し込んでから少し戻ったところで留め金が引っかかり、所定の位置に納まるようなメカニズムになっている。そのメカニズムを把握しないで、枠戸当たりのクリアランスを5mmにしてしまったのが失敗の原因であった。上図のような納まりにしておけば問題はなかった。

89 ドアクローザーの失敗

スチールドア

ドアチェックは見た目が悪いから、とドアの自動閉鎖装置にオートヒンジを使う場合があるが、何年も使うとバネが弱ってきて調整が難しくなることがある。またアーム式のドアクローザーに比べ、交換に手間がかかることは認識しておきたい。

1 オートヒンジを使用した階段室の防火扉。

2 一般のアーム式ドアクローザー（パラレル型）。廊下のデザインを気にする場合は、部屋内に正規付けとする。

3 扉のドアチェックが緩み、天井にアームが当たるようになった。枠と天井との間にすきまがないと、このような問題を引き起こす。

4 消防隊専用栓の消火ホースが通過するための小扉だが、これにも自閉装置をつけなければならない。

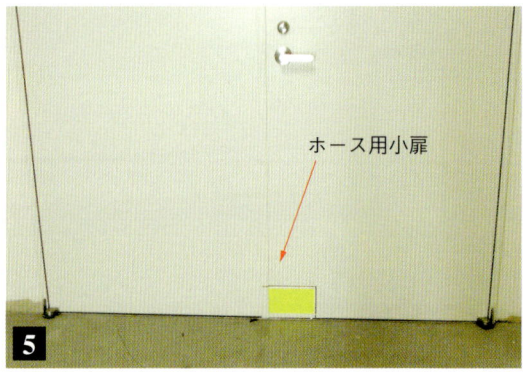

5 一目で認識できるように色分けをするよう、指導を受けることが多い。

スチールドア

90 フロアヒンジの失敗

　1のようなフロアヒンジの表面のプレートが傷ついたり曲がったりして取り替えることになると，損失が大きくなる。また3のようにスラブを欠き込む場所の検討が必要である。4は建具取付け全般に言えることだが，周囲の高さ確認を忘れてはならない。これ以外にも，フロアヒンジのストップ付きとストップなしを間違えて取り付け，やりかえになることもあるので，注意が必要である。

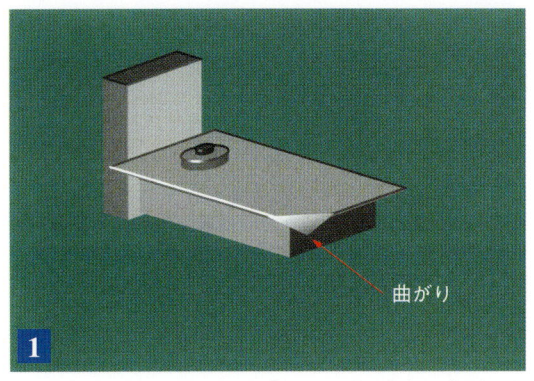

1
フロアヒンジのステンレスプレートが工事中に曲がったり傷ついたりして取り替えざるを得ないことがある。仮プレートを準備しておきたい。

2
床の仕上材の厚さをフロアヒンジの表面に合わせないと，このように段差ができてつまずきやすくなるので注意したい。

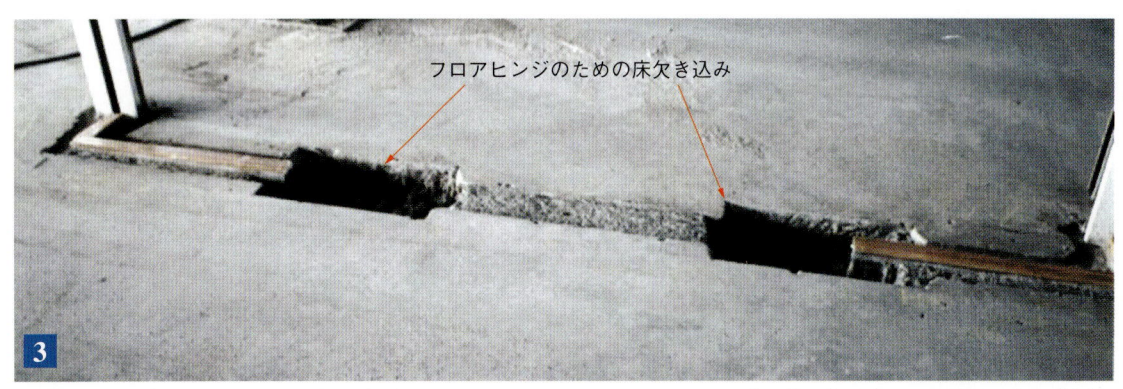

3
床が石の仕上げの場合，石の貼り代の中でフロアヒンジは納まるが，このように床の貼り代の少ないときは，スラブの欠き込みが必要になる。フロアヒンジが梁の上に配置された場合，鉄筋を切断することのないように十分に検討しなければならない。

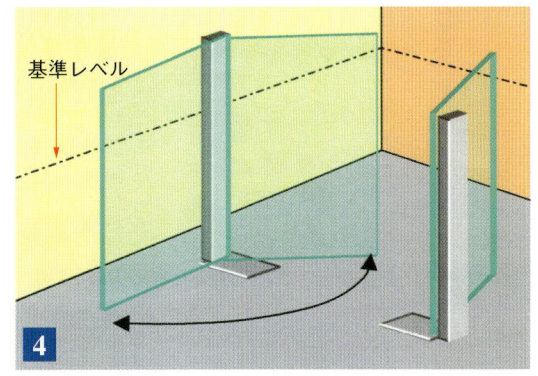

4
基準レベル通りにフロアヒンジを取り付け，その後に扉を吊り込み，床仕上材を貼った場合，扉が床に当たることがある。

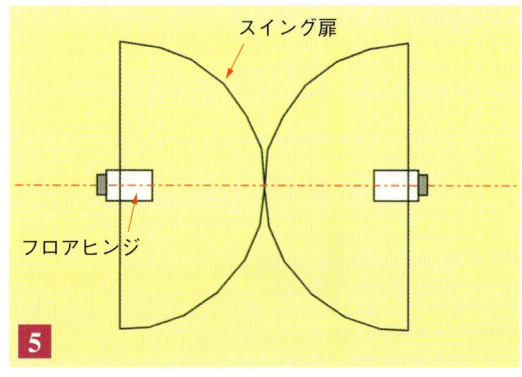

5
フロアヒンジを取り付ける前に，扉の軌跡部分の床の高さを確認して，後で問題が発生しないかを確認しなければならない。

91 ドアが閉まらなくなる原因

スチールドア

建物を使い始めてから、ドアが枠に当たって閉まらなくなったり、施錠ができなくなったりするクレームが多い。これは、扉を留めている蝶番やヒンジの曲がりに起因するが、その曲がりの発生する原因が **1** や **2** に示すものであることが多い。施工途中の管理状況の悪さが品質低下を発生させる。

1 ドアチェックが先に付いているので、扉を開放状態にしておくために、枠と扉の間に桟木をかませている。

2 この状態で閉めようとする力が加わると、扉の変形が生じる。

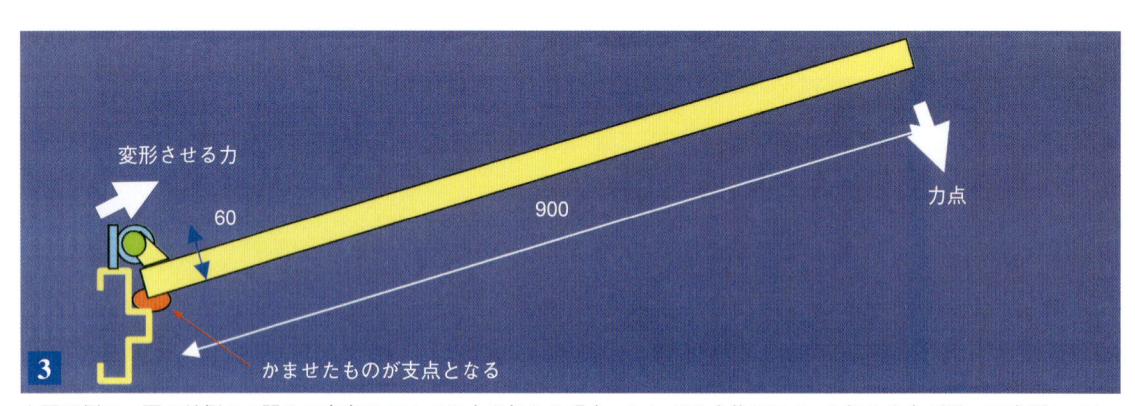

3 変形させる力 / 60 / 900 / 力点 / かませたものが支点となる

上図の例で、扉の外側から閉める方向に70 kgfの力を加えた場合、ヒンジの金物には1tを超える力が働いて変形してしまう。金物の変形により扉が閉まらなくなるため、逆方向の力をかけて金物の曲がりを直そうとする。この曲げの力の繰り返しで、ヒンジ金物が弱ってしまう。

4 ここが変形する
上の部分に大きな力が加わり、扉を閉まらなくしている。

5 上の写真のような固定方法やロープによる固定をすれば、扉に与えるストレスは小さくなる。

スチールドア

92 扉の反りと戸当たり

1のように，一度反った扉はなかなか直しにくいので，搬入や仮置きのときには，無理な力を加えないよう十分に注意しなければならない。扉が大きくなるほど反りやすくなるので，大きな扉が本当に必要なのかを計画のときによく考えたい。また**4**のように，戸当たりの位置が壁から離れるとつまずきやすくなるため，扉周囲の壁の形状に注意が必要である。

1 両開き扉の右側の扉が反ってしまい，見苦しい状況になっている。

2 扉に大きな力を加えたために，このように反ってしまった。

3 開き方向の梁の高さより扉が高いため，写真のように開けると梁型に当たってしまう。検討が足りない例である。大きな力をかけると，扉の反りにつながる。

4 戸当たりが壁の位置から離れているため，つまずきやすくなっている。

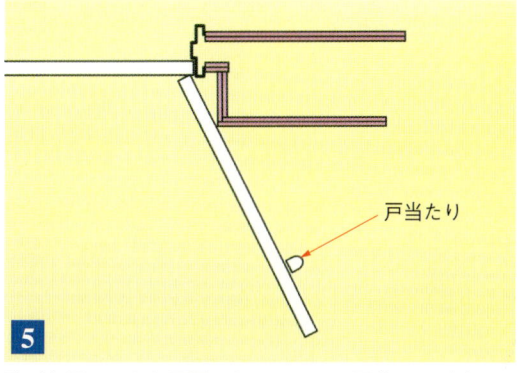

5 壁が上図のような配置になったため，戸当たりが壁から離れてしまった。

スチールドア

93 エアタイト扉の選択と錠

1は，地下電気室のエアタイト扉である。エアタイト扉はすきまをゴムで密閉して防音効果を期待するものであるが，一般の扉より高価になる。ところが，音の発生しない機械室や電気室でも，すべてエアタイト扉を使用するような設計がある。ていねいに検討を行い，建設コストを少しでも下げるよう配慮すべきである。また，**3**は天井とのクリアランスがないために起こる失敗である。

1 騒音の発生しない機械室や電気室にもエアタイト扉が付いていることがある。

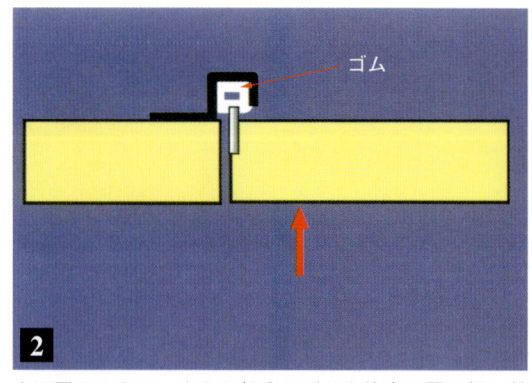

2 上の図のように，すきま部分のゴムを片方の扉で押し付けることにより，すきまをなくし，防音の効果を上げている。

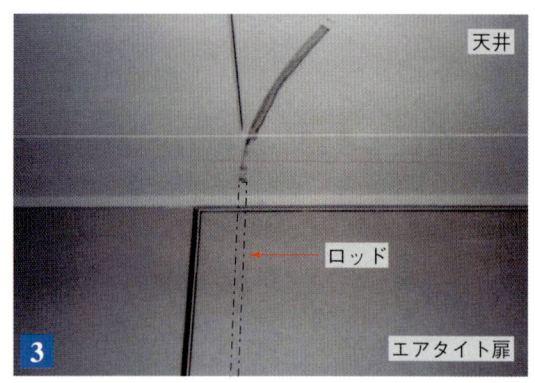

3 エアタイト扉を取り付けるとき，気を付けなければならないのがこの失敗である。グレモン錠の上部のロッドが天井に当たり，天井を傷つけてしまっている。

4 グレモン錠は，扉を閉じてからレバーを押し下げ締め付ける機構になっているが，一般のレバーハンドル錠のように開けてしまうため，安全装置が外れロッドが上がる。

普通は閉鎖状態になった時はじめて安全装置がはずれロッドが上がるがグレモン錠の場合でも普通のレバーハンドル錠のように，扉を解放するため安全装置が外れロッドが上がる

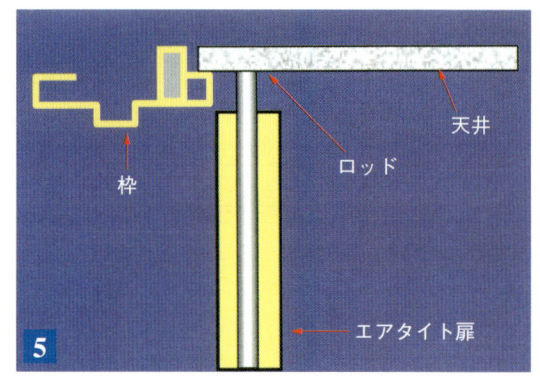

5 ドア枠と天井の離隔が少ないため，エアタイトの締付け用ロッドが天井に当たってしまう。ロッドが当たらないくらい離隔を取るべきである。

スチールドア

94 自動ドアの失敗

　玄関の自動ドアのスイッチで，床石の下に埋め込むタイプのものがある。ある建物で，施工後6年間で12箇所のうち4箇所のスイッチが壊れてしまい，そのたびに床の石を壊して貼り替えることになってしまった。ドア上部に設置するタイプのものであれば，修理が容易にできたはずである。

1 床埋込みタイプのスイッチ。この配線は建具の中を通してドアの駆動部に結線される。

2 床の石をはがすと再利用はできないため，その部分の色が変わってしまう。

3 上部取付けの自動ドア開閉スイッチで，非常に小型のものが出ている。メンテナンスが楽である。

4 安全光線の高さは，建物の用途によって十分に検討したい。

5 意匠優先の設計のため，自動ドアが天井に埋め込まれている。しかも点検口がない。後に天井に点検口を開けたが，開口が小さくメンテナンスの面では苦労することになる。

6 自動ドアは調整が必要なものである。このように幕板式になっているとメンテナンスがしやすい。

95 スチールドアの錆とその対策

　スチールドアは，水がかり部分が錆びやすい。錆びるのはメンテナンスが悪いから，と決めつけられがちだが，メンテナンスのしにくい納まりになっていることが原因である。特にドアの下はメンテナンス時にドアを枠から外してしっかりした防錆処理をすればよいのだが，手間がかかるため，なかなかされていない。メンテナンスのことを考えた設計がなされれば，建物の維持費はまだまだ削減できる。

1 風雨の影響を受ける外部への出入口スチールドアの下部が腐食している。こうなると取替えが必要になる。

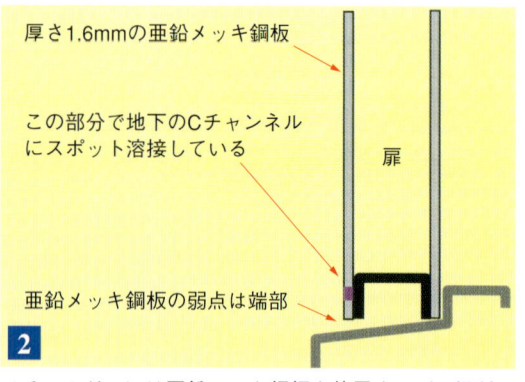

2 スチールドアには亜鉛メッキ鋼板を使用するが，切断した端部にはメッキがなく，溶接部分もメッキが弱くなっている。また扉下部の錆止め塗装は施工性が非常に悪い。

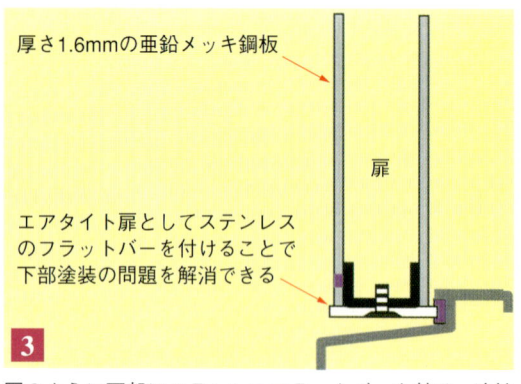

3 図のように下部にステンレスフラットバーを付け，溶接部のメンテナンスをしっかり行うことにより，寿命は延びる。また扉上の雨よけ庇はぜひ計画に盛り込みたい。

4 水がかかりやすい厨房の出入口に錆の発生しないアルミ扉を採用したもの。しかしながらアルミは表面が弱く，台車で扉の表面が傷付いてしまった。

5 上のようなステンレスプレートをアルミ扉の両側に貼り付けることで，傷の防止を図った。

6 ステンレスの扉は錆には強いが，手あかが付くと見苦しくなるのが欠点である。上のように手の触れる場所にシートを貼り込むことにより，その問題を解決できる。

スチールドア

96 スチールドアの沓ずりが下がる

　OAフロアと取り合うスチールドアの沓ずりは、モルタル詰めができないため下がりやすい。真下から固定をするのが難しいため、**2**や**3**のように斜めに溶接しがちである。こういった施工をすると、荷重がバネのように溶接部をこじるため、外れてしまう。**4**はドア枠の固定の失敗例である。また、**6**に示すようにドア枠の製作をするときは、作業性を考慮した計画が必要である。

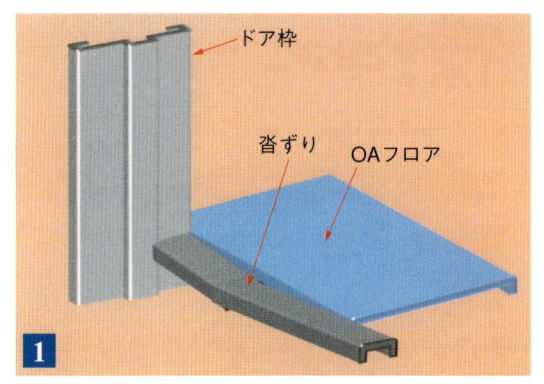

1
OAフロア部分のドアの沓ずりが、使用し始めてから下がり曲がってしまった。

2
原因：沓ずりの溶接を斜めにとったため、踏まれるたびに溶接部に曲げの力がかかり、溶接鉄筋が折れてしまった。

3
上の写真のように斜めに溶接をかけているため、上からの荷重に耐えられない。もっと立ち上げて溶接しないと溶接が外れてしまう。

4
ドア枠の溶接が外れた例。上図のようにドア枠を1本だけで固定すると、扉の開閉で枠がねじれ、溶接部がすぐ外れる。

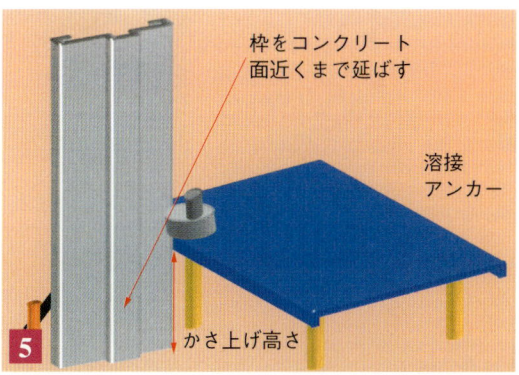

5
枠をコンクリート面まで下げて、そこで枠の2箇所を溶接固定することで、ねじれ防止ができる。高さがある場合は、ヒンジ部分に振れ止めを取る。

6
OAフロア部分の沓ずりを枠と一体化して作ってしまったために、通路にスロープが必要になってしまった。沓ずりを後付けにすればよかった。

スチールドア

97 ドアの沓ずりの納まりの失敗

　床のコンクリートを一発で仕上げるようになってから、ドア枠と沓ずりを床にのみ込ませるために、床をはつっていることが多い。この方法は手間も処分費用もかかるうえ、最終的には3のようにあまりきれいに仕上がらない。5のような取付け方をすると、きれいに無駄なく取り付けることができる。

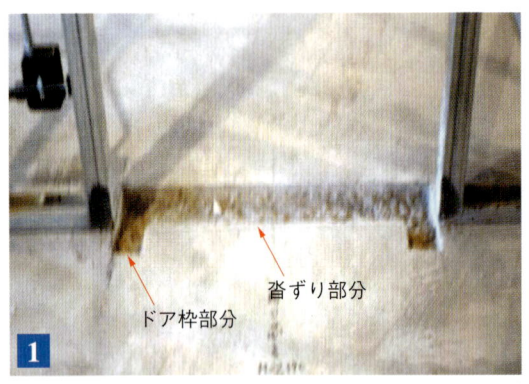

1 壁の軽量下地を組んだあとで位置を出し、ドア枠と沓ずりを埋め込むために、カッターを入れて床をはつっている。

2 一箇所はつるのに、これだけのコンクリートガラがでる。

3 取り付けたあとで、沓ずりまわりにモルタル詰めをするが、写真のようにあまりきれいに納まらない。

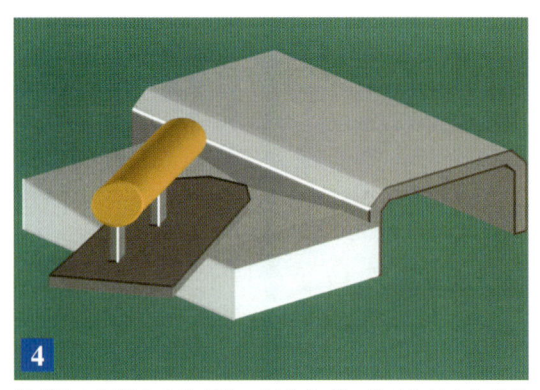

4 沓ずりと床材のチリが均一にならず、後でやりかえることがある。

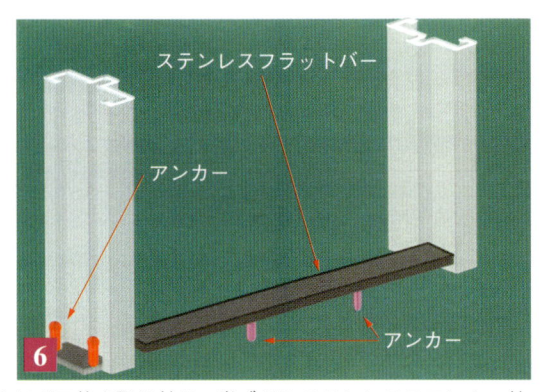

5 5のようにすると、コストがかからずきれいに納まる。床にじかにドア枠を取り付け、沓ずりはステンレスのアンカー付きのフラットバーをドリルで穴あけをし、エポキシで接着する。仕上材とのチリもきれいに納まる。カーペットタイル仕上げの場合、沓ずりなしの納まりとして段差をなくし、コストを下げることは施主にもメリットがある。

スチールドア

98 ドア枠のチリ不良

　扉の枠のチリがきれいに納まっている建物は、すっきりとして気持ちのよいものだが、残念ながらそうなっていない建物を見かけることがある。**1**のように、ラッチが壁に当たるようなものを見ると、竣工時の検査がどのようにされたのかに疑問をもってしまう。

1 外部出入口扉のラッチが壁に当たって、外壁の塗装を傷つけてしまっている。

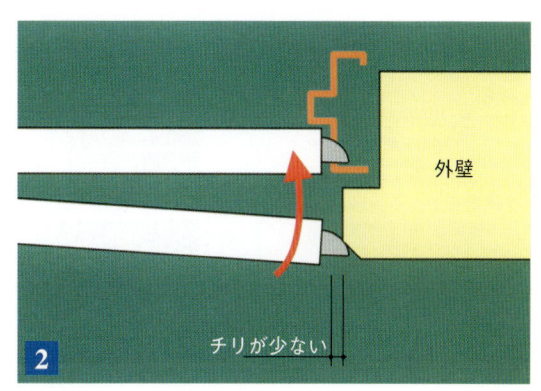

2 上図のように、扉枠と外壁とのチリが少なかったのが原因である。

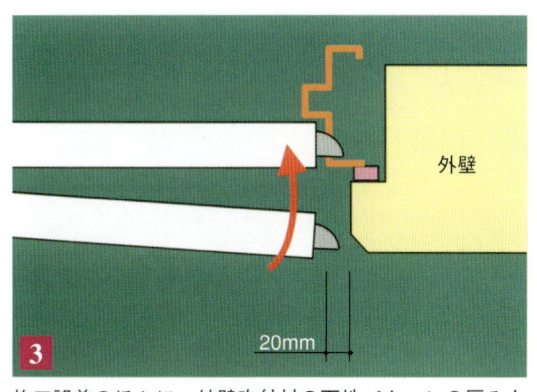

3 施工誤差のほかに、外壁吹付材の下地パターンの厚みも考慮して、上図のようにはじめから20mmのチリを取るように計画したほうがよい。

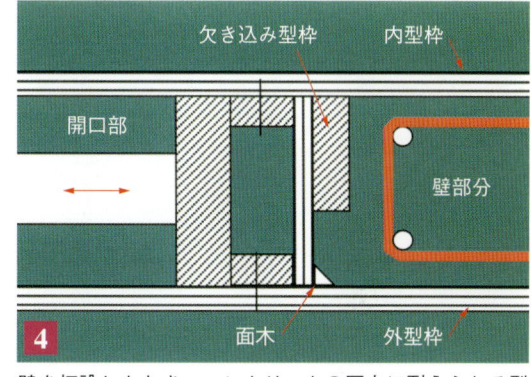

4 壁を打設したとき、コンクリートの圧力に耐えられる型枠が必要。また開口部の両側に、均等に流し込むことも必要である。

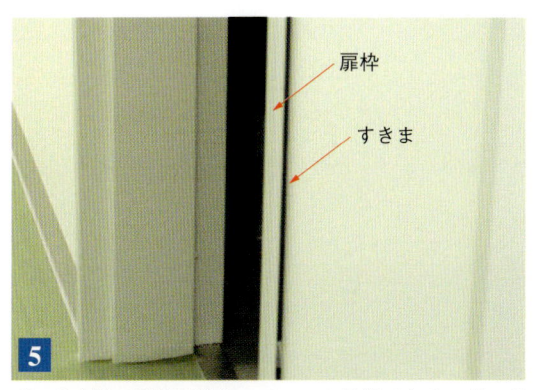

5 ボードを貼り塗装が終わって、この状態である。ボード貼りの時に気付いていれば対応できたはずである。シーリングで「逃げる」ことになってしまう。

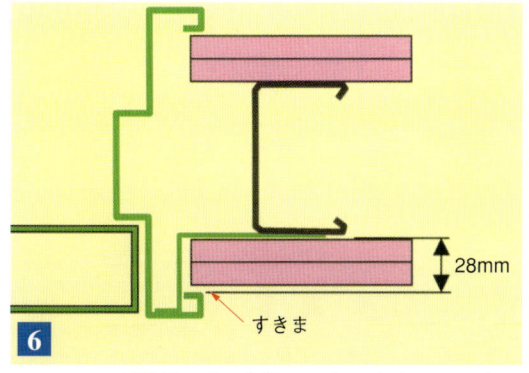

6 12.5mmの石膏ボード2枚貼りのところを28mmとったため、大きなすきまができたのが原因である。

99 扉の製作の失敗

スチールドア

扉製作図の承認を行うとき，取付け後にどのようになるのか予測が足りないと大きな失敗をおかすことになる。ここにあげるのはその一例である。

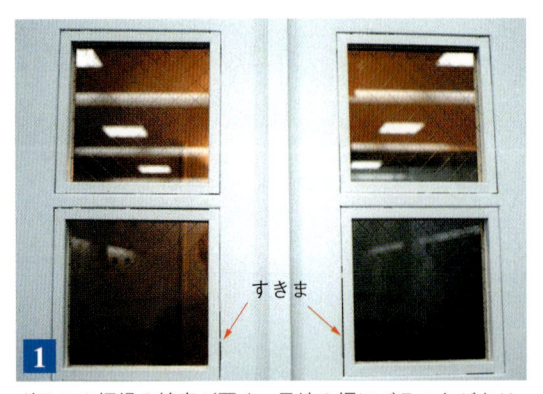

1 ガラスの押縁の精度が悪く，目地の幅にバラツキがあり，見苦しい。

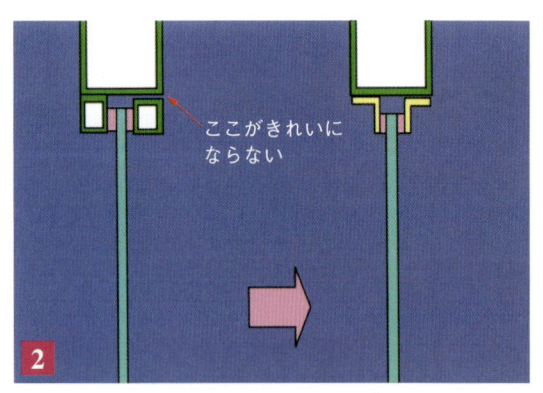

2 上図が **1** のガラス押縁の納まりだが，右の図のように面を下げれば，このようなバラツキはなくすことができた。

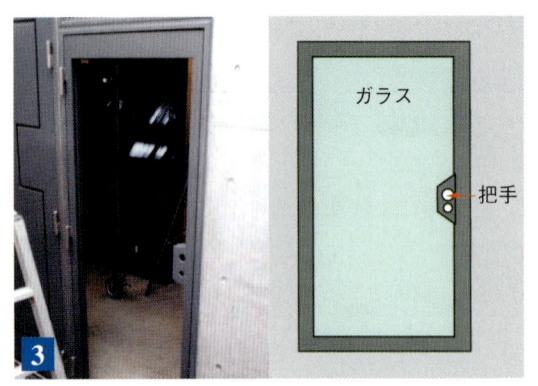

3 このようなデザインにすると，把手部分にガラスの切り込みがあるため，ガラスが割れやすくなる。はめ込み方法の検討が必要である。

4 床の段差部分の納まりを検討せずに製作してしまい，それを無理に取り付けたもの。建具製作図には，扉の両側の仕上げを必ず記入する。

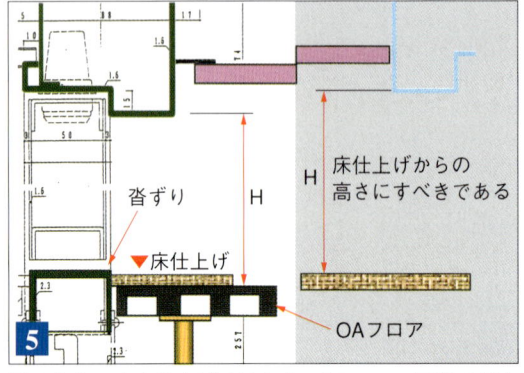

5 扉の高さHを床仕上げではなく，OAフロア天端で押さえて扉を製作したために，横のエレベーターと天井納まりで食い違いが出てしまった。

6 防犯センサーの打合せが悪く，枠の欠き込みをしなかったために配線が枠から見えている。

スチールドア

100 危険な扉

増築用や機器の搬出入用に外壁に扉を設置することがあるが，将来その部分から誰かが不用意に墜落してしまうおそれがある。最悪の場合を考えた扉の設計が必要である。また，**4**のような扉の強風対策は，竣工後によくクレームが出る問題なので，ある程度の予測をしておきたい。

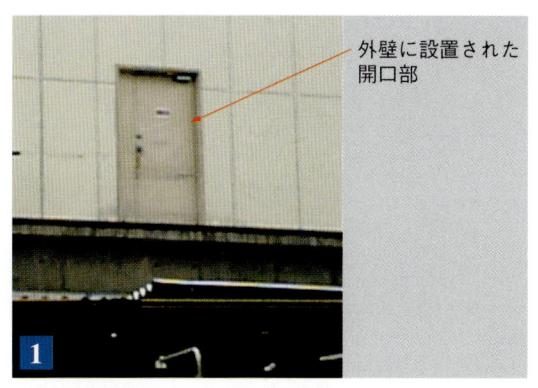

1 内部の床が続いていると思い不用意にこの扉をあけた場合，墜落してしまう。

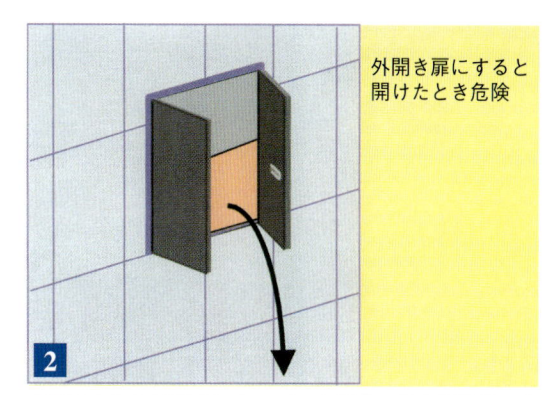

2 上図のように外開きになっていた場合，その危険性はさらに高まる。

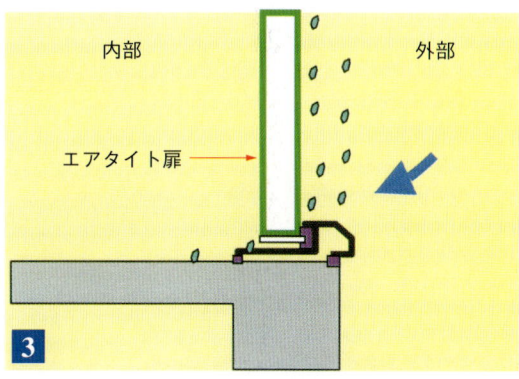

3 内開き扉にした場合の問題は，雨水の浸入である。エアタイト扉にしても上図のように防ぎきれない。内部に排水を設けるか，外開きでもバルコニーを作る方法もある。

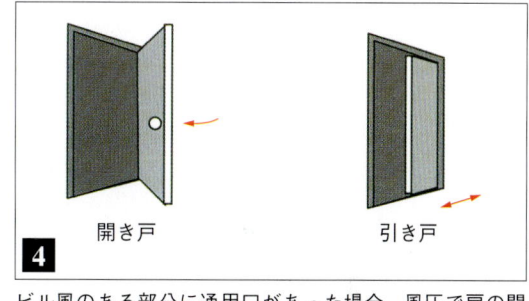

4 ビル風のある部分に通用口があった場合，風圧で扉の開閉ができないことがある。また，閉めようとしたときドアチェックの力では抗しきれない勢いで閉まり，指を挟まれることがある。このような場合は，扉を引き戸に変えることにより強風の影響を緩和できる。またこのような場合，扉の面積を小さくしなければならない。

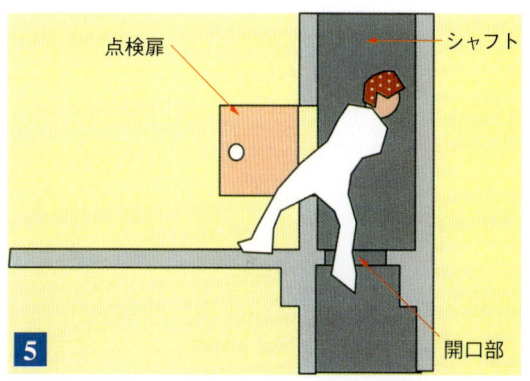

5 シャフトの中に床開口部がある点検扉は危険である。中が暗いためメンテナンスのプロでも落下することがある。

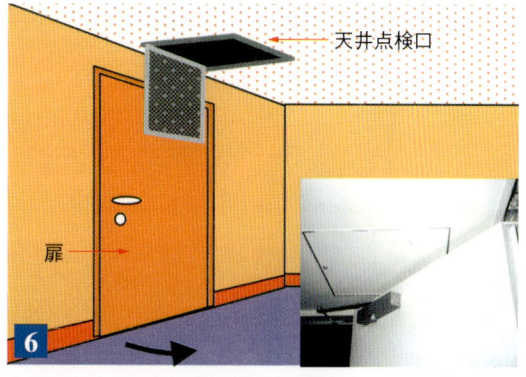

6 上図のような扉と天井点検口の配置だと，扉を開けたときに脚立を立てて作業をしていた場合，ぶつかって転倒してしまうおそれがある。

5 建具

スチールドア

101 ドア枠のサッシアンカー位置不良

　ドア枠の溶接用アンカーの位置が悪く，ドア枠本体に溶接してしまい，鉄部に歪みが出たり，錆止め塗装がはがれ，きれいな仕上げができなくなることがある。ドアの発注が遅れて躯体が先行した場合，サッシアンカー位置の取決めをあらかじめ決めておく必要がある。

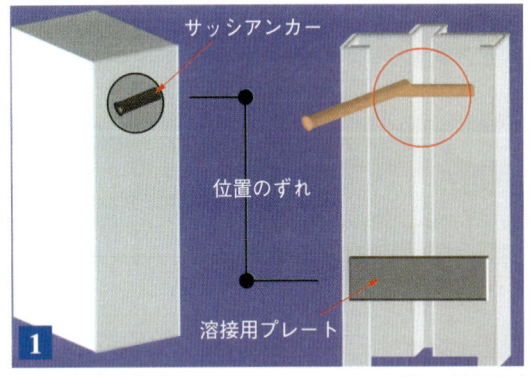

1 躯体壁に打ち込んだサッシアンカーとドア枠の溶接用プレートの位置が合わずに，ドア枠本体に溶接していることがある。

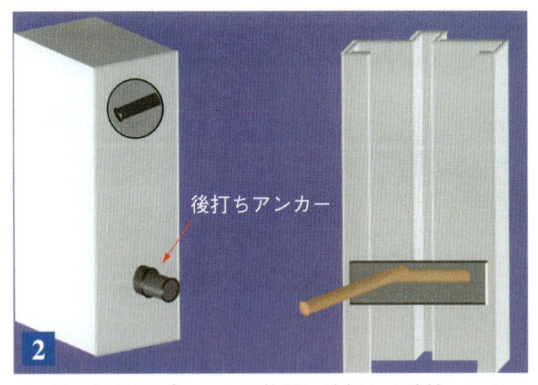

2 ドア枠の溶接用プレートの位置に後打ちの溶接アンカーを打っている。コストの無駄である。

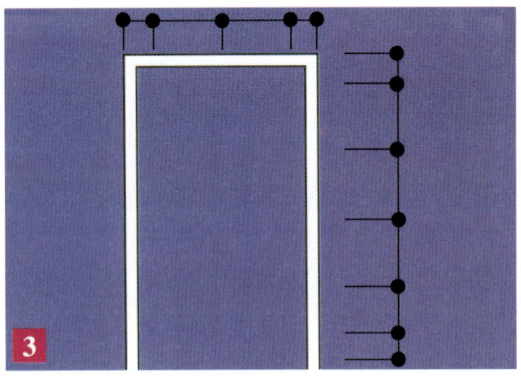

3 コンクリート躯体の場合，ドアの図面がなくても施工できるように，あらかじめサッシアンカーの割付けの方針を決めておくとよい。

4 枠の下部はピボットヒンジがあるため，そのねじれを防ぐために枠の両側を十分に固定する。これを怠ると使用しはじめてすぐクレームが出る。

5 ドア枠本体に溶接している。溶接熱の影響を，仕上材本体に与えてはいけない。

スチールドア

102 キープランの戦略不足による失敗

電気室やエレベーター機械室などの部屋は受電直後に施錠しなければならないが，その時点で鍵が現場に入っておらず，仮の鍵を買うという無駄なコストをかけている場合がある。また鍵のマスターグループの発注間違いや取付け間違いにより，竣工直前の忙しいときに鍵の付替えで忙殺されることもある。多くの現場でいまだに起こっているこの失敗は，あらかじめある戦略を採用することで解決でき，その手間を大幅に削減できる。

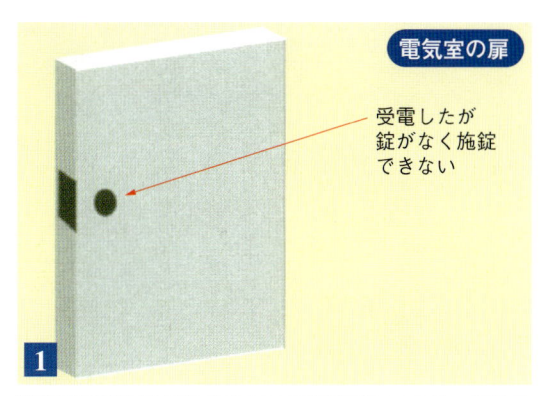

1 電気室の扉 / 受電したが錠がなく施錠できない

受電時に鍵を取り付けるという認識がないため，無駄なコストがかかっている。早めの手配が必要である。

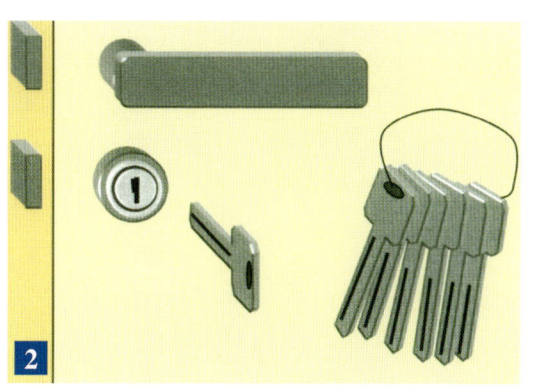

2

すべての錠前をグランドマスターキーとそのマスターグループキーで開け，間違いがないか確認する作業は大きな労力を必要とする。そこに合わない鍵が出ると混乱に拍車がかかる。

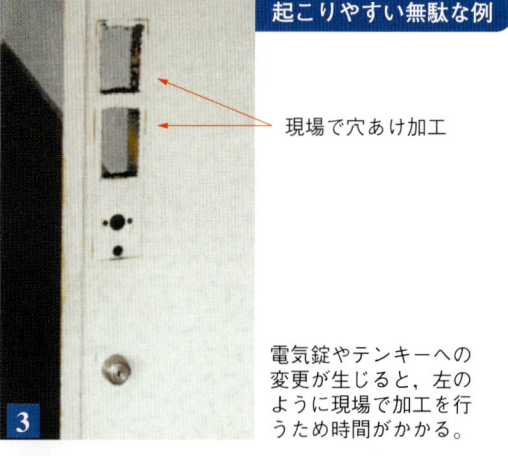

3 起こりやすい無駄な例 / 現場で穴あけ加工

電気錠やテンキーへの変更が生じると，左のように現場で加工を行うため時間がかかる。

鍵を発注する側が，強力なリーダーシップを取ることが必要である。まず早い段階でその建物のセキュリティをどのようにしていくかの方針を決定しなくてはならない。これは施主の仕事であるので必要であれば資料を提供して，後に変更のないように正しい判断を導き出していく。次にそのセキュリティの方針に沿ったキープランを作成し承認を得る。キーのメーカーの選定を行い，キープランの作成にはメーカーの協力を得ておくと話が通じやすくなる。建具の発注のときに，建具ごとにキーの番号を特定してしまうのがコツである。たとえば，SD1がMK1グループ（QH12685〜12696）ならば，その中のQH12685と決め，そのキーが搬入されたら間違いなくSD1にQH12685のキーを取り付けるといった具合である。

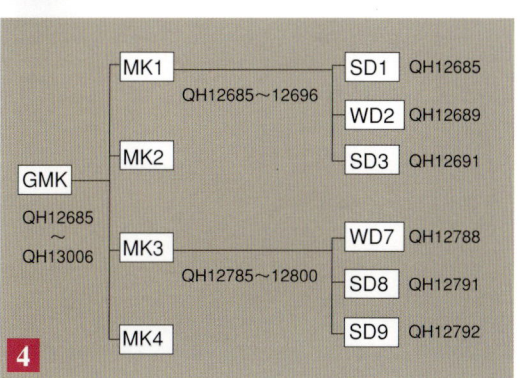

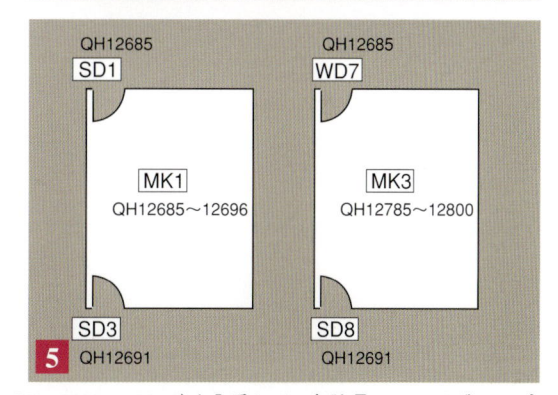

4

GMK QH12685〜QH13006
- MK1 QH12685〜12696
  - SD1 QH12685
  - WD2 QH12689
  - SD3 QH12691
- MK2
- MK3 QH12785〜12800
  - WD7 QH12788
  - SD8 QH12791
  - SD9 QH12792
- MK4

5

SD1 QH12685 / MK1 QH12685〜12696 / SD3 QH12691

WD7 QH12685 / MK3 QH12785〜12800 / SD8 QH12691

早めの段階でマスターキーのグループ番号（上図ではMK1ならQH12685〜12696）を入手して，各建具についてグループごとの割付けを行う。この段階で，竣工引渡しのときに必要なキーリストとキーボックスが作成できるので，ゆとりを持って仕事が進められる。このマスターキーのグループ番号は非常に信頼性が高く，建具に正しい番号さえついていれば，グランドマスターキーやマスターキーが合わなかった例はない。

103 浴室サッシ選択の失敗ほか

浴室のサッシは，デリケートな配慮が必要である。1のような引違いサッシを付けたために，「外部からの視線が気になる。換気もできない。」と苦情が出た。設計時，あるいは施工図を描いているときに，それを使う人の立場で考える配慮が欠けていた例である。

1
浴室はカビ防止のため換気が重要である。しかしこの引違い窓では，換気をしながらの施錠ができない。また，このようにサッシの面積が大きいと外部からの視線が気になる。

2
ガラスルーバー式のサッシを設置したもの。ガラスルーバーの角度を変えることで外気への開放量を調整できるため，浴室のサッシとしては適している。

3
浴室の出入口サッシの角が鋭利な刃物のようになり，出入りの時に足を切ることがあった。最近のユニットバスはその点が考慮されるようになってきたが，浴室を独自に設計する場合は，見落としやすいので注意したい。

4
高層マンションの流し台の前面に引違い窓を取り付けてある。この膳板の上は洗剤などの置き場となり，窓が開いている時に落下するおそれがある。落下防止の配慮が必要である。

サッシ

104 引渡し後の建物で真冬に大きな音が発生

　4月に竣工した建物が、12月半ばに南面の部屋で「ドーン」という大きな音が発生するとのクレームが出た。調査を開始したところ、晴天の日の正午ごろと午後4時半ごろに音のピークがあり、音の発生する場所は**1**のように内側に障子を入れた部屋であった。音は天井の方向から響いてきている。

1 天井から床までのガラスの連窓カーテンウォールの内部には障子が設置されている。天気の良い日にしか音が発生しないため、音の発生は温度差によるものと推定された。

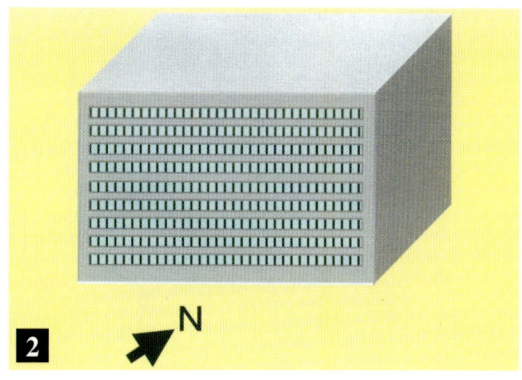

2 建物が真南に面しているため受ける熱量が大きい。天井裏に入り音の発生位置を探った。「ドーン」という音響が天井全体に響き渡ったが、位置の特定はできなかった。

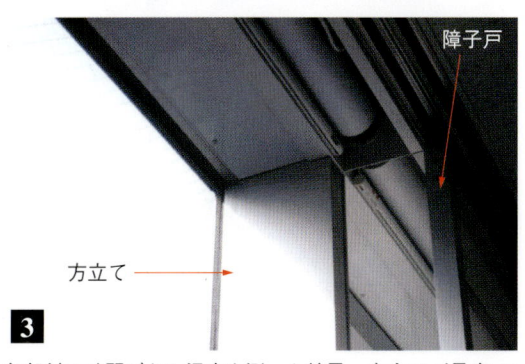

3 各部材の時間ごとの温度を測った結果、方立てが最高45℃最低5℃で最も温度差が大きかった。これにより方立て上部のファスナーが原因と特定できた。2.7mの方立てが40℃の温度差で2.9mm伸縮する。

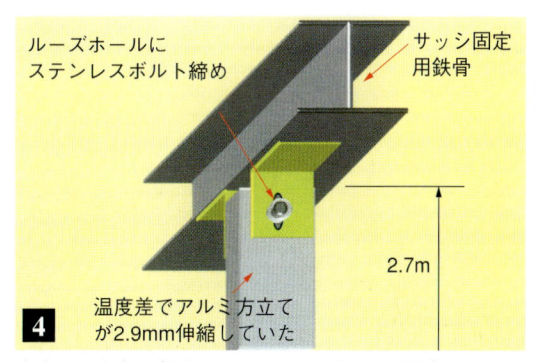

4 方立ては上部で鉄骨にステンレスボルトで固定していたが、伸縮力がボルトの締付け力を超えたとき一気にエネルギーが解放されるため、サッシ固定用鉄骨に振動し大きな音となっていた。

5 写真のように、締付け部分に滑り材を挟み込むことにより熱による伸縮を解放し、音の発生を止めることができた。ルーズホールは熱伸びを考えて計画するが、ボルトは締付けがちになりやすい。滑り材は初めから入れておくべきであった。

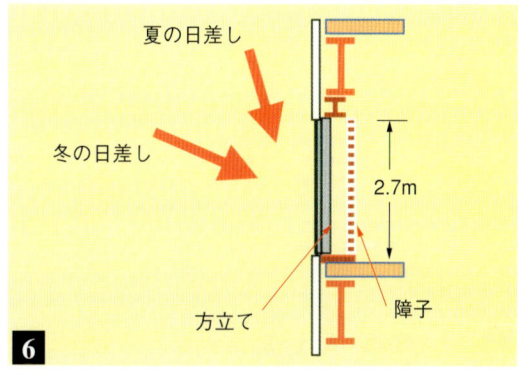

6 南向きの建物の壁面に当たる日差しは、上図のように冬のほうが強い。また、日没ごろの気温の低下のスピードは非常に速い。

105 片引きサッシの落下

危険防止に取り付けたストッパーが，かえって危険を誘発してしまうことがある。サッシはロックされているときは強風にも耐えるが，開閉のときにこのような事故が発生することがある。サッシの安定した形状をまず考えなければならない。また，排煙窓として使われている場合は，開放制限はできないので注意が必要である。

1 Fixサッシ／片引きサッシ／ストッパー／方立て

2 反対側に戻るときにレールから外れ落下した

1 のような片引きサッシに，墜落防止のため 20 cm 以上開かないよう下部にストッパーを取り付けた。このサッシを思い切り引いたところ，**2** のようにサッシが斜めになり，半分上部レールから外れ，それを戻したときに落下してしまった。細長い形状のサッシだったために，平行四辺形に変形して面外のたわみが働き，上部のレールから外れてしまったのが原因であった。見た目だけでサッシの割付けが行われやすいが，このようなことに注意が必要である。ここは上下にストッパーを取り付けることで回転を止めた。

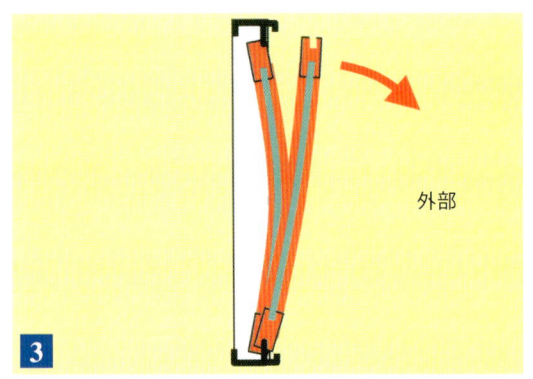

3 外部
面外方向のたわみが働き，外れようとする動き。

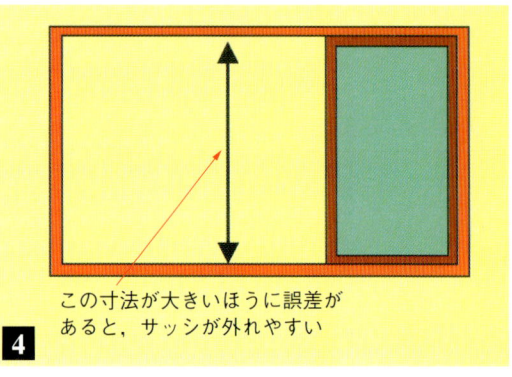

4 この寸法が大きいほうに誤差があると，サッシが外れやすい
落下防止のためにもうひとつ重要なことがある。それはサッシ枠の取付け精度の管理である。

サッシ

106 強風による外部サッシの落下

　ガラスを清掃しようと竪軸回転窓を開けた時、突風による風圧が窓にかかり、激しい勢いで回転した。そのはずみで窓の軸が壊れ落下してしまった。窓を開けるまで風の強さを実感できないことと、開けた際にブレーキとなるものがなかったことから、このような事故が起きてしまった。

1 竪軸回転窓を開くときは、窓の両端のハンドルに力を入れて回転させるようにして開く。

2 勢いがついたところに突風が吹くと、そのまま加速度がついて回転してしまい、図のように外れてしまう。

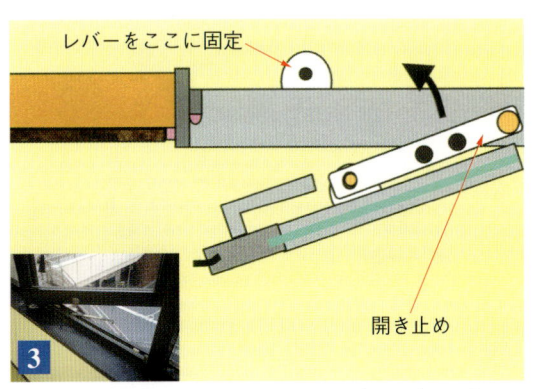

3 開き止めは、窓を開けてから手動で45°と90°に固定する機構であった。

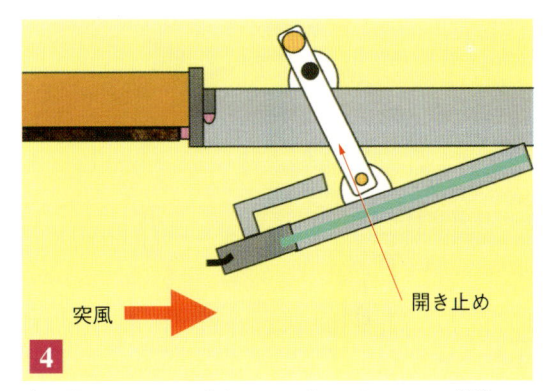

4 窓を開けたとき、15°くらいでブレーキのかかる機構にしておくべきである。

5 これはワイヤー開閉式外部押し倒し窓を換気用に開けている。吹き上げる突風があった場合のことを考えると、プロポーションが不安定である。

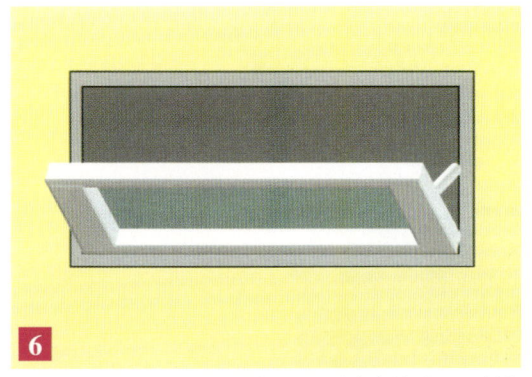

6 風に対してはこのような形のほうが安定性がある。外部に取り付けるサッシは強風のことを考慮した形状にしなければならない。

107 台風によりドーム屋根が外れる

あまり一般的でないサッシ納まりの場合は，大型台風などの洗礼を受けていないため，その対策がとられていないことがある。強弱のある繰り返し型の台風の力は，大きな反動を発生させることを認識しておかなければならない。

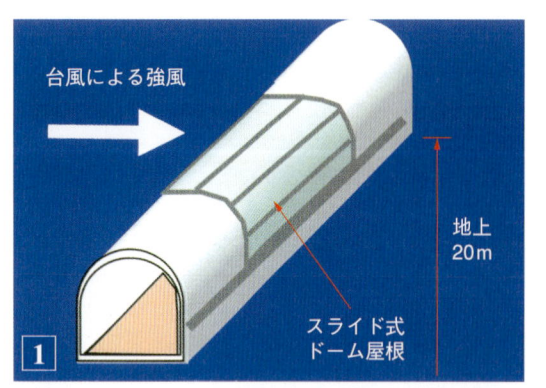

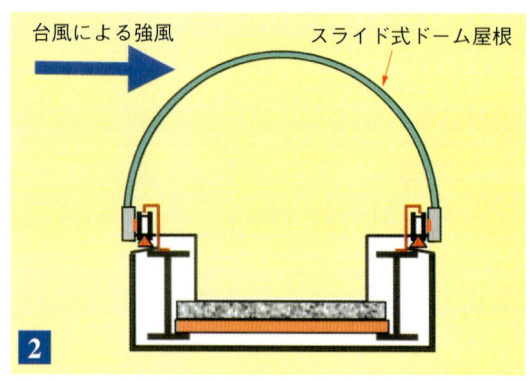

1 上図のような地上20mの高さにある渡り廊下の中間部分にあるスライド式排煙窓が，風速50mほどの台風時の強風により外れそうになった。

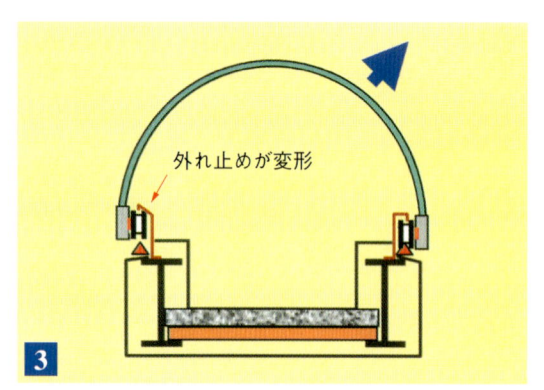

3 台風の風圧により揚力が働いて，外れ止めが持ち上げられドームが歪み，揚力が少なくなったときにレールから外れそうになった。

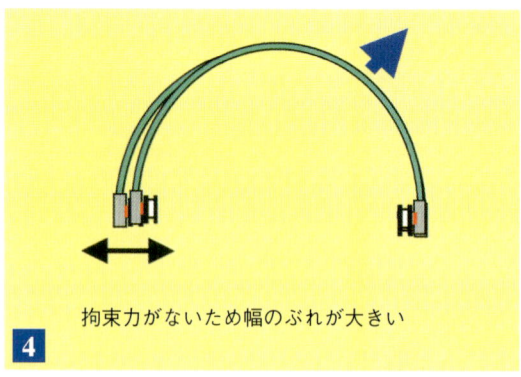

4 このような形の屋根は，中間部分の拘束力が取れないため，揚力がかかったときに幅のぶれが生じ，レールから外れやすくなる。

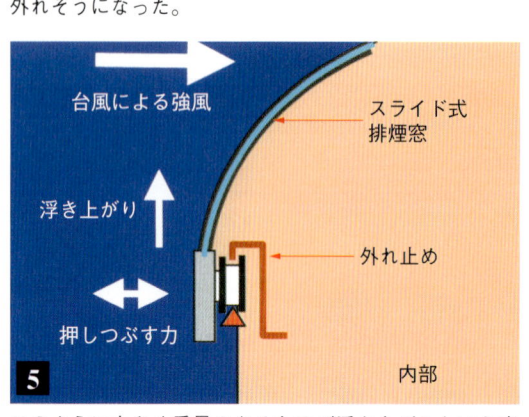

5 このように大きく重量のあるものが浮き上がるという実感が少ないため，簡単な外れ止めを計画しがちである。十分に注意したい。

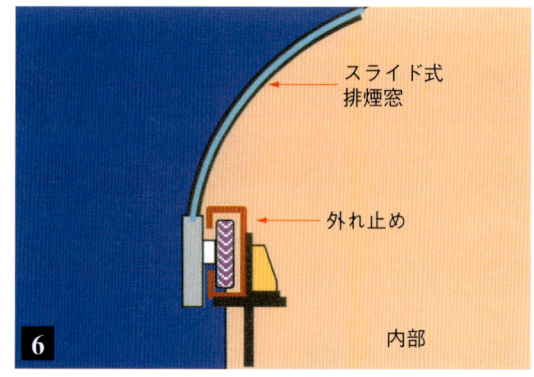

6 上図のように，すべての方向の外力に対抗できるような外れ止めのシステムが必要である。

> サッシ

108 サッシとカーテンの納まりの失敗

　部屋はカーテンの取付け方によって大きくイメージが変わってくるものだが，サッシや梁との取合いの検討のときには，カーテンのことはあまり考えられていない。早めに考えていれば，きれいな納まりになることを例をあげて説明する。

1 ホテル客室だが，カーテンの前飾りの丈が短すぎる。サッシが竪軸回転窓のため，長くするとサッシを開けたとき挟み込んでしまう。

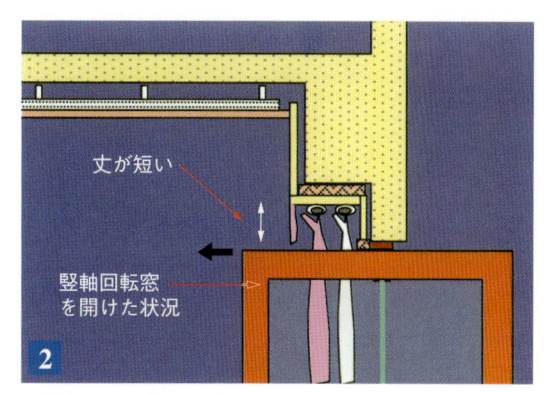

2 上図のような納まりであった。

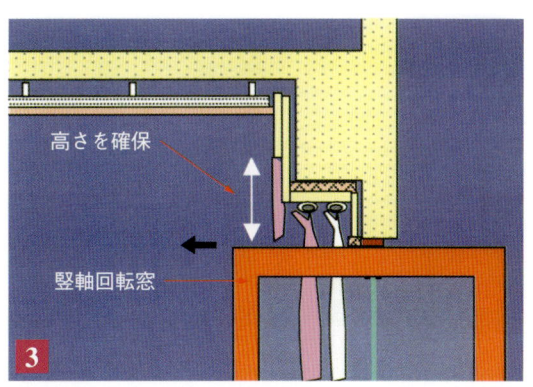

3 梁の中間に仕上げボードで段差を作り，前飾りの長さを確保するようにすれば，デザイン的によくなる。

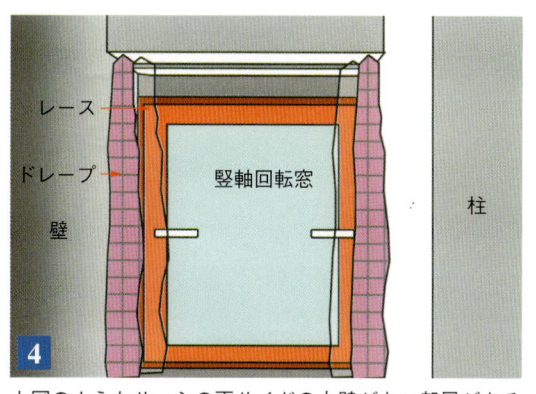

4 上図のようなサッシの両サイドの小壁がない部屋があるが，サッシの開閉のたびにカーテンに引っかかり破れやすい。

5 これはサッシの片サイドにカーテンたまりを作ってあるが，カーテンが障害になって片開き窓が開けられない。

6 サッシの両側に小壁を作り，カーテンのたまりを確保したすっきりした納まり。梁下の仕上げで少しの段差を設けてカーテンボックス代わりにしている。

サッシ

109 サッシ周囲のコンクリートのたわみ

　サッシの上辺はコンクリートの側圧によって中央部がたわみやすい。たわみが大きいと，サッシの取付けができなくなる。無理にサッシを取り付けると，**1**や**5**のようになる。工事の最終時期に網戸を取り付けようとしたとき，枠のかかりが少なくて取り付けられない場合があるので，見極めが必要である。

1 サッシ上部の壁が斜めに下がり，枠チリが不均一になっている。またそれを隠すために吹付け塗料をサッシにかぶせている。

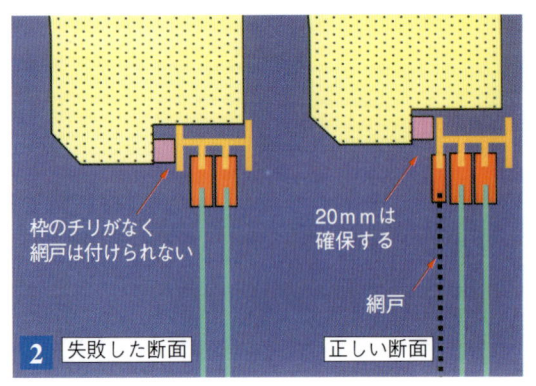

2 左が失敗した断面。右のように施工時点で20mmで設定したい。

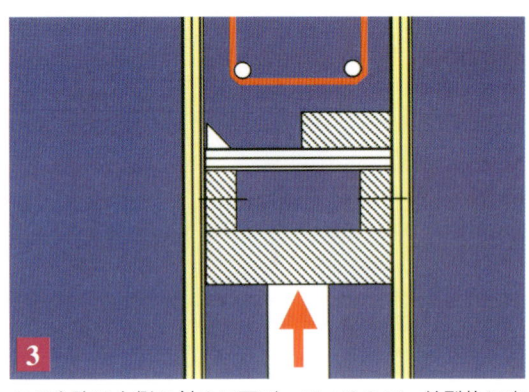

3 この失敗は左側に斜めに下がっているので，外型枠に出したレベル墨の打ち間違いか，開口型枠の製作ミスである。

4 壁厚が厚く，開口幅が大きい場合，上の写真のようにたわみやすい。

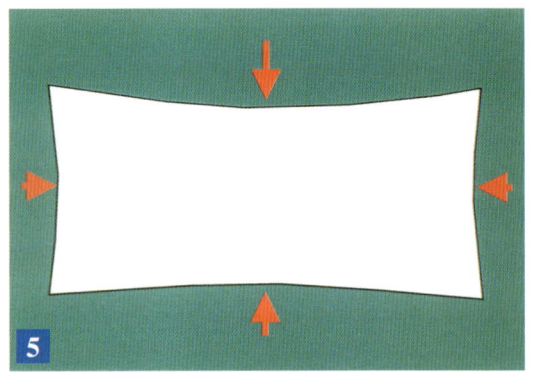

5 大きな窓開口は，コンクリートの側圧で上図のようにたわみやすく，はつりとなることが多いので，しっかりとした開口のたわみ防止補強が必要である。

サッシ

110 防火区画の離隔不足

　外壁部分での防火区画の離隔は、内部からの視線では見えにくいためか事前には気が付きにくく、最終の検査で指摘を受けて初めて気付き、手直しが遅れることがあるので注意が必要である。5 は通気口の離隔不足の失敗例である。

1 離隔不足

2 防火区画壁／内部／内部／外部／800

ある建物の中庭入隅部分の内部に防火区画壁があったが、それぞれの防火区画間の離隔寸法が 900 mm 以上必要なところ、2 のように 800 mm しかなかった。

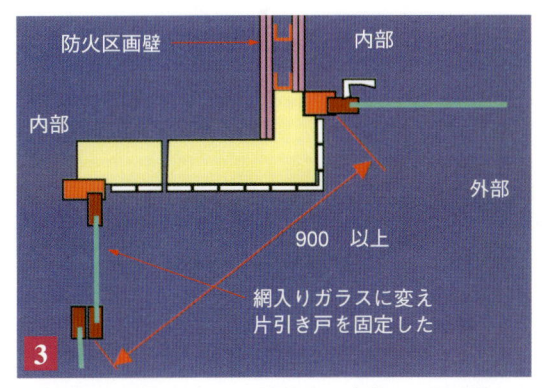

3 防火区画壁／内部／内部／外部／900 以上／網入りガラスに変え片引き戸を固定した

両開き戸の片側のガラスを網入りに交換し、戸が開かないように固定して、外部側の延焼防止のための離隔寸法を確保した。

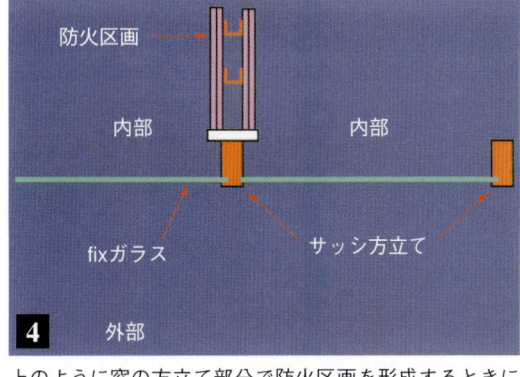

4 防火区画／内部／内部／fixガラス／サッシ方立て／外部

上のように窓の方立て部分で防火区画を形成するときには、ガラスを網入りとしなければならないので注意が必要である。

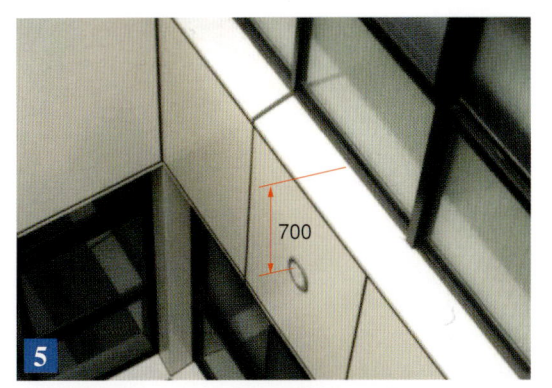

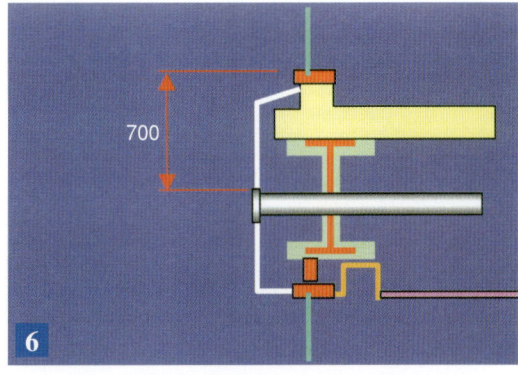

5 700

6 700

通気口が外部に出ているが、層間区画の離隔寸法 900 mm が取れていなかったため、後に防火ダンパーの取付けをしなければなかった。建築と設備の取合い調整時にチェックを忘れがちな部分なので、気を付けなければならない。

123

111 層間区画バックパネル部分の失敗

ガラスを全面に貼ったカーテンウォールの場合、各階間のガラスの裏側に延焼防止の層間区画のためにバックパネルを取り付けなければならないが、この部分に問題が発生して手直しに多くの時間をとられることがある。例をあげて説明していく。

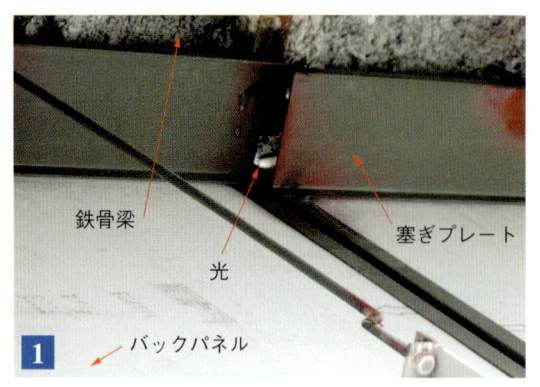

1 バックパネルと鉄骨梁との間に付いている塞ぎプレートが外れ、外部からの光が見えている。

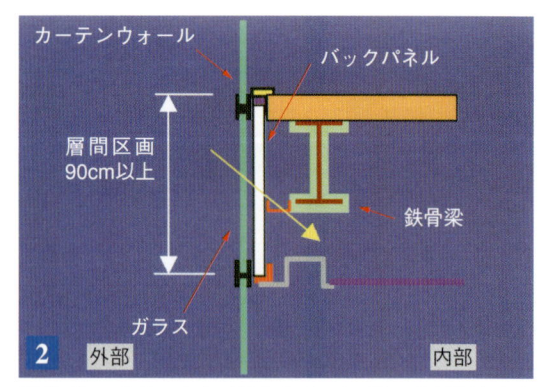

2 塞ぎプレートは、方立て部分のバックパネル貼り不良をカバーするために取り付けてあった。

3 バックパネル部分のもうひとつの失敗は、カーテンウォールの層間区画部分の耐火バックパネルとサッシの間に、ゴミが落ちやすいことである。

4 鉄骨柱の耐火被覆材がスラブの端部からガラスの間に落下しやすい。

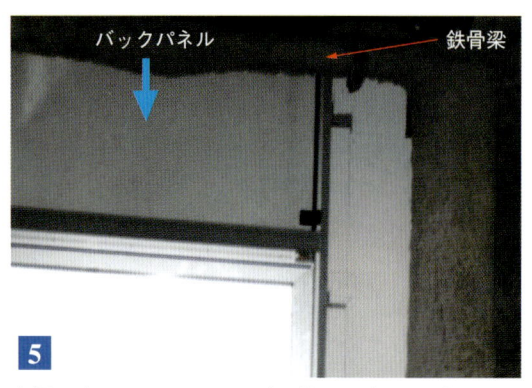

5 内側のガラスのクリーニングの後に、バックパネルを梁との間から差し込む。

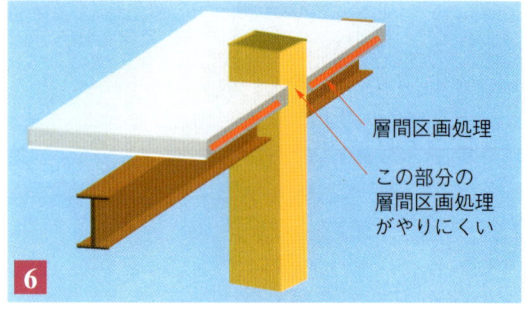

6 一般的なカーテンウォールの場合、柱から離れた位置に外壁面があることが多いため、すべて一様な断面で処理できる。しかし、5のような竪連窓の形で柱横に取り付く場合は、柱部分の層間区画を行うとき手が入りにくいので、あらかじめその施工手順を考えておかなければならない。

サッシ

112 層間区画バックパネル部分の施工手順例

カーテンウォールの層間区画のために、ガラスの裏側にバックパネルを入れるが、その場合に問題が起きやすい。完全無足場工法で施工するときは、ガラス・バックパネルすべてを組み込んだユニットとして取り付ける方法もある。

※わかりやすくするため上部の無目は省略した

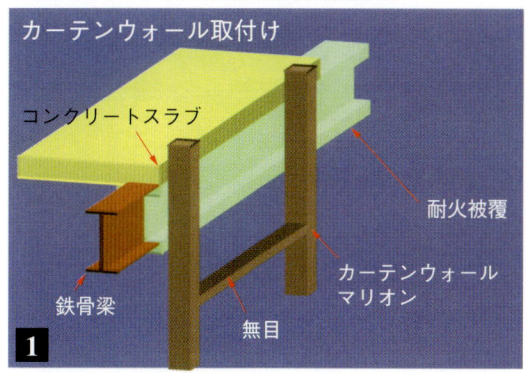

1 カーテンウォール取付け
（コンクリートスラブ、鉄骨梁、無目、耐火被覆、カーテンウォールマリオン）

まず、梁の耐火被覆工事を完了して、カーテンウォールのマリオンの取付けを行う。

2 ガラス入れ
（ガラスの熱割れが起きやすいので検討をしておく、ガラスクリーニング）

梁側のガラスシーリングができない場合があるので、梁側のガラスの固定方法を検討しておく。設計で網入りガラスになっていることがあるので熱割れに注意する。

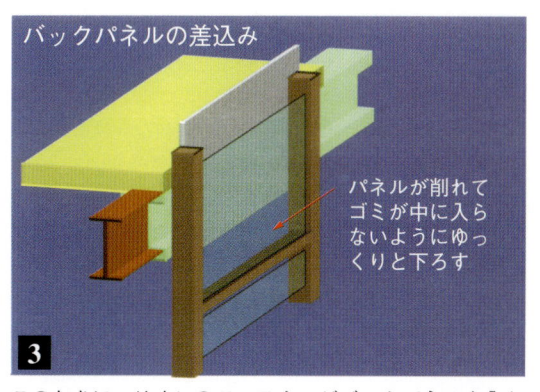

3 バックパネルの差込み
（パネルが削れてゴミが中に入らないようにゆっくりと下ろす）

このときにマリオンのファスナーがバックパネルを入れる作業の障害になることがある。ファスナーの検討が必要である。

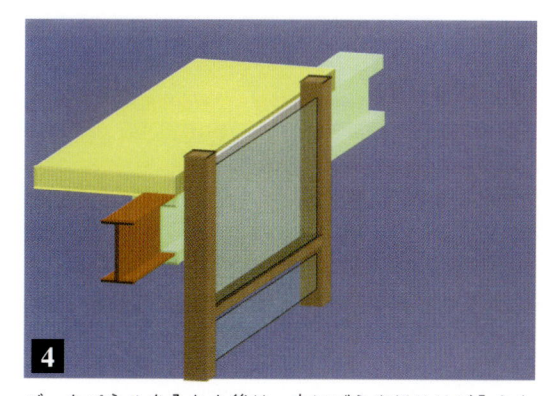

4

バックパネルを入れた後は、中にゴミやほこりが入らないうちに、ボードの上のカバープレートを取り付ける。

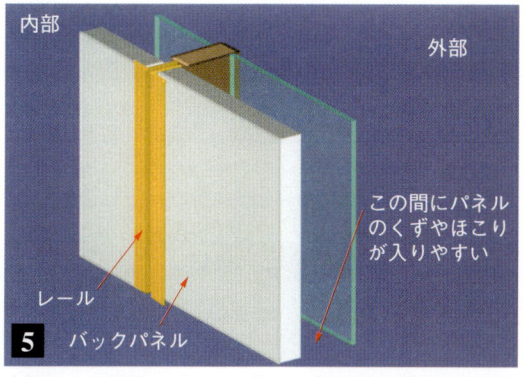

5 内部／外部
（レール、バックパネル、この間にパネルのくずやほこりが入りやすい）

内部からの状況。バックパネルの色が黒い場合、熱の影響を受けやすい。

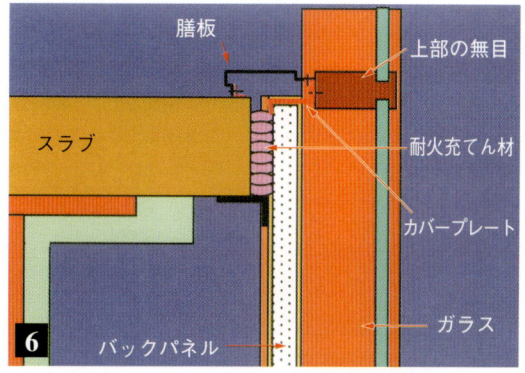

6
（膳板、上部の無目、スラブ、耐火充てん材、カバープレート、バックパネル、ガラス）

カバープレートがない場合、上から耐火被覆材やゴミが入り込みやすい。

113 排煙窓の失敗

官庁検査で排煙区画の指摘があった場合、内装材料の変更や機械排煙設備の設置など、竣工直前の手直しは大きな損失になる。このようなことのないように、事前に冷静に図面を見直したい。

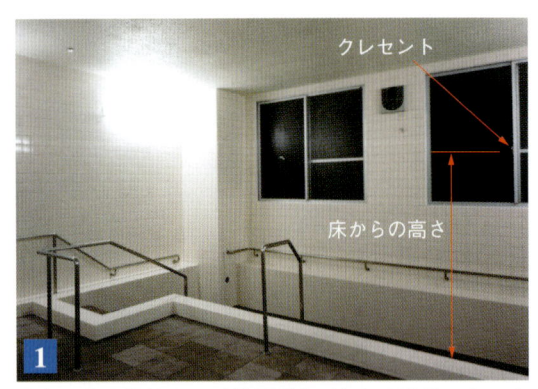

1 浴室の窓を開放すれば排煙面積がとれる設計であったが、浴槽の床からクレセントまでの高さが1.5mを超えていたため、排煙が無効になってしまった。

2 上のような大浴槽でサッシ上部に排煙窓を設けた場合、浴槽に入らずにオペレーターを操作できるよう考慮しなければならない。

3 厨房内の内倒し排煙窓だが、厨房機器とぶつかってしまっている。

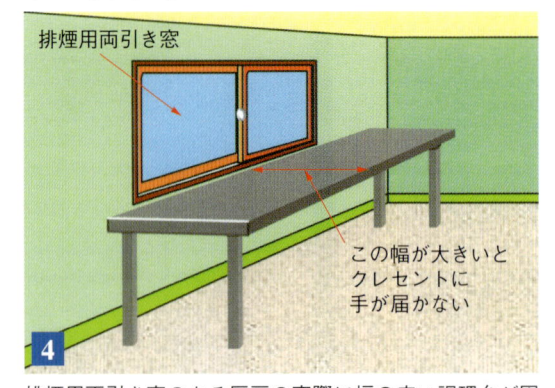

4 排煙用両引き窓のある厨房の窓際に幅の広い調理台が固定されると、窓の開放ができない場合がある。

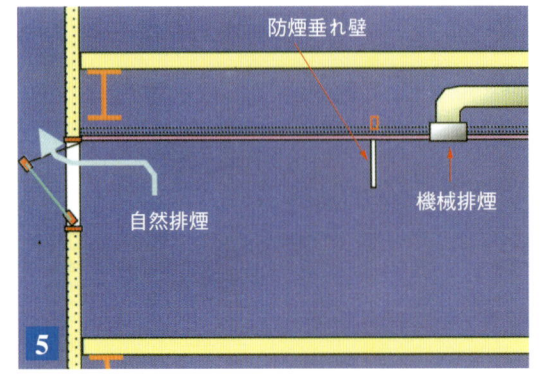

5 部屋の面積が変更になり、自然排煙の面積が不足したため不足分を機械排煙でまかなおうとしたが、自然排煙と機械排煙をこのような形で共存させることはできない。全部を機械排煙とするか、防煙区画壁が必要になる。

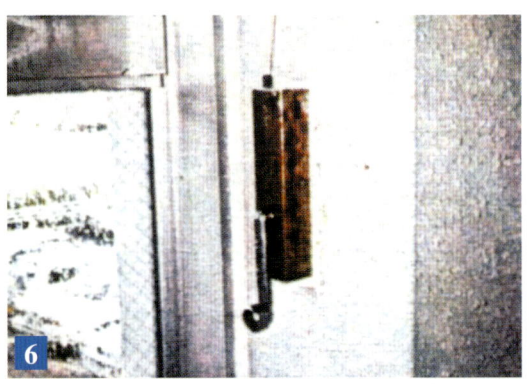

6 温水プールの部屋の排煙オペレーターが、写真のように錆びてしまった。場所を考えて材質を選定しなければならない。

シャッター

114 シャッターの配置失敗

シャッターの配置の工夫が足りなかったために，建物を使用し始めてからそのメンテナンスにたいへんな手間がかかる場合がある。事前に周囲の環境をよく観察し，対策を取っておくべきである。

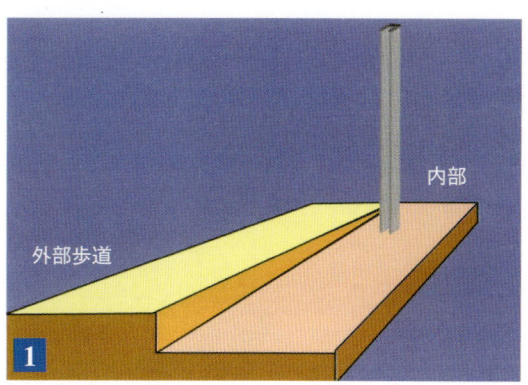

1 このように，入口部分がスロープになっているところにシャッターを設置した。

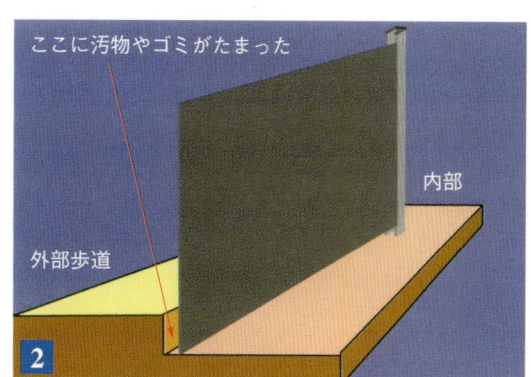

2 シャッターを降ろすと，シャッターと段の間にできる溝にゴミや汚物が入れられ，洗浄すると内部に汚物が流れ込んだ。

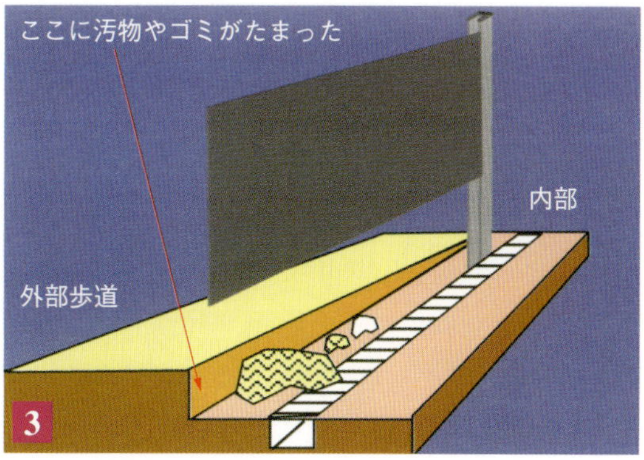

3 このような場合，内部に側溝を設けたほうがよい。

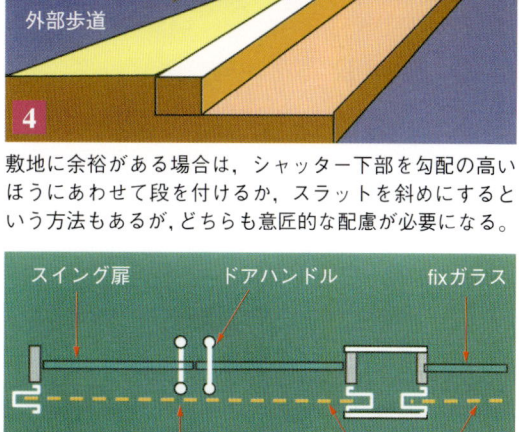

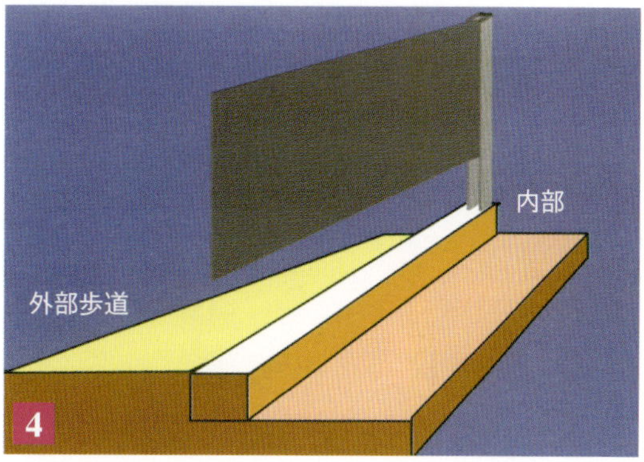

4 敷地に余裕がある場合は，シャッター下部を勾配の高いほうにあわせて段を付けるか，スラットを斜めにするという方法もあるが，どちらも意匠的な配慮が必要になる。

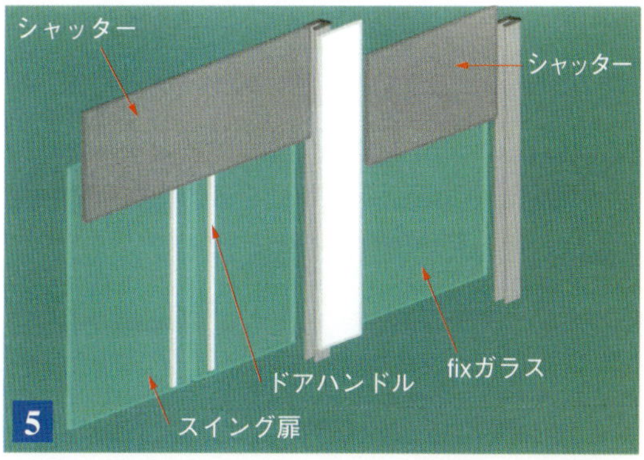

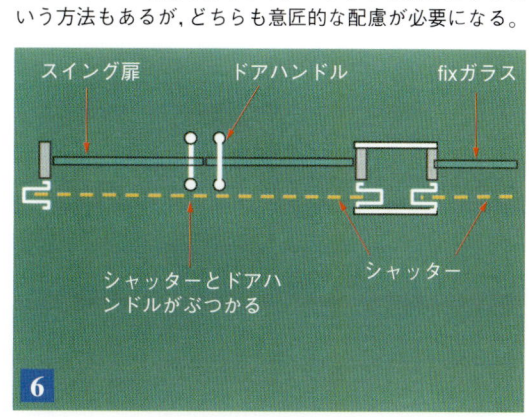

5・6 外部ガラススクリーンとシャッターを近接して納める場合，出入口のスイングドアも同様の配置にすることがある。最後にドアハンドルを取り付けて初めてシャッターとぶつかることがわかるというお粗末なことが起こる。また，ぎりぎりの納まりにした場合，風圧でシャッターが押され，ドアハンドルにぶつかることもあるので注意したい。

115 シャッターレール部分の失敗

シャッターレールの床との取合い部分がきれいに納まっていないため、検査で手直しになることがある。後で直す場合、かなりの手間とコストがかかる。また、3のようなレール部分の耐火区画処理についても、現場まかせにしないで、あらかじめ計画しておくべきである。。

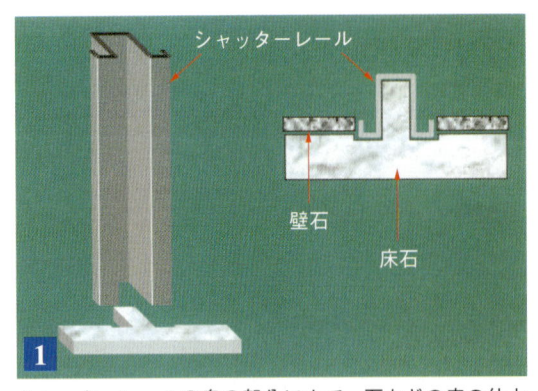

1
シャッターレールの奥の部分にまで、石などの床の仕上材を施工しようとすると、手間がかかりきれいに納まりにくい。貼りものでも床をきれいに均すのは難しい。

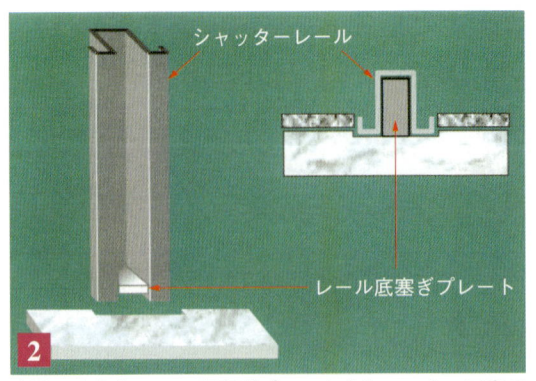

2
上図のようなレール底塞ぎプレートをシャッター工事で用意することにより、すっきりした納まりになる。

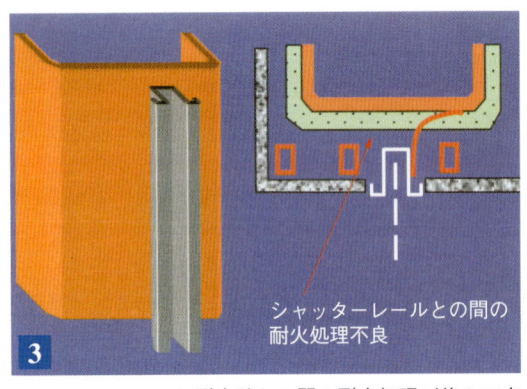

3
シャッターレールと耐火壁との間の耐火処理が後の工事ではがされ、そのまま仕上げられているのを改修工事で見かけることがある。

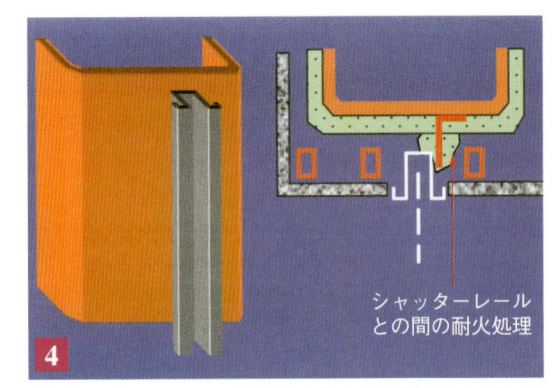

4
上図のように、レール取付けのための下地があれば、耐火処理がしやすくしっかりした工事になる。

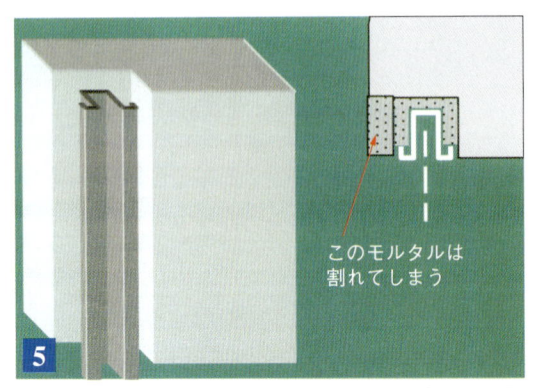

5
シャッターレールが上図のように躯体の出隅部分に配置されている場合、モルタルで形を作ろうとすると、振動で割れる。

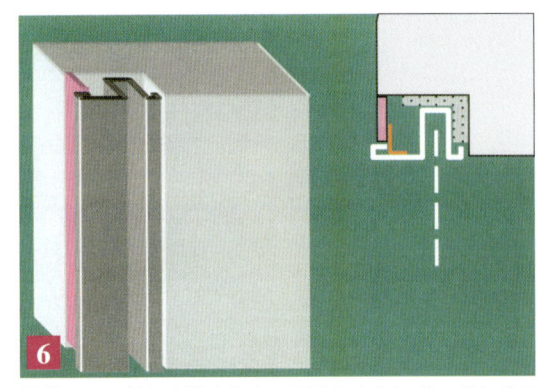

6
振動による割れを防ぐため、上図のようにボードなどで仕上げたほうがよい。

シャッター

116 大きな部屋を仕切る防火区画シャッター

　大きな面積の部屋の場合，面積区画のために部屋の中間にシャッターを設けることがある。そのときによく考えておかなければならないのが，シャッターの取付け方法である。鉄骨大梁があるから，どこでも溶接すればよいという感覚がないだろうか？　面積が大きくなればシャッター自体の重量も重くなり，それに耐えられるよう取付け材の計算が必要になる。

1　ここに溶接してはならない／鉄骨小梁／くぐり戸／ここは鉄骨の継手部分になっている／防火防煙シャッター

シャッターの軸受け部分の控えを，鉄骨の継手のスプライスプレートから取っている。

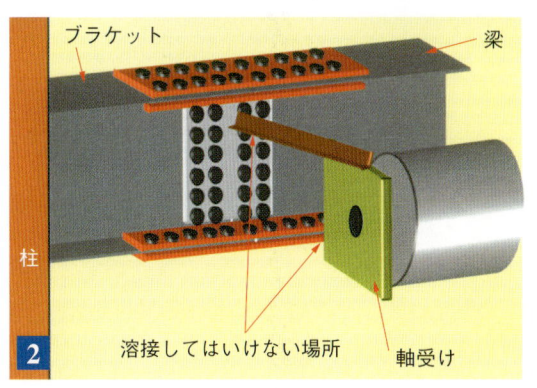

2　ブラケット／梁／柱／溶接してはいけない場所／軸受け

耐火被覆をはがすとこのような状況になる。シャッターの施工図を描いたときに，鉄骨取合いを考えていないとこのようなことになる。

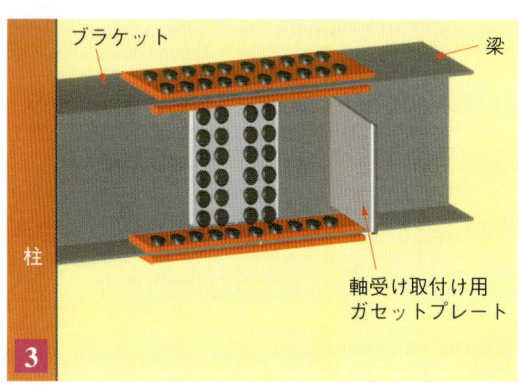

3　ブラケット／梁／柱／軸受け取付け用ガセットプレート

上図のようなガセットプレートを取り付けておくことにより，現場での不具合を防止できる。

4　鉄骨大梁／開口が開いたまま／シャッター

防火区画のシャッター裏側上部の鉄骨梁のスリーブを塞ぎ忘れている。

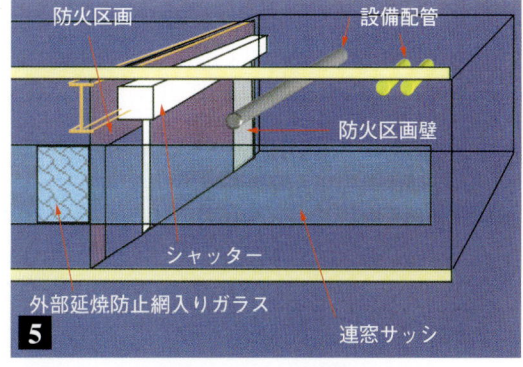

5　防火区画／設備配管／防火区画壁／シャッター／外部延焼防止網入りガラス／連窓サッシ

面積により防火区画する部分は設備貫通をしないで，廊下側からのルートをとる。また全面シャッターより防火区画壁を設けたほうが使いやすい部屋になる。

117 シャッター下地の失敗

躯体工事完了と同時にシャッターの取付けに入るが、鉄骨造の場合は取付け墨を出しにくいため、**1**のような失敗が発生してしまうことがある。このようにならないための対策を **3**・**5** に示す。

1 スラブから降ろしたシャッター下地鉄骨のCチャンネルをガス切断して取り付けてあった。

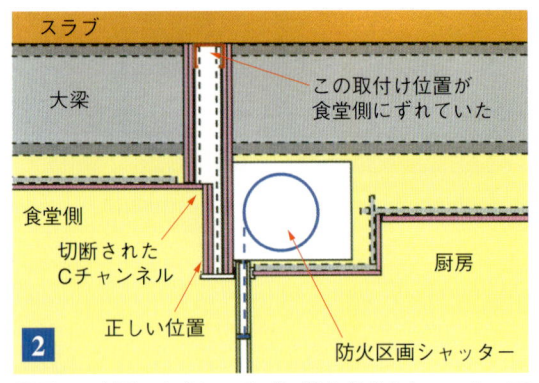

2 原因は、上図のようにスラブに取り付けたシャッター下地の位置がずれていたためと思われる。スラブに墨を上げるのは難しいものである。

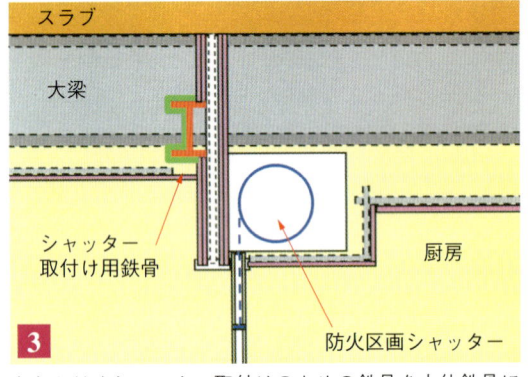

3 あらかじめシャッター取付けのための鉄骨を本体鉄骨に組み込んでおくと、墨が出しやすく間違いも防止でき、下地鉄骨工事の手間は大幅に少なくなる。

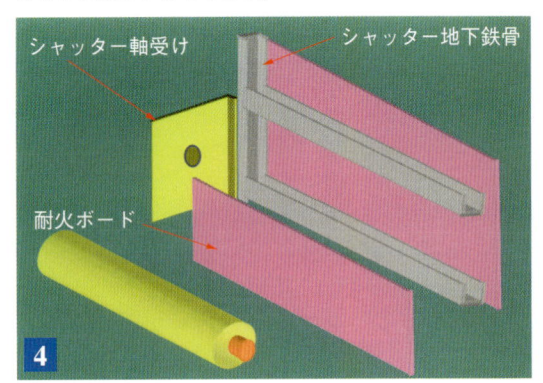

4 **1**のようなシャッターまわりのボード貼りの防火区画はたいへん難しく、シャッター取合い部分ボードの穴埋めの施工不良が出やすい。

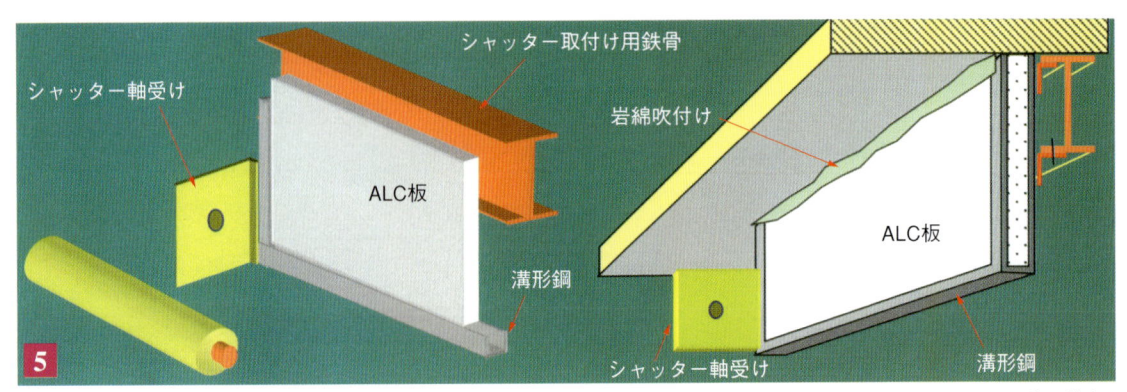

5 シャッターが多い店舗や工場などの建物では、いかに段取りよくシャッターを取り付けられるかどうかで、その後の仕上げ・設備工事の進捗に大きな影響を及ぼす。この例は、鉄骨建方の時点でシャッター取付け用鉄骨に取り付けた溝形鋼に軸受けまで付けておき、ALC板を上から挿入し、その後に床デッキプレートを貼る方法である。防火区画処理の岩綿吹付けは、鉄骨の耐火被覆時に施工すれば手間もかからない。

シャッター

118 厨房シャッターの失敗

厨房のカウンター部分に防火シャッターが付くとき，設備を含めて計画しておかないと，**1**のような失敗をすることになる。またシャッターの上部と下部の耐火区画処理は，図面でよく検討しておかなくてはならない。

1 厨房と食堂の間の防火防煙シャッターの排煙区画のための高さが足りず，検査で指摘を受けた後にガラスの垂れ壁を取り付けた。

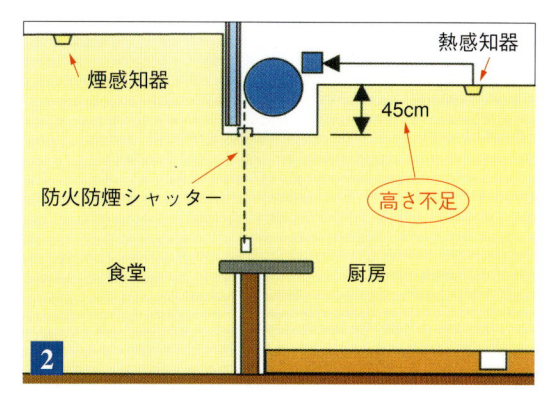

2 厨房内部には煙感知器が付けられないため，排煙区画のためには垂れ壁が50 cm以上必要であった。

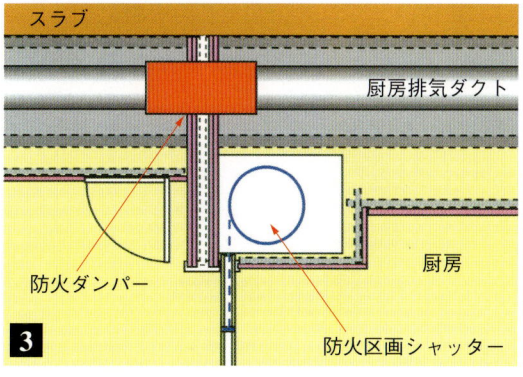

3 シャッター上部の防火区画壁に排気ダクトなどが通る場合は，防火ダンパーが必要になるので，点検しやすいため配置を考えておく必要がある。

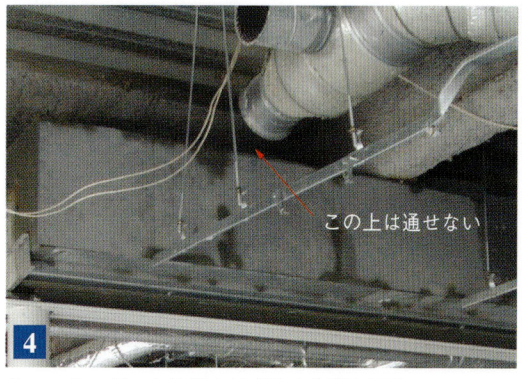

4 シャッターボックスの上はダクトを通しにくい。

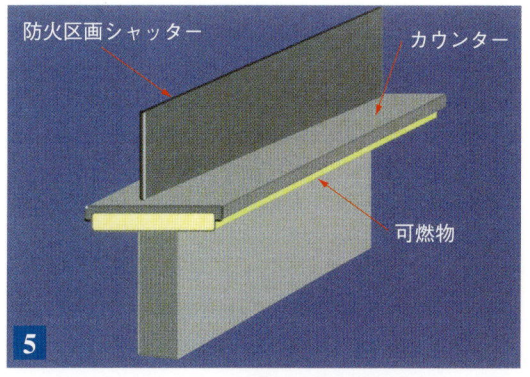

5 シャッターのカウンターの裏側に木製の板を貼ってあることがある。カウンター単品の施工図に防火シャッターを記入することでミスを防ぐことができる。

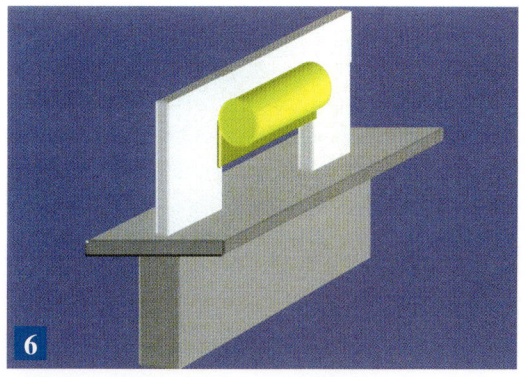

6 上図のように幅と高さが小さい防火シャッターの場合，感知器が働いても重量が少なくて閉鎖しないことがある。スラット下部を重くして対策を取った。

119 シャッターと防煙垂れ壁ほか

竪穴区画に付く扉については，垂れ壁が30cm以上で，かつ扉が自閉式であれば，防煙間仕切りと同等の効果があると認められる。その他の場合でも，避難時間が長く，避難中に排煙機が作動することが想定されるときは，垂れ壁を設けることが望ましい（新・排煙設備技術指針）。これにより，ほとんどの場合，防火防煙シャッターには垂れ壁が必要になってくる。

1 ある事務所ビルの防煙垂れ壁を撮影したもの。シャッターや防火扉に30cm以上の防煙垂れ壁が付いているのがわかる。また一般的な防煙垂れ壁も見られる。このような区画の場合，この区画に関連する煙感知器連動防煙シャッターや常時開放式扉などを連動させるよう指導を受けることがあるので，事前に確認をしておくべきである。

2 古い建物には，このように竪穴区画でも防煙垂れ壁のないものがある。

3 このようなシャッターは，煙感知器以外に上の写真のような手動閉鎖装置が必要になるため配置を決めておく。

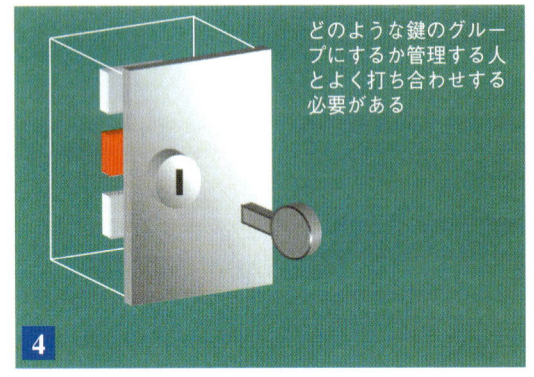

4 シャッターのキーもキープランが必要である。管理形態を考えないで手配してしまい，後にキーの入れ替えになることがある。

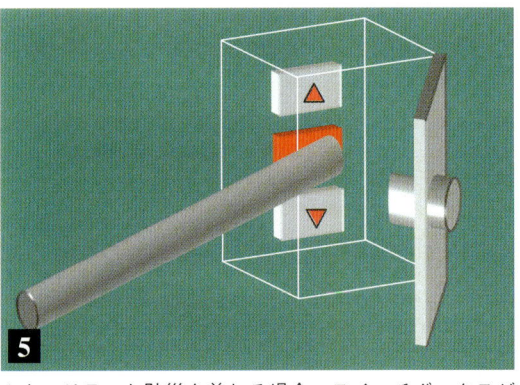

5 セキュリティと防災を兼ねる場合，スイッチボックスが壊されやすいため，その配置には十分注意する。

シャッター

120 シャッター軸受け部分の必要寸法

1のように，軽量鉄骨間仕切りにシャッターの軸受け部分が取り付く場合，その部分の耐火区画がうまくいっていないことがある。特に検討不足の状態で軽量鉄骨間仕切りを先に立て，その後にシャッターを取り付けると，軸受け部分がスタッドにぶつかってやり直しになることがある。**3**は，2枚のシャッターの離隔を表したものである。

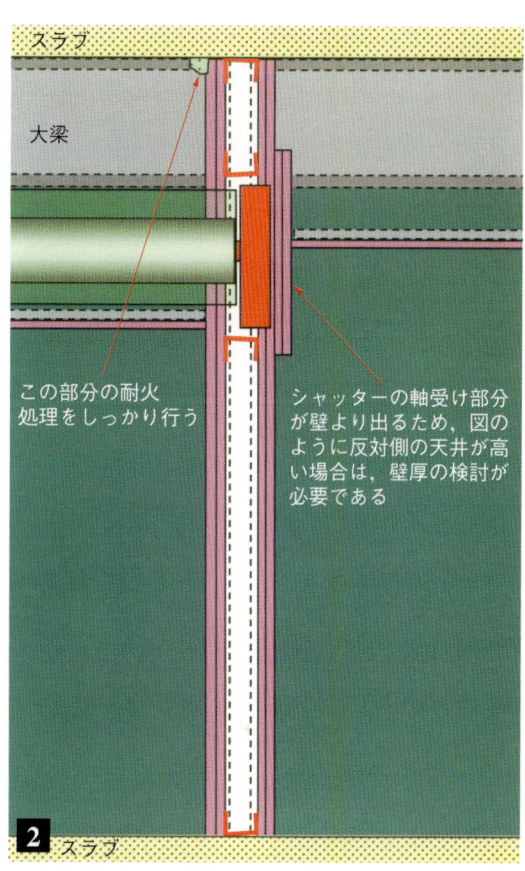

1
- 鉄骨梁の耐火被覆をはがしてしまっている
- スラップの巻取り軸
- シャッター受けレール兼用下地

2
- スラブ
- 大梁
- この部分の耐火処理をしっかり行う
- シャッターの軸受け部分が壁より出るため，図のように反対側の天井が高い場合は，壁厚の検討が必要である
- スラブ

よく問題の発生する部分なので，十分理解したうえで下地鉄骨の工事を行わなければならない。

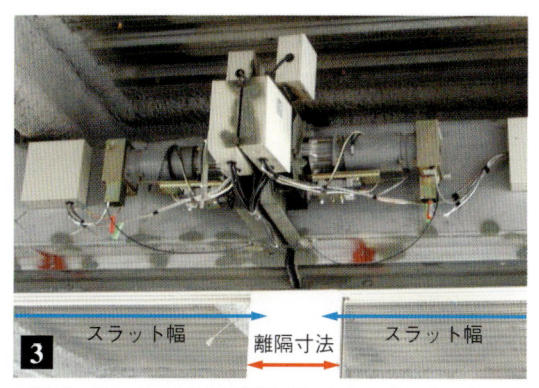

3
- スラット幅　離隔寸法　スラット幅

デザイン的に上の写真の離隔寸法を小さくしたいという話が出るが，天井内に減速装置があることを理解したい。

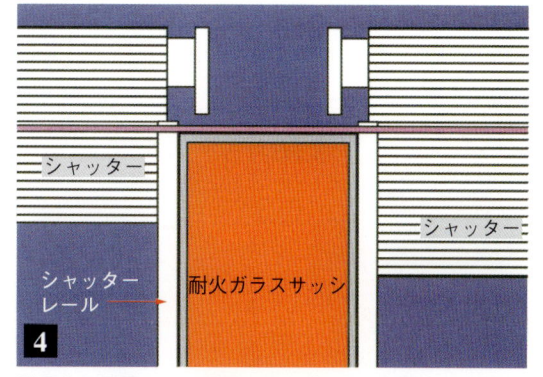

4
- シャッター
- シャッター
- シャッターレール
- 耐火ガラスサッシ

防犯上の問題のない場所であれば，竪穴区画などの対応として，上図のような耐火ガラスサッシを使う方法がある（コストはかかる）。

121 シャッター点検口の大きさと位置

シャッターの点検口を開けてみると，どうやっても点検のできない位置にあることがある。天井ボードの割付けや設備のラインと無理に合わせたりすると，とんでもない位置に付いてしまう。また，吹抜け側に点検口がある場合があるが，少しの工夫でメンテナンスのしやすい配置にすることができる。

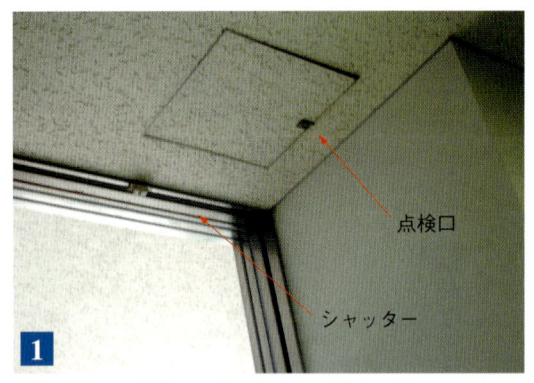

1 シャッターの点検口の開く方向は，脚立を建てたときに作業しやすいようにしなければならない。これは180°方向を変えたほうが点検しやすい。

2 天井内部にはこのような機械が入っているので，操作性・視認性のよい位置を考えて配置したい。

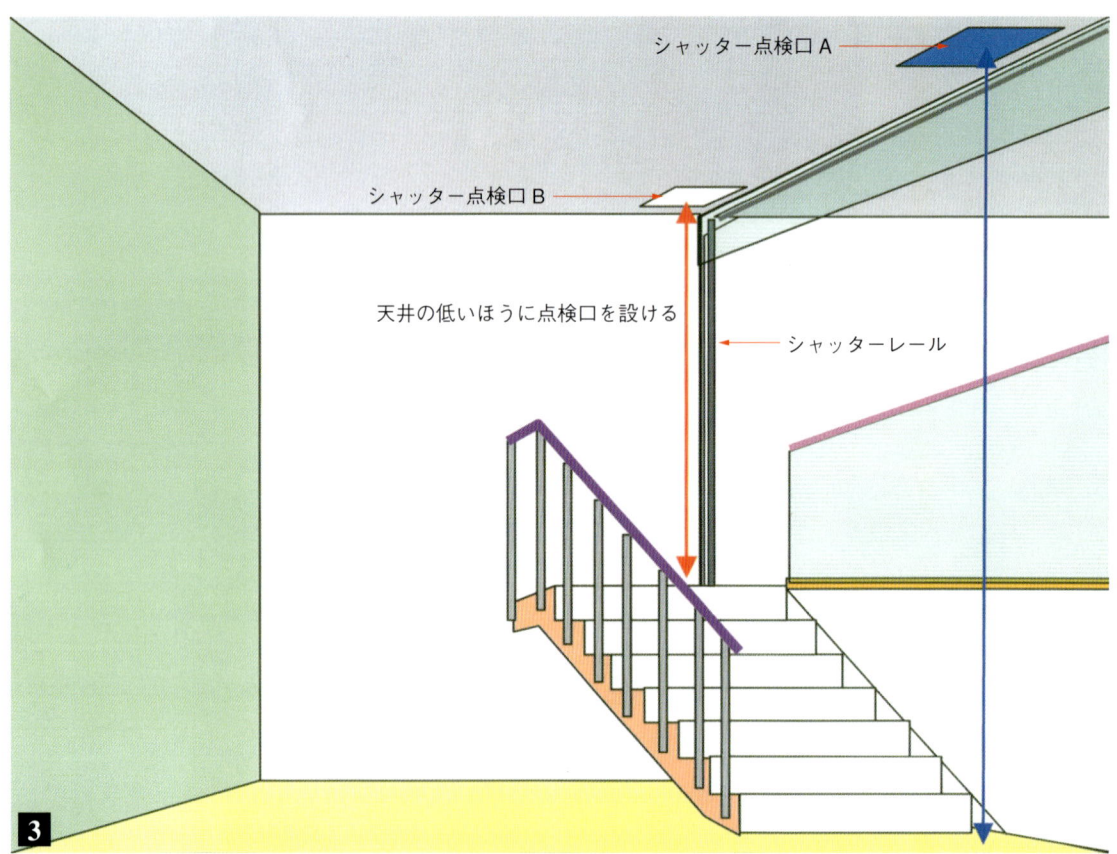

3 上図のような吹抜け部分では，どのようなシャッターの配置がメンテナンス上よいかを考えてみる。この図でいえば，吹抜けの右側にシャッターを配置すれば問題ないが，何らかの理由で吹抜け側にシャッターが配置された場合，減速機を点検口A側に配置してはならない。アプローチのしやすい低い天井のほうに減速機を配置する。

シャッター

122 シャッタースラット塗装の傷

　シャッターの塗装に傷が付くと，とても見苦しくなる。2のように巻き取る内側のスラットの受けローラー部分の塗装が剥がれやすい。1のように，内側にガラススクリーンがあるとその補修ができない。また反対の吹抜け側の塗装補修も足場が必要となる。4のようにスラットに塗装をせず，亜鉛メッキの状態でおいておく方法もあるので総合的に検討をしたい。

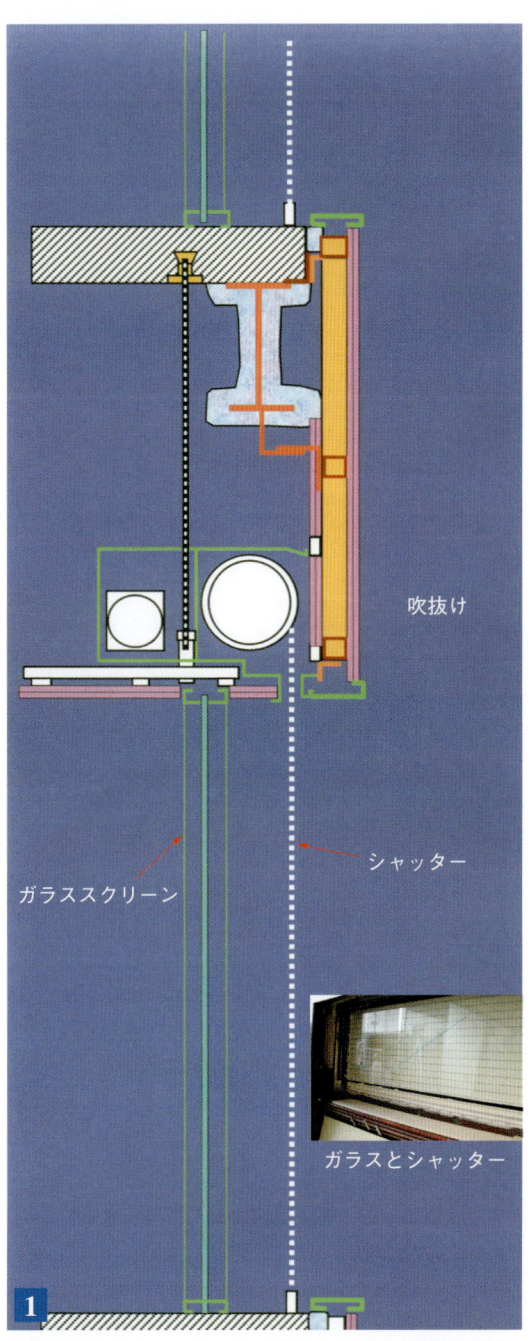

1 吹抜け部分のシャッターは，将来のスラット塗装の補修をどのように行うかの検討をしておくべきである。

2 上部のローラーがきついか，すり減っているかで，スラットの塗装した部分が傷ついてしまっている。

3 スラットは亜鉛メッキ鋼板を使っているため，塗装は剥がれてもメッキは残っている。

4 亜鉛メッキのままのシャッタースラット。時間がたっても傷が少ない状態を保っている。

5 建具

木工事・木製建具

123 木製建具の失敗

　木製建具を取り付けるときに失敗した例をあげて説明する。後で見ると簡単なことだが、いかに先を読んでタイムリーに失敗防止ができるかが重要である。

1 狭いSK室扉に自閉装置

奥行が小さいSKは、扉を開けたまま使う。扉に自閉装置がある場合、扉を押さえながらの作業になり不便である。

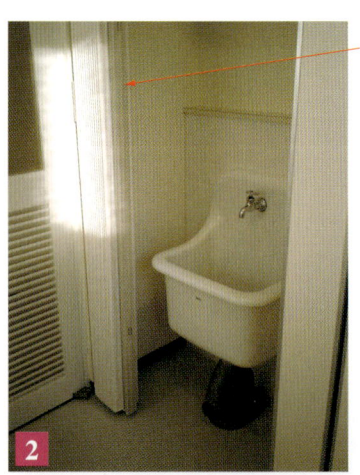

2 アコーディオンカーテン

これはアコーディオンカーテンを取り付けている。使いやすくはなっている。

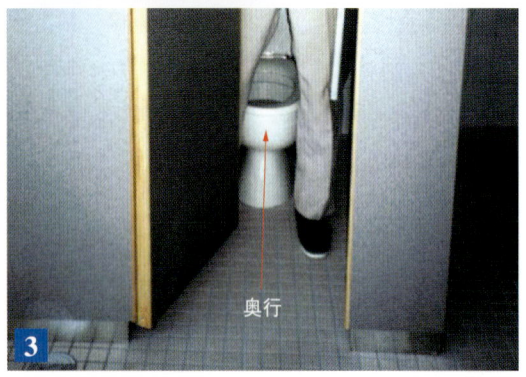

3 奥行

ブースの扉が大便器に近いため入りにくい。体の大きな人でも出入りしやすいスペースを確保しなければならない。

4 吊元

サウナ室の出入口扉の吊元を窓枠側に配置したため、固定する力が弱く、扉の開閉で扉枠が動いてしまった。

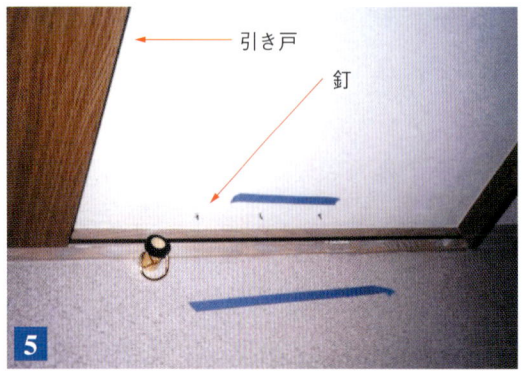

5 引き戸／釘

マンションの台所の出入口の引き戸が、壁から出ていた釘により傷ついてしまった。

6 幅木／引き戸

一般部分と同じ長さの釘を使って、壁厚の薄い引き戸部分の木製幅木を取り付けたため、釘が裏側に貫通してしまったのが原因である。

木工事・木製建具

124 折れ戸の失敗

　折れ戸は，開放面積が大きく取れるため，多く使われるようになってきたが，場所を考えて使いたい。あまり大きすぎる折れ戸は，開閉が困難になるだけでなく，無駄なスペースを取ってしまうことがある。

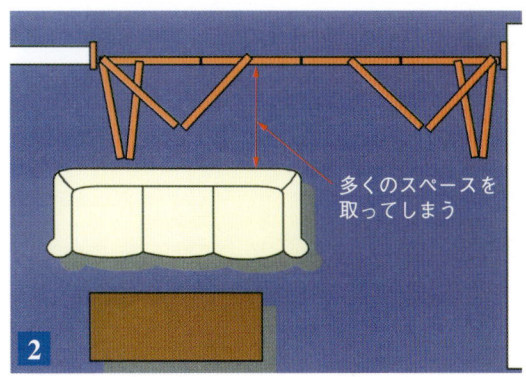

1　小さな引き手

2　多くのスペースを取ってしまう

居間の収納扉の幅が大きすぎたため，ソファーなど家具を設置するスペースがなくなってしまった。また，その大きさのわりに小さな引き手で，開閉するには重すぎる。家具のレイアウトを考えずに収納扉の単品図だけで決定するとこのようになってしまう。

3

4　引き手の位置が手前すぎるため，上図のように2枚ともに回転するような力が働いてしまい，閉まらない。

5　上図のように扉の中心に引き手を配置すれば，開け閉めがスムーズになる。

洗濯機スペースを隠すために折れ戸を取り付けたが，この状態で引き手を引いても扉が引っかかり，閉まらない。

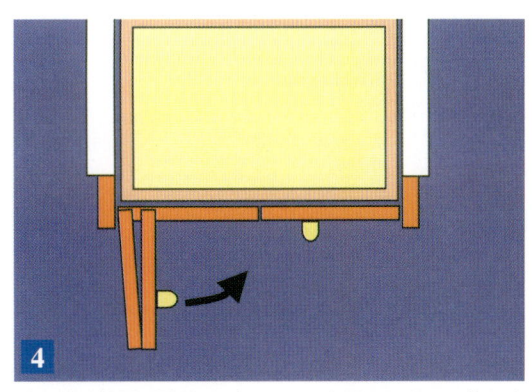

125 家具の納まり検討不足

吊戸棚・流し台・傘立てなどの製作物は、使い始めてからクレームが出ないように、製作前の十分な検討が必要である。

1 吊戸棚が天井ぎりぎりに取り付けられていると、天井に取り付いている煙感知器や照明器具等にぶつかり、やりかえになることがある。

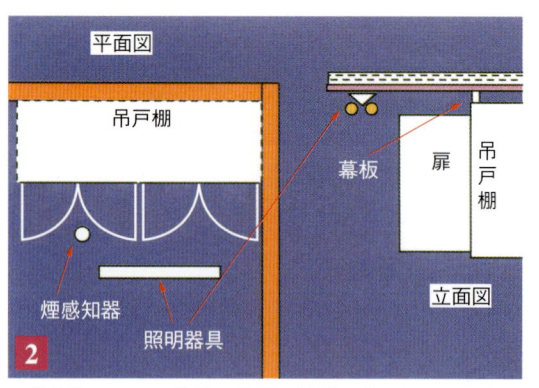

2 天井伏図において機器の配置の検討の際、吊戸棚や高さの高いラック類は無視されることが多い。吊戸棚には幕板を付け、扉を下げるとよい。

3 2箇所の失敗がある。ひとつはコンセントがガスバーナーに近く、コードを焼くおそれがあること、ひとつは左端の引出しが枠に当たり、引き出せないことである。

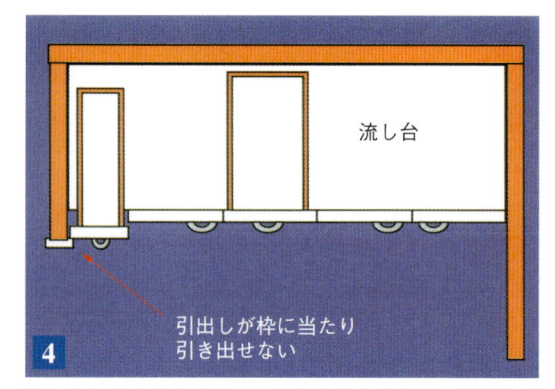

4 流し台をぎりぎりのスペースに収めたために、引出しが枠に当たった。流し台によっても違うので、事前の十分な検討が必要である。

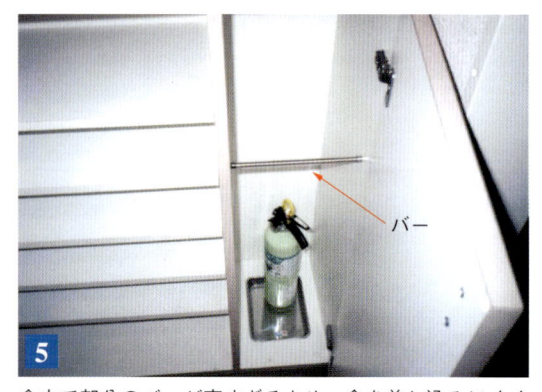

5 傘立て部分のバーが高すぎるため、傘を差し込みにくく取り出しにくい。

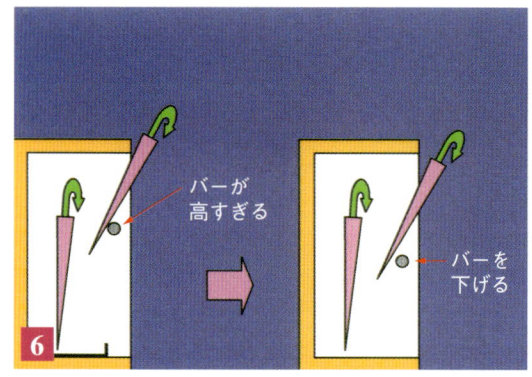

6 バーの高さを上図右側のようにすると、使いやすい傘立てになる。製作物は使い勝手をよく考えて設計しなければならない。

木工事・木製建具

126 熱による木の乾燥収縮

　冷暖房の吹出し口に木材を使用する場合がある。木材は熱風により「あばれ」が生じやすいので、その動きを吸収する方法を考慮しておかなければならない。また、5のように照明ボックスも、照明器具の発熱により同じような条件となる。

1
木製ファンコイルカバーの冷温風吹出し口の間口が、木材の乾燥で収縮して広がり、カバーが脱落した。

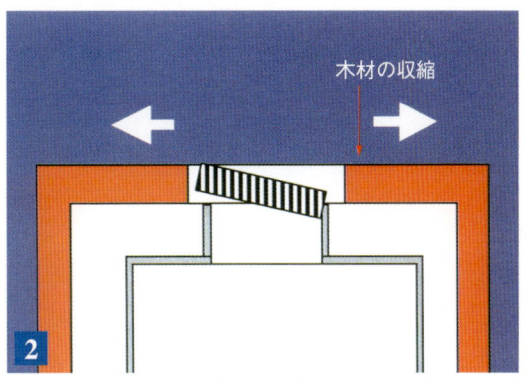

2
このような場所には、十分に乾燥した狂いの少ない木材かスチールが適している。

3 吹出し口の枠の収縮
天井の冷温風吹出し口の枠が乾燥により収縮し、天井の化粧石膏ボードとの間にすきまができてしまった。

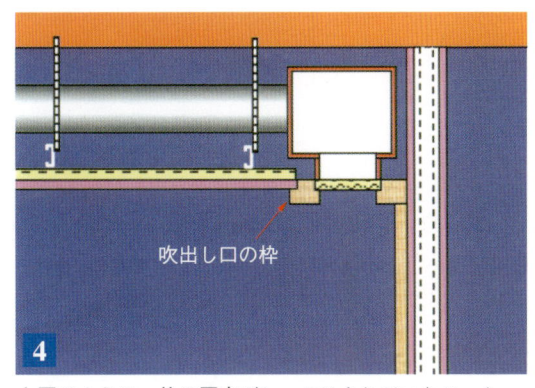

4
上図のように、枠の固定がしっかりされていなかった。

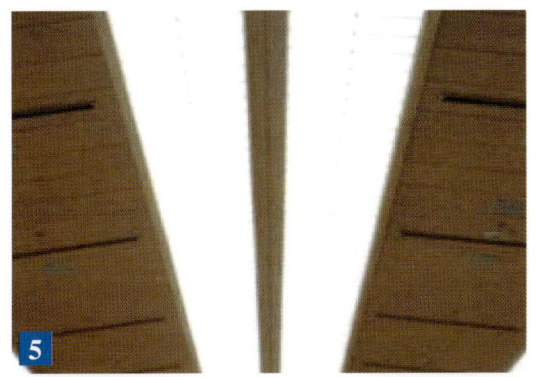

5
天井用照明に、このように障子型のカバーを取り付けた納まりの場合、熱による収縮と窓からの強風の吹上げにより落下することがある。

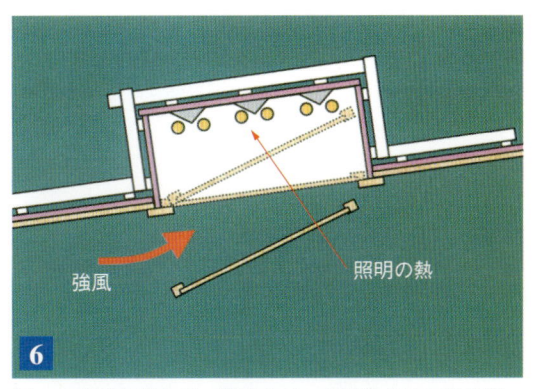

6
万一の状況を考えて、照明カバーを固定する方法を取っておくべきである。

127 木の乾燥収縮

木工事・木製建具

木材の材質や乾燥度にもよるが、強制的な乾燥の条件でなくても自然に収縮が発生する。最近では、木製扉でも枠はスチール製の形が多くなってきている。また、6のように高さの高すぎる扉は、条件によって反りが発生しやすい。

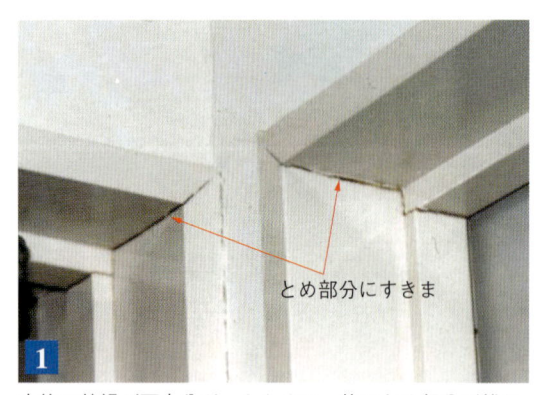

1 木枠の乾燥が不十分だったために、枠のとめ部分が離れてしまっている。

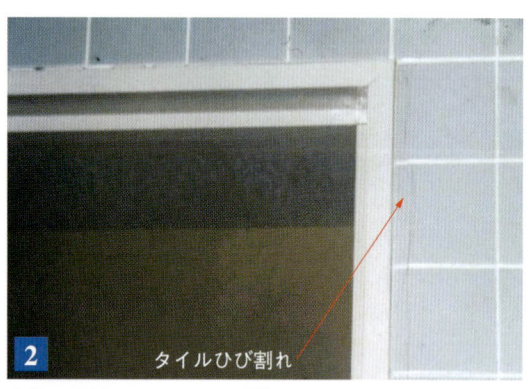

2 木枠の収縮によりタイルが引っ張られ、タイルにひび割れが発生している。

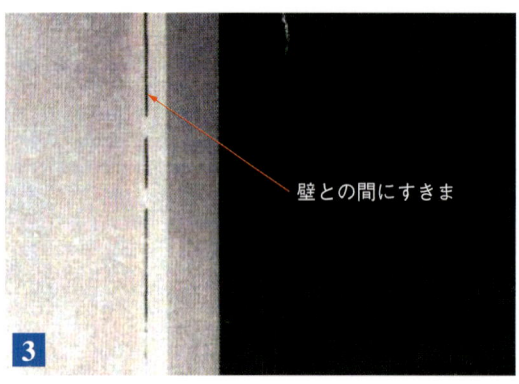

3 木製額縁が収縮により動き、壁との間にすきまができてしまった。

4 床フローリングの収縮で、近接した出入り石の床にひび割れを誘発してしまった。

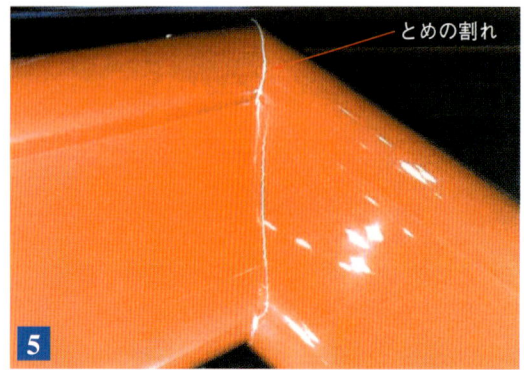

5 手すりのとめ部分が、時間とともに乾燥収縮して割れてしまった。

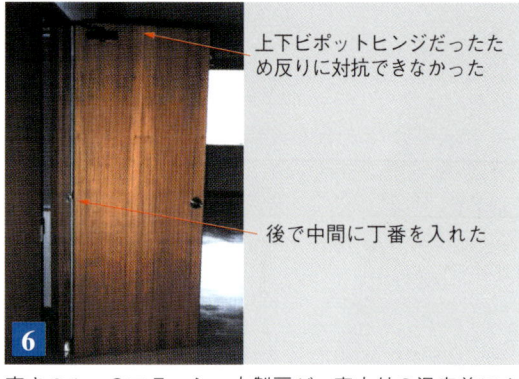

6 高さ2.4mのフラッシュ木製扉が、室内外の温度差により反り、枠に当たるようになってしまった。中間に丁番を入れて対応した。

128 窓まわりほか

　窓まわりの内側にカーテンが取り付くが、カーテンは別途に用意されることが多い。カーテンの厚さを考慮して施工しなければならない。また、5 に示すように、和室造作は高さに連続性があるため、最初の高さの設定を誤ると見苦しい納まりになってしまう。

1 延焼のおそれのある部分（網入りガラスを入れなければならない部分）は、障子を窓面から離して付けなければならない。（サッシとの間に離隔必要）

2 カーテンボックスが小さすぎるためドレープしか納まらず、レースカーテンはサッシ側に付けてある。（レースカーテン／カーテンボックス／ドレープ）

3 サッシの上額縁にカーテンレールを取り付けてあるが、レール間の間隔が小さいため、内外のカーテンが干渉してしまう。

4 梁型をクローゼット扉の中に納めてしまったもの。収納の少ない部屋の場合、奥行を少し大きくして、ハンガーパイプを2列にすると収納が増えて喜ばれる。

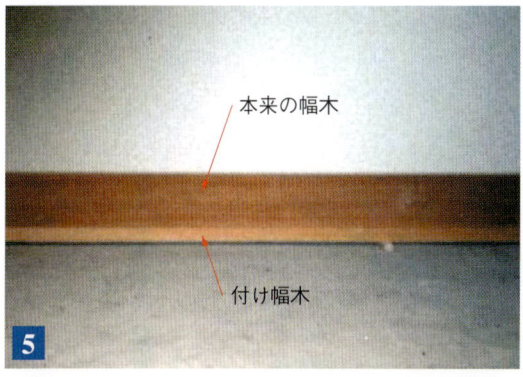

5 和室の造作をする際、レベル決めを高めの位置に間違えたために、幅木の下に付け幅木をしなければならなくなった。床の高さを確認して設定しなければならない。（本来の幅木／付け幅木）

6 コンクリート直貼りフローリングの場合、先に幅木まわりのレベルの確認を行い、高さの調整をしておく。（木製幅木／すきま／コンクリート直貼りフローリング）

129 和室の納まり

　和室は，平面図や立面図だけで打合せを行っていると，でき上がったときにイメージと違うとクレームがつくことがある。和室はコストのかかる部屋なので，パースなどを作成して，十分に打合せ調整を行わなければならない。

1 床柱や落し掛けの部材が太く，空調吹出しのガラリが大きい。床脇も木を多用しすぎている。

2 落し掛けや鴨居の部材を細くすると，すっきりとした納まりになる。

3 床脇の落し掛けを塗りまわしにして，細めの錆丸太の床柱に取合いをしている。書院の円形塗りまわしの壁がよい。

4 床柱を吊束の形にして，天井は船の底のように中央を高くしてある。

5・6 茶室をつくるときは，お茶の流派によって炉の位置が変わってくるので，調整打合せが不十分であると，後にやりかえとなることがある。

［6］ ボード・LGS

130 ボードが割れた失敗例

　建物を使い始めてから，壁や天井のボードが割れることがある。ボードの特性やボードを留めている部材の熱による伸縮や振動が原因であることが多い。4 から 6 はプラスターボードがそれぞれの状況で割れた例である。このような割れの生じやすい部分の施工には，動きを緩衝させる工夫が必要である。

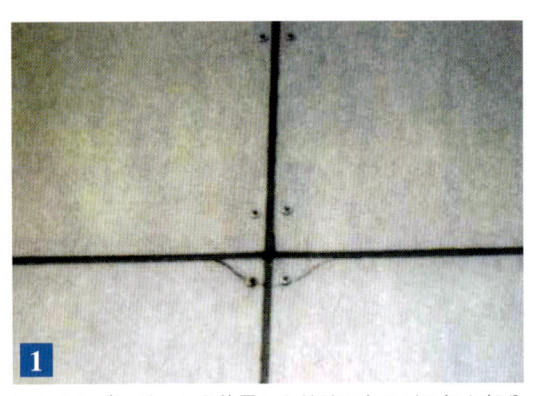

1 フレキシブルボードを使用した外壁の角のビス打ち部分が割れてしまっている。

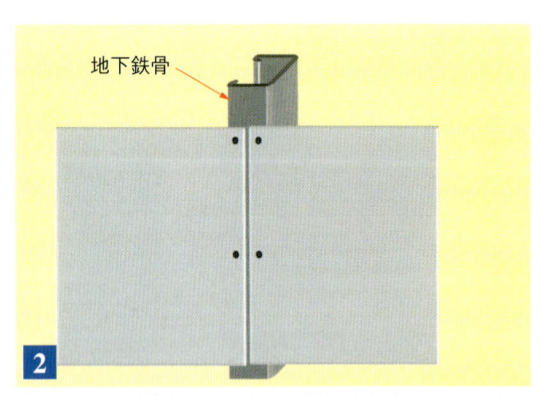

2 外部は熱の影響を受けやすく，特に角部分はへりあきが少ない場合割れやすい。

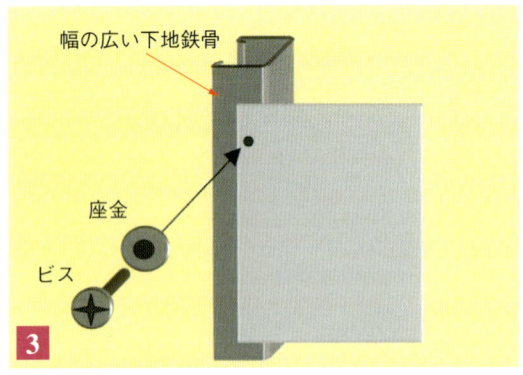

3 フレキシブルボードの角のへりあきを多く取れるように，幅の広い下地鉄骨と座金付きのビスを使い，穴を少し大きくして動きを吸収できるように施工する。

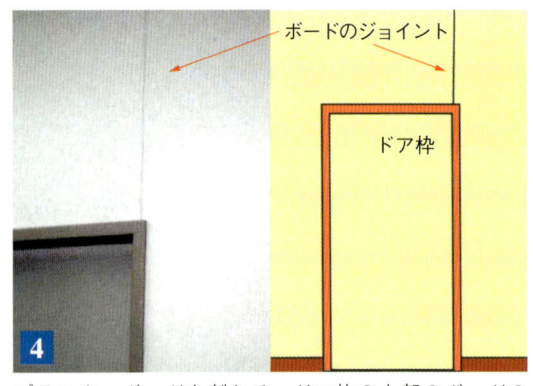

4 プラスターボードも割れる。ドア枠の上部のボードのジョイントは，扉の開閉の振動で割れやすい。

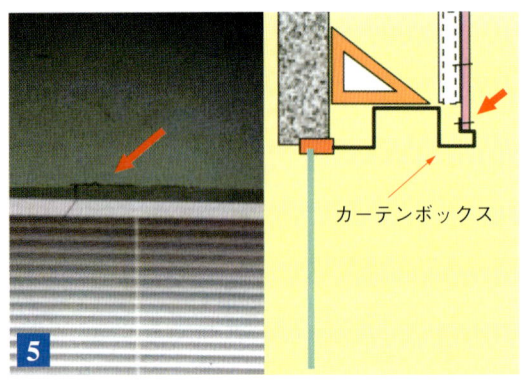

5 下がり壁のプラスターボードをカーテンボックスにビス止めしたが，カーテンボックスの動きによりボードが割れた。

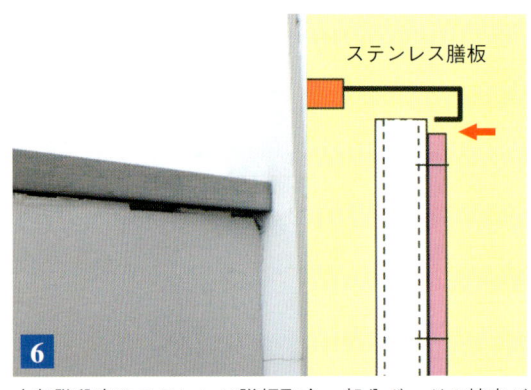

6 内部階段窓のステンレス膳板取合い部分ボードの精度が悪く，パテを塗り込んだが振動で割れてしまった。

131 ドア枠取合いチリの失敗

ドア枠のチリがきれいにできている建物は，全体的な仕上がりもよい。チリをきれいに見せるためには，下地の段階での気配りが必要である。施工前の十分な打合せが重要となる。

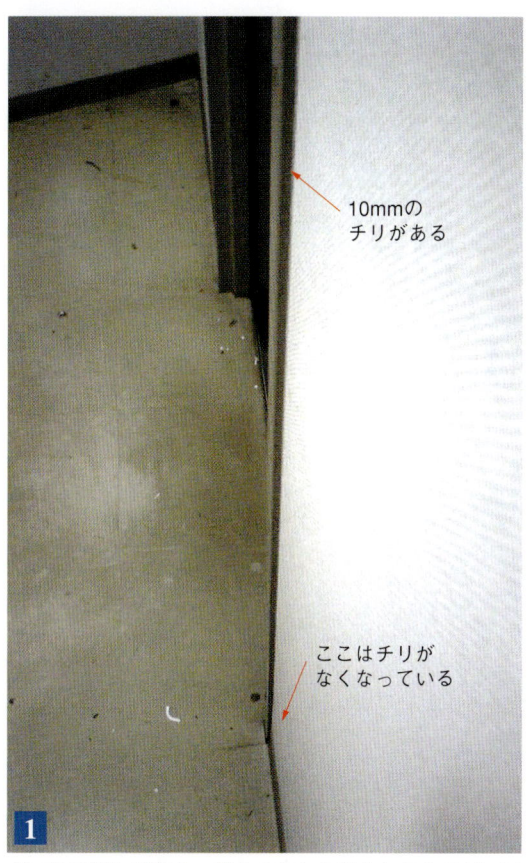

1 10mmのチリがある／ここはチリがなくなっている
ドア枠の壁との取合い部分を上から見たところだが，下のほうではチリがなくなっている。

2 ここにドア枠が取り付く／ランナーとビス
壁の下地のスタッドのランナーとビスの状況。

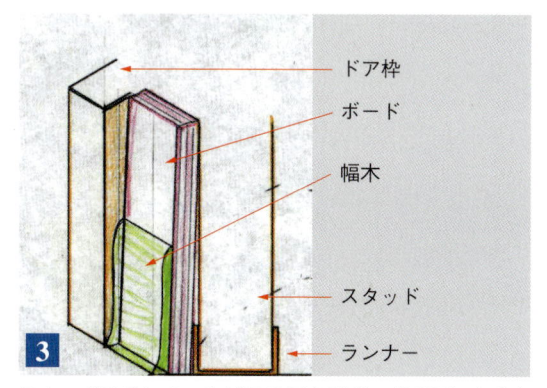

3 ドア枠／ボード／幅木／スタッド／ランナー
スタッドのランナーとビスの厚さがボードの下にあるため，その厚みの分ボードが盛り上がってしまう。

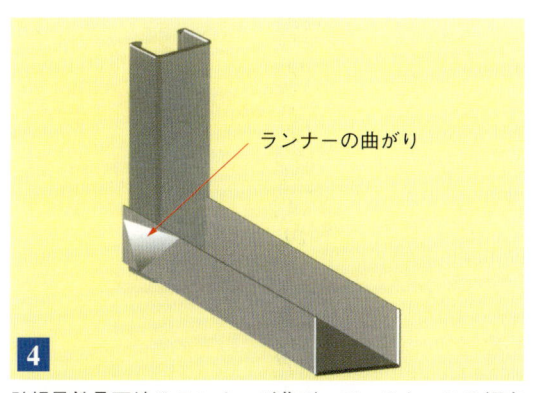

4 ランナーの曲がり
壁軽量鉄骨下地のランナーが曲がっていると，この傾向はより大きくなる。

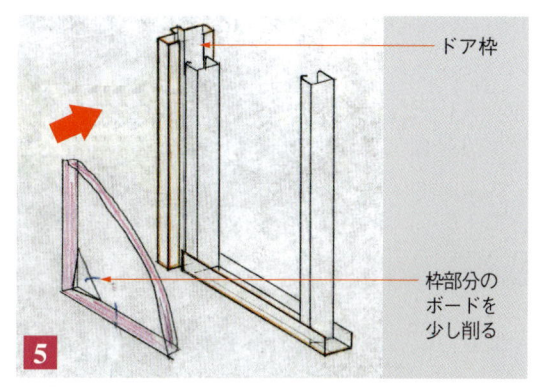

5 ドア枠／枠部分のボードを少し削る
上図のように，ドア枠の下部のボードの角を少し削ることで厚くなった分を吸収できる。

132 壁と床の間にすきま

　仕上工事は，躯体工事がしっかりと精度よく管理されていれば，手順よくきれいに納めることができる。そうでない場合は，手戻りの多い見苦しい仕事になってしまう。このような失敗を理解して，躯体工事の精度確保の参考にしてほしい。

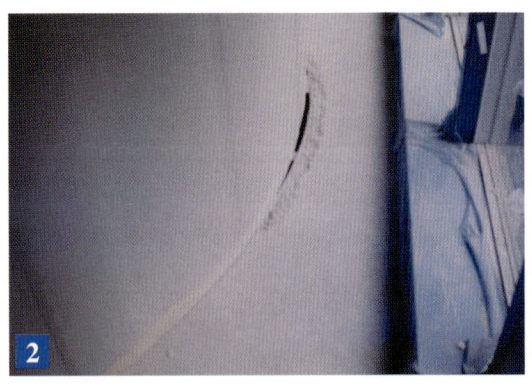

1 と **2** は，それぞれ別の現場の耐火壁の施工状況を撮影したものだが，床にすきまができてしまっている。このようなミスがなかなか改善されない。またこの穴を塞ぐためには，非常に多くのやりかえ工事が発生する。

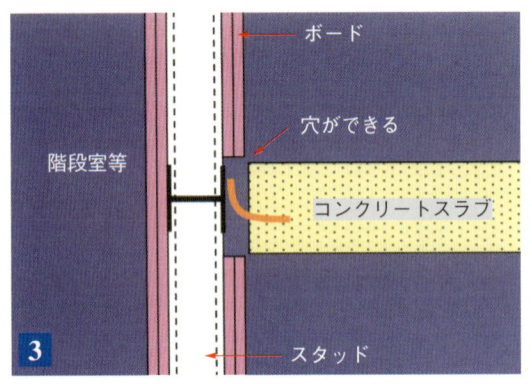

3 躯体工事のときに，コンクリートスラブをとめる位置の精度をしっかりと出せなかったことが原因である。

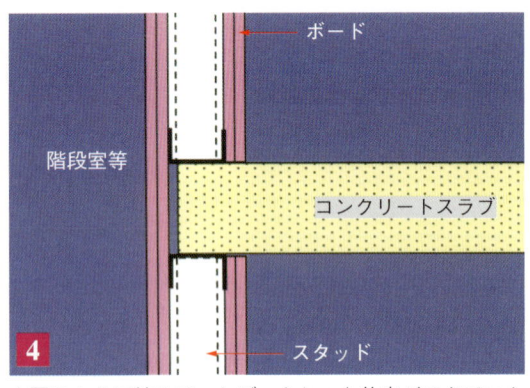

4 上図のように納めていれば，きれいな仕事ができていたはずである。

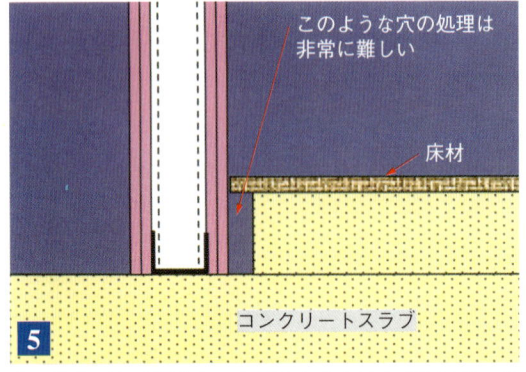

5 床に段差がある場合も，上図のようなことが起こる。この部分にモルタルを詰め込んでもすぐに割れてしまう。

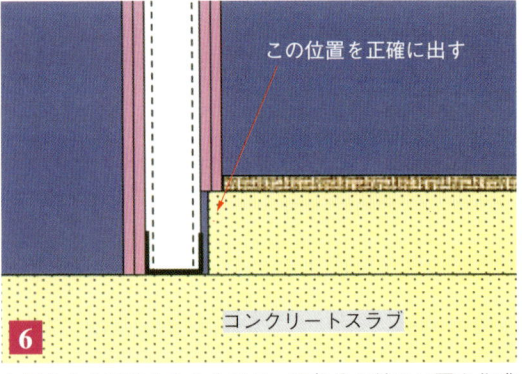

6 上図のように納めるためには，段部分の納まり図を作成のうえ，その位置を正確に施工しなければならない。

133 入隅部分の直角不良

　下駄箱や洗面カウンターまわりで、壁の入隅にすきまがあいているのを見かける。部屋数が多い建物で同じ失敗が繰り返された場合、その対策には大変な手間とコストがかかる。ちょっとした配慮により無駄のないきれいな仕事ができる。

1 マンションの下駄箱上部入隅部分にすきまができている。

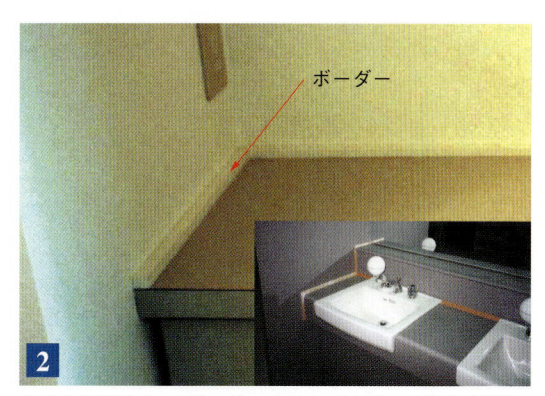

2 すきま対策としてボーダーを入れている。右下は同様に洗面カウンターにボーダーを入れている。

3 ボードの出隅コーナーの形成と出隅の保護のために、3のような樹脂製のコーナーアングルが用いられる。

4 出隅コーナーアングルまわりに段差が出ないようにパテを塗る。大きな面であれば目立つことはない。

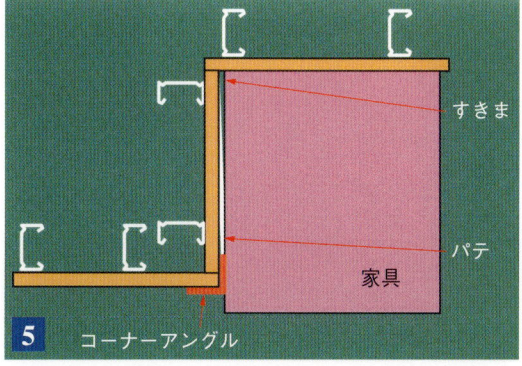

5 奥行の小さい場合、コーナーアングルの厚みを隠すため、パテをかけたぶんだけ厚みの差ができ、入隅にすきまができる。

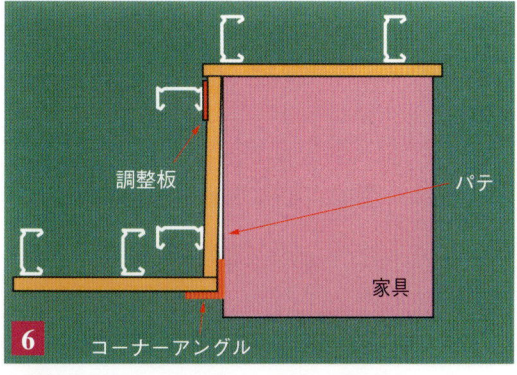

6 入隅部分のスタッドとボードの間に調整板をかませることにより、直角の精度を保つことができる。

134 石膏ボードとカビ

　石膏ボードは，水に濡れるとカビが発生する。カビが発生した場合，それを除去するのは非常に難しく，貼り替えることになる。パイプスペースや機械室など，止水工事前に設備工事を急がなくてはならない場所は，カビの発生しやすいボード類をやめてALCなどに切り替えたほうが工事の段取りがよくなる。

1 内部階段は雨水浸入防止をしないと写真のように雨水が流れ込み，壁の石膏ボードにカビを発生させる。

2 狭いハロンボンベ庫の空気の流れの少ない入隅部分でカビが発生している。

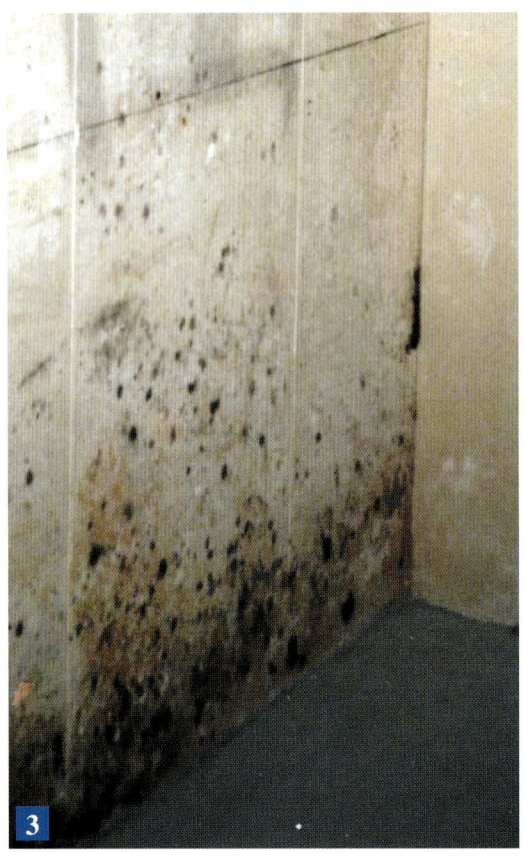

3 狭い機械室の壁ボードを貼った後で，床のモルタルを打設している。段取りを間違えた仕事はこのようになってしまう。

4 GLボンド工法では，GLボンドの塗厚さが厚すぎると乾燥が遅く，乾燥前にクロスなどを貼るとカビが発生しやすい。

135 地下機械室グラスウールの内部結露

　地下機械室の外部に面する二重壁にグラスウールを貼ったところ，内部結露が発生してしまった。断熱性能があると思われている材料でも，使い方を間違えると逆効果になることがある。

1 この受水層の裏のグラスウールが，結露水でぐっしょり濡れたスポンジのような状態になった。

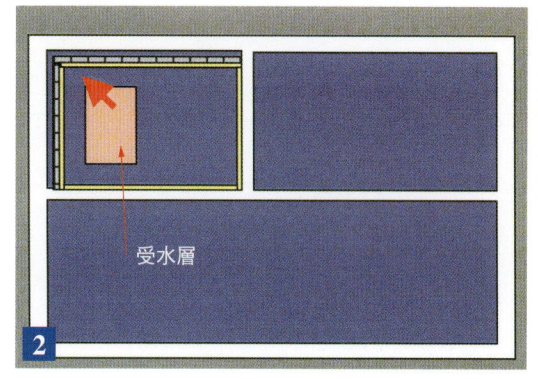

2 上図のような地下の土に面する赤い矢印部分で内部結露が発生した。

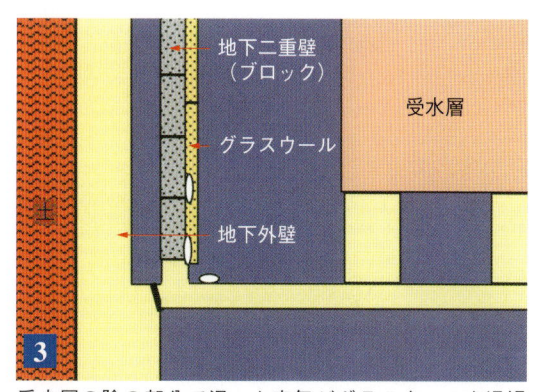

3 受水層の陰の部分で湿った空気がグラスウールを通過し，温度の低いブロック表面に触れて内部結露を起こしたと思われる。

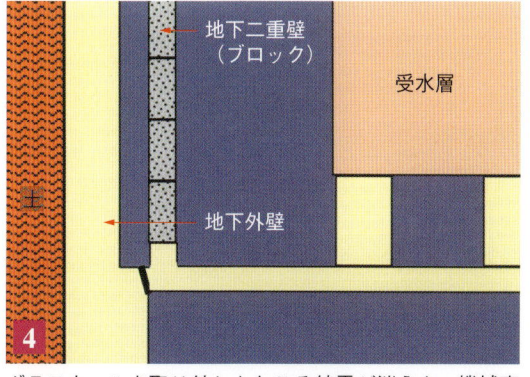

4 グラスウールを取り外したところ結露が消えた。機械室の内装は，グラスウール貼りの仕様になっていることが多いが，それを貼る目的が何かを考える必要がある。

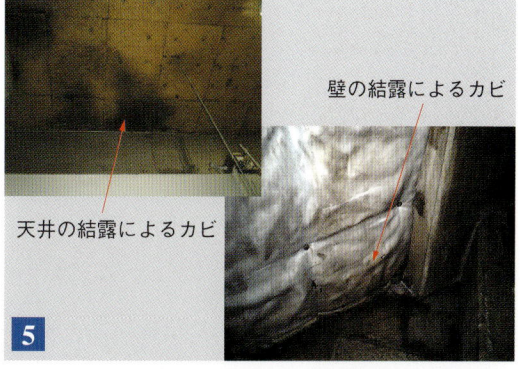

5 1とは別の場所の写真であるが，内部結露した壁面のグラスウールと天井に貼ったグラスウールボードの結露によるカビの状況。

136 天井点検口の失敗

　天井内部の設備の保守点検，あるいは漏水状況のすばやい確認や修理のために，天井点検口は不可欠である。デザイン重視で点検口を付けたがらない設計があるが，それなりの対案を用意すべきである。点検口で失敗した例を示す。

1 切断されたCチャンネル　天井点検口位置

天井点検口が壁際で吊りボルトの位置に配置されたため，不安定な開口になっている。

2 天井ボードの割れ

天井下地の開口補強がしっかりとされていない点検口は，使っているうちに天井ボードが割れてくる。

3 手間がかかり開口補強がしにくい

便所に天井点検口がなかったため，後に開口をあけている。上階にも便所がある部屋は，排水管の点検のためにも必ず設けるべきである。

4 鉄骨梁

これも後で点検口の開口をあけたため，鉄骨梁の真下に配置されてしまった。手順を間違えた仕事は失敗が続く。

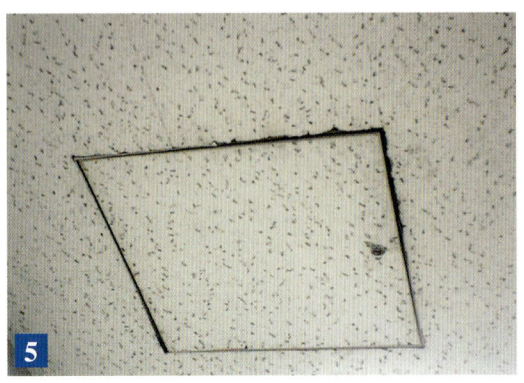

5

縁なしタイプの点検口は，縁がないためボードの端の保護ができず，使っているうちに周囲のボードが剥がれてきやすい。

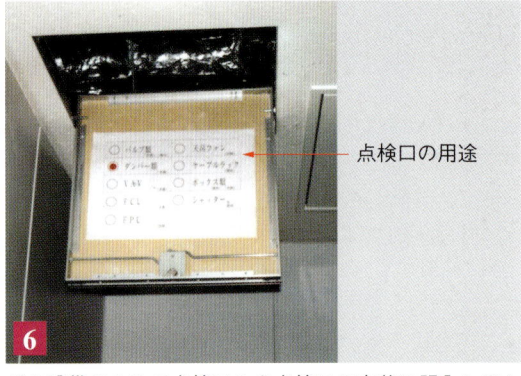

6 点検口の用途

どの設備のための点検口かを点検口の裏蓋に記入しておくとよい。表面の縁に点検口の用途のラベルを貼る方法もある。

137 廊下天井の失敗

　仕上工事をスムーズに進めるためには，設備の作業量の把握が欠かせない。特に廊下の工事は，作業上の重要な動線になるため，きめの細かい計画と工法の選択が必要である。

1
スプリンクラーメイン配管
大梁
耐火壁

　廊下はダクトや配管，電気ラックなどの設備類が集中するため，天井の下地が組みにくい。天井インサートを事前に配置してあっても仕上工事の時点で変更になり，使えなくなることが多い。両側が耐火壁の場合は，設備工事の前に徹底したすきま処理を行い，十分な検査をしておかなければならない。後での穴埋めはたいへんな労力を要する。

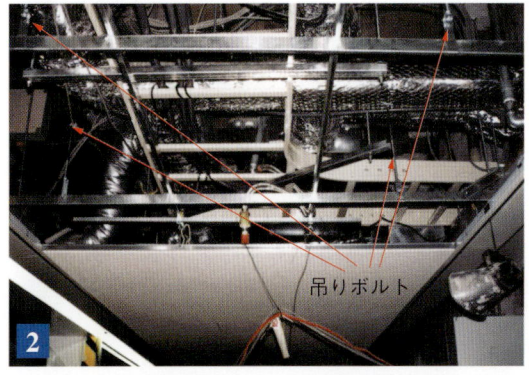

2 吊りボルト

先に取り付けた天井インサートが設備機器に当たって使えず，吊りボルトはほとんど後打ちアンカーを打設することになってしまった。

3

廊下両側の耐火壁にランナーを通し，そこにスタッドを取り付けた天井下地。天井インサートの心配がなく，きれいに納めることができる。

138 梁と壁との取合いの失敗

耐火壁が鉄骨梁の近くに配置された場合，耐火壁をスラブまであげてしまうと，鉄骨梁と耐火壁との間に作業するスペースがなく，区画処理ができなくなってしまう。そこに設備配管などがあると，その貫通処理も不完全なものになってしまうので，梁との位置関係の調整が必要である。

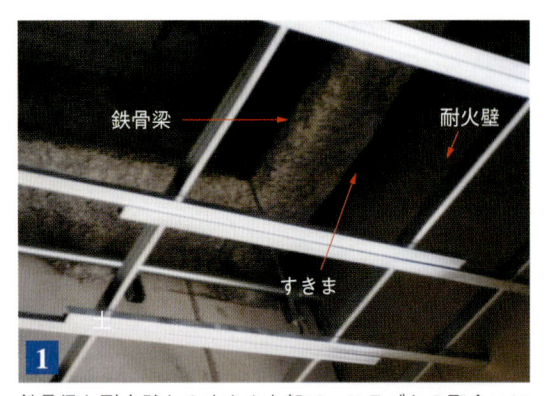

鉄骨梁と耐火壁とのすきま上部で，スラブとの取合いに耐火処理がされているかどうか，確認ができない。

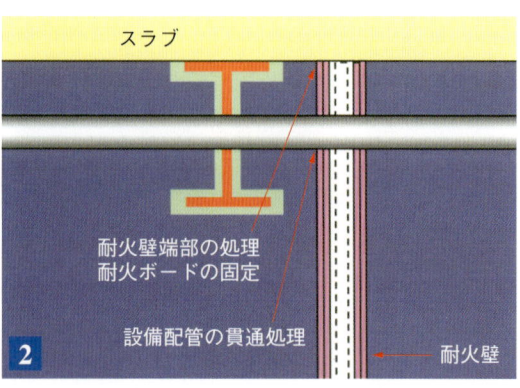

このような納まりだと，耐火ボードの固定および端部の耐火処理設備配管の貫通処理ができない。

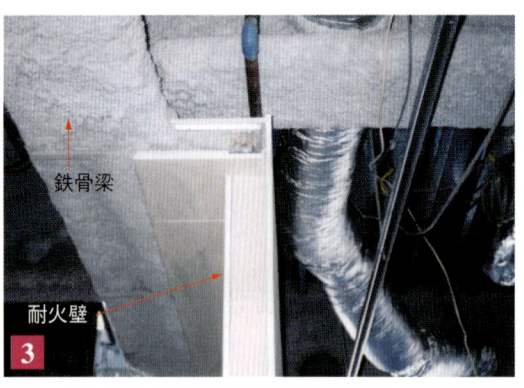

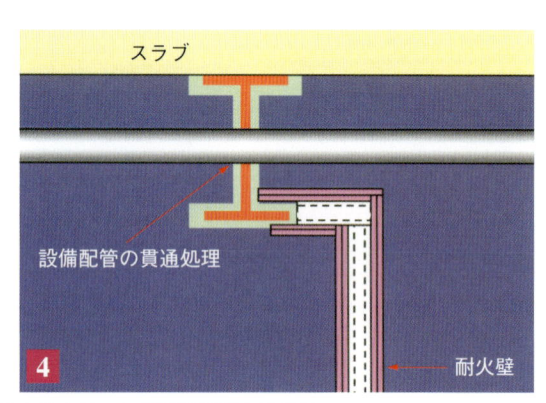

3や4のように，耐火壁を鉄骨梁の下フランジ位置に接続することにより，2の問題は解決できる。

耐火壁の水平部分と鉄骨梁下フランジとの耐火区画処理の状況。

鉄骨梁に壁の軽量下地を取り付けた状況。

139 スラブとの間の耐火処理の失敗

スラブと耐火壁取合いの耐火区画処理の工事が遅れてしまうと、非常に手間がかかる。また、設備工事やほかの職種との手順の調整も複雑なものになるため、調整不足で **1** のようになることが多い。

1 天井下地が完了してから下地の中に頭を入れ、耐火壁とスラブとの間の耐火処理を行っている。

2 天井ボードを貼ってから区画処理の不具合が発見されるというような最悪の場合には、天井内での作業になり、このように耐火被覆材のゴミが天井に落ちることになる。

3 天井下地の施工前に耐火処理を行えば、写真のように簡単に施工できる。

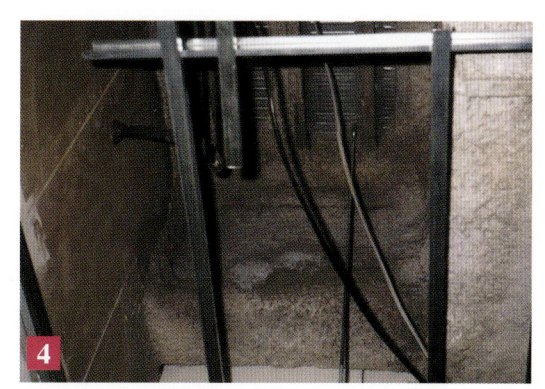

4 鉄骨梁の耐火被覆吹付けの後に耐火ボードを貼り、梁の耐火被覆とのすきまを再度吹付けしている状況。

5 設備配管が先行してしまうと、耐火ボードの区画処理が施工できなくなる。

6 天井面から梁下までを吹付け方式の耐火区画で施工し、設備工事を先行させて、その下を耐火ボードで施工すれば耐火処理がやりやすい。

140 壁のデッキプレート部分の取合い

　耐火壁を平らなスラブに立ち上げる場合は問題ないが，そのスラブにデッキプレートがあるときは，その処理に手間がかかる。どのように構成するのが合理的かを事前の計画に盛り込んでおきたい。

1 倉庫の壁。耐火壁ではないが，フラットデッキとの間にすきまが開いていて見苦しい。

2 合成床板の下部のシャフトの壁。これもすきまが開いている。

3 耐火壁とデッキの間に耐火処理をしているが，きれいに仕上がっていない。

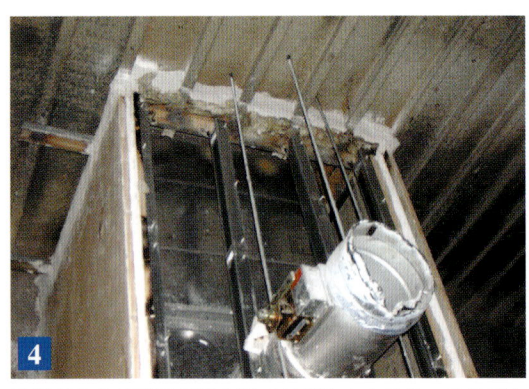

4 排煙ダクトの周囲の耐火壁をはがしたところ。スラブとの間の処理に手間がかかっている。

5 デッキの形に合わせて切断したボードを貼れば，写真のようにきれいな仕上りになる。

6 鉄骨梁とデッキの間を耐火被覆で吹き付けたもの。耐火壁は，梁下でALC板と取り合っている。

141 壁取合いシステム天井ボードの落下

地震時に壁と天井の間に動きが生じ、端部のボードが外れてしまった。

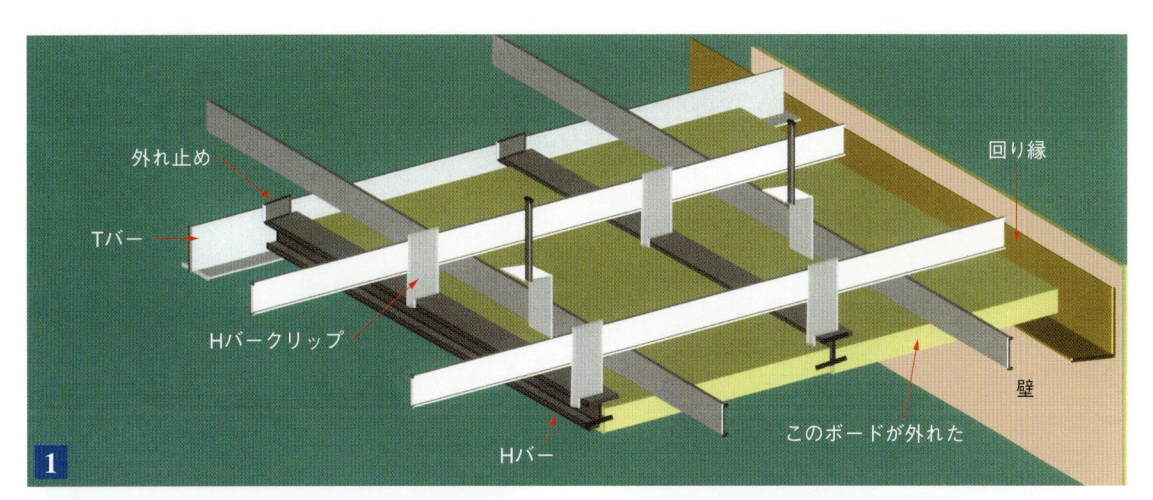

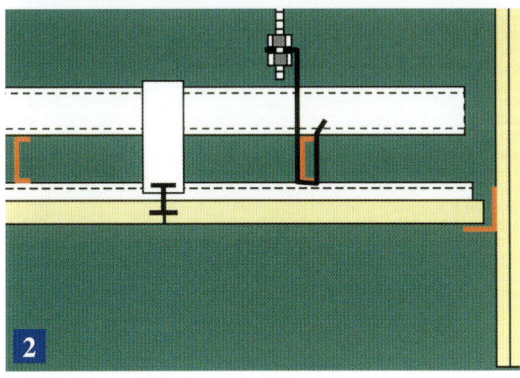

1
- 外れ止め
- Tバー
- Hバークリップ
- Hバー
- 回り縁
- 壁
- このボードが外れた

2 端部を壁側の回り縁にのせる納まりとしていた。

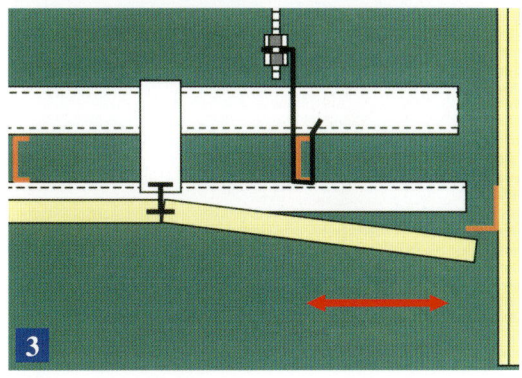

3 地震でシステム天井が上図のように動き、端部のボードが落下してしまった。

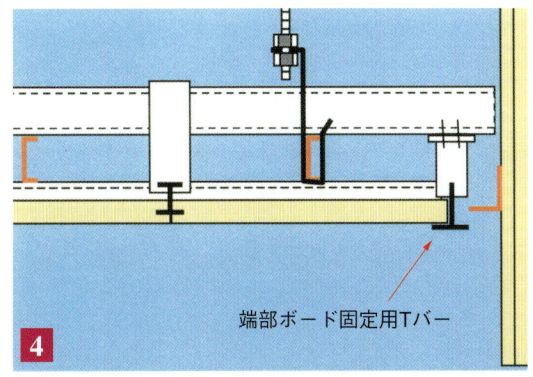

4 端部ボード固定用Tバー

システム天井で独立してボードを固定するように、上図のように納めるべきところを 2 のような施工をしてしまった。

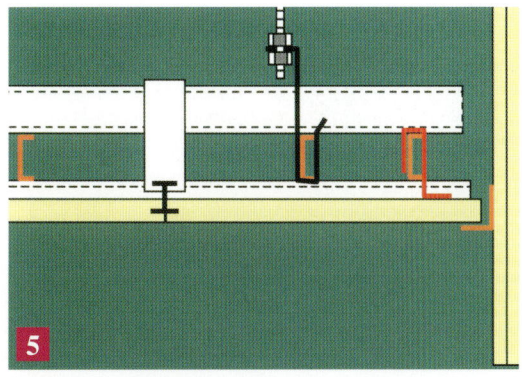

5 他の部分との関係で回り縁を 2 のような納まりにする場合は、ボードの壁際にCチャンネルを通し、ボードの裏に固定する方法を取る。

142 システム天井点検口の落下

　システム天井の点検口の板が落下する事故が起こる。下の人にあたりケガをさせた場合，大きな問題になる。加えて再発防止のため全数確認を行わなければならない。ひとつの手抜き工事やたった一人の過失により，信用を失うことになる。問題が発生しないように，かつ万一外れても落下しない仕組みを作っておくことが必要である。

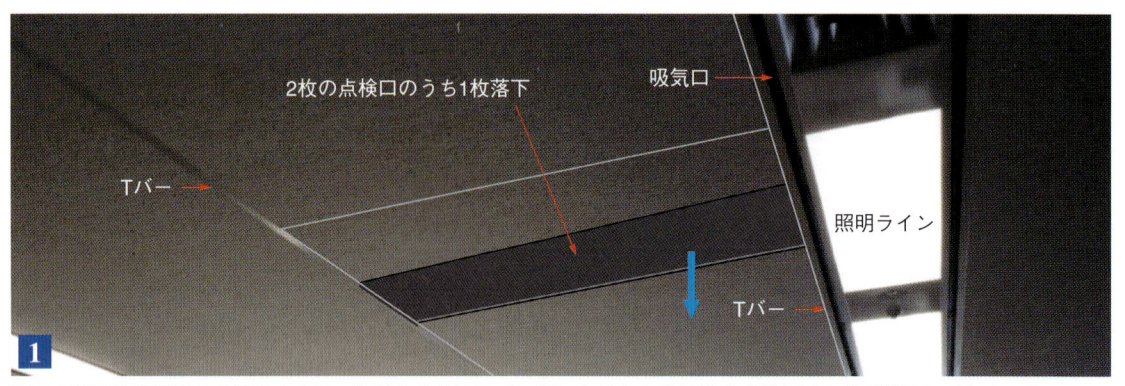

1 天井内部の空調機械の点検のために，上図のようにTバー間にかけた2枚連続の点検口の1枚が落下してしまった。

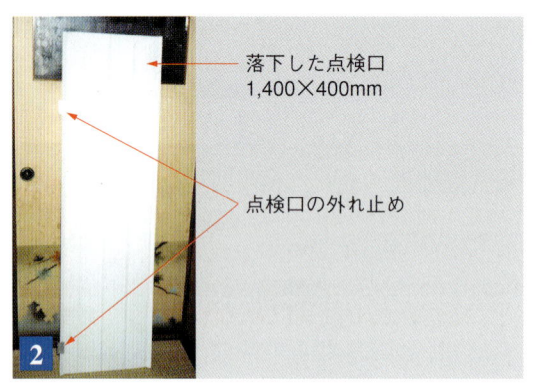

2 落下した点検口用のボード。2枚連続していたため，外れ止めが片側にしかついていなかった。

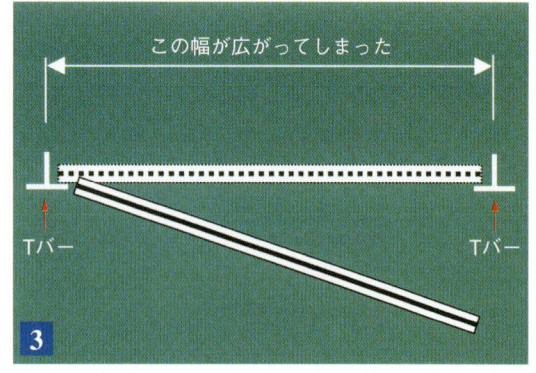

3 原因を調査すると，TバーとTバーの間隔が点検口部分のみ広がってしまっていた。

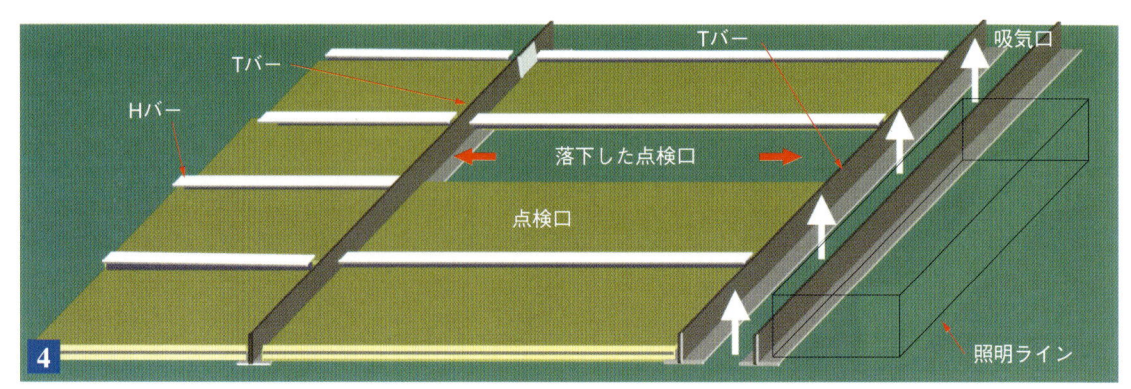

4 これは点検口を天井裏から見た図。点検口をあけて天井内で作業しているうちに，Tバーを体で押し込み，Tバー間の幅が広がってしまったことに気付かず，そのままにしていたのが原因である。開き止めのHバーとTバーの固定クリップは外されていた。点検口の周囲の固定クリップは，外されないようにビス留め等の処置が必要である。

143 防煙垂れ壁の失敗

天井内部の排煙区画の施工時期が遅れたために、やりにくい状況で施工しているのを見かける。

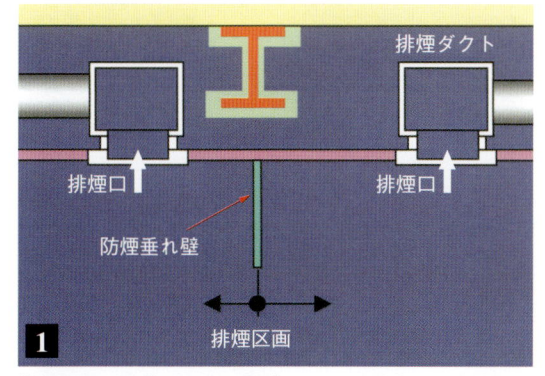

1
排煙区画を天井から下で構成している場合は、上図のようにそれぞれ天井面に排煙口を設けダクトを接続する。天井内部の排煙区画は不要である。

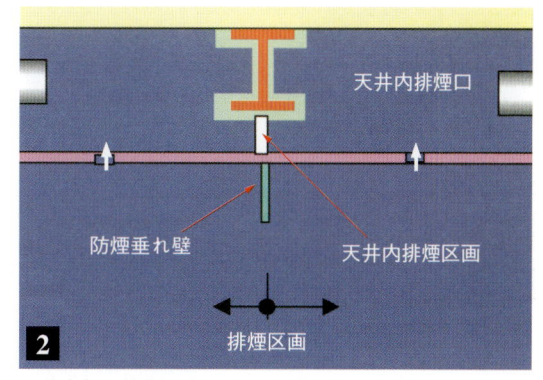

2
天井内部も排煙に使っている場合は、天井内部の区画が必要になる。この部分の施工がしにくい。

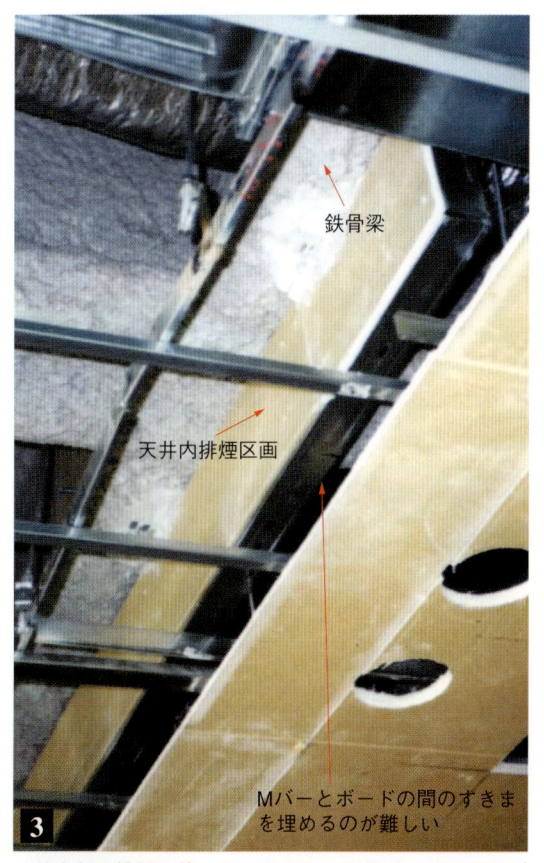

3
天井内部も排煙に使っているため、天井ボードとスラブの間に排煙区画を設けている。

4
天井内部の排煙区画はなるべく梁の下に設けたほうが処理がしやすく、チェックができる。

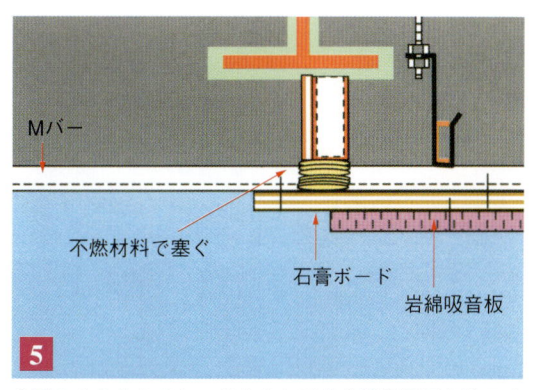

5
上図のようなときに、きちんと天井内排煙区画を施工するような段取りをするとよい。

144 折上げ天井のいろいろ

　折上げ天井をスチールパネルで製作してしまう傾向があるが、パネルの場合、ジョイント部分がうまく合わないことが多い。下に示すのは、いずれも石膏ボードと型枠用の目地材を使用して、要求された形を構築したものである。

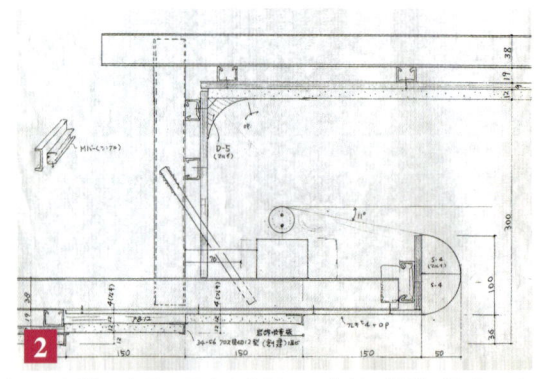

1 照明を点灯させた状況 — ボードの厚さの差を利用したライン

2

ボードの厚さの差を利用してラインを表現した。また、先端の丸みは型枠工事用の面木を使用し、内部の照明が見えにくいよう、かつ全体の厚さを最小限に抑える工夫を施した。**2**はその施工図である。

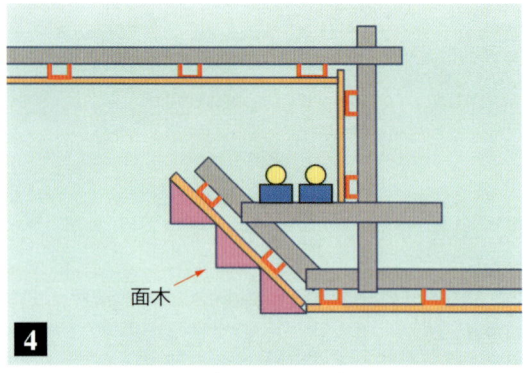

3

4 面木

3段のコーナーをきれいに出すために、斜めに貼った石膏ボードの上に型枠工事用の面木を3列貼り付けた。出隅はボードに頼らないほうがきれいに納めることができる。

5 一段下げた天井

6

この場合、天井のふところが少なく、間接照明の設置が難しかった。そのため周りを一段下げたところ、きれいな陰影をつくることができた。

天井面を割ったイメージを出している。角の美しさを出すために、石膏ボードと同じ厚さの目地棒を使用している。

145 外部天井の失敗

　外部の天井は，台風による風圧や風雨の影響をまともに受けるため，十分な補強が必要になる。面積の小さいバルコニーなどの場合でも，クリップ曲げタイプの天井下地金物でなく，外部天井用の締付け型の金具を使わなければならない。

1 この雪がまわり込む
上図のように，溶けた雪が軒先の裏側の天井にまわり込み，再度凍りついて，天井のボードを壊すことがある。

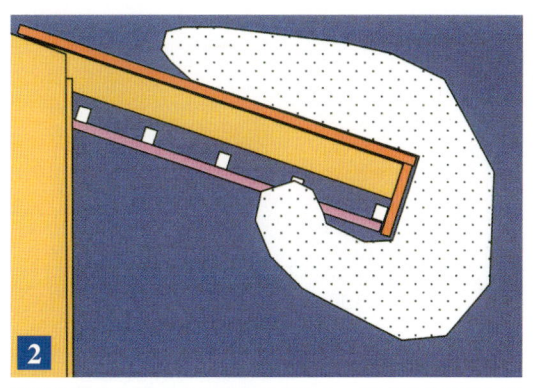

2 溶けた雪が上図のようにまわり込み，軒裏天井を壊してしまう。軒裏の天井補強が必要である。

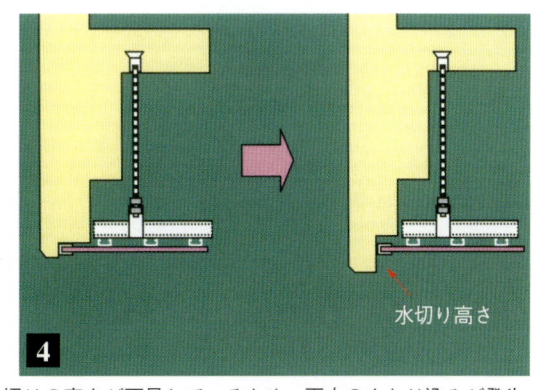

3 軒裏天井に雨がまわり込み，カビが発生してしまっている。水切りの高さが不足しているため，雨水のまわり込みが発生している。4の右図のように，水切り高さを確保するべきである。

4 水切り高さ

5 バルコニーの天井が台風の負圧で引き下げられてしまった。

6 外部の天井下地は外部専用の金物を使い，振れ止め補強を十分にすべきである。

146 外部の岩綿吸音板の汚れ

建物が竣工して時間が経った後で不具合が発生することがある。1はまさにその事例である。外部エントランスの軒裏に貼られた岩綿吸音版に、格子状に汚れが付着してしまった。

1
格子状の汚れ

この格子状の汚れは、下地の石膏ボードの形になっている。汚れたほこりが、長年の間に下地の石膏ボードのすきまに吸い込まれたものである。

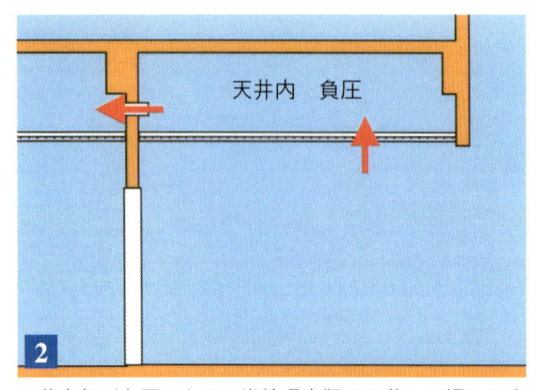

2
天井内　負圧

天井内部が負圧になり、岩綿吸音版の天井から汚れた空気を吸っている。

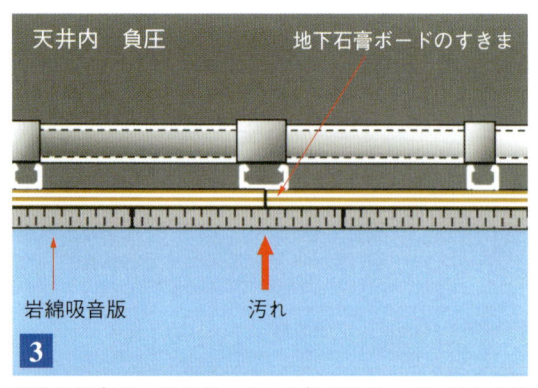

3
天井内　負圧　　地下石膏ボードのすきま
岩綿吸音版　　汚れ

下地の石膏ボードのジョイント部分にテーピングをすることにより、この不具合は防ぐことができる。

［7］左官・床・タイル・石工事

147 階段段差の失敗

1の写真は，階段の段の高さの施工を間違えたものである。このような段差が違う階段では，つまずいて転落するおそれがある。また階段のモルタルは，3のように割れやすいので，6のように型枠の精度を高めてモルタル塗りをなくす方法も検討したい。

1 階段の最上部の段の高さが違うという非常に危険な階段である。このような部分を目視で検査できる目を養わなければならない。

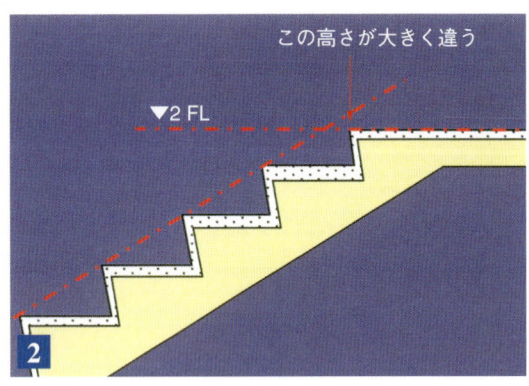

2 躯体の段階でレベルを間違えてしまい，そのまま仕上げたものと思われる。

3 外部のモルタルを塗った階段は，写真のようにひび割れやすい。

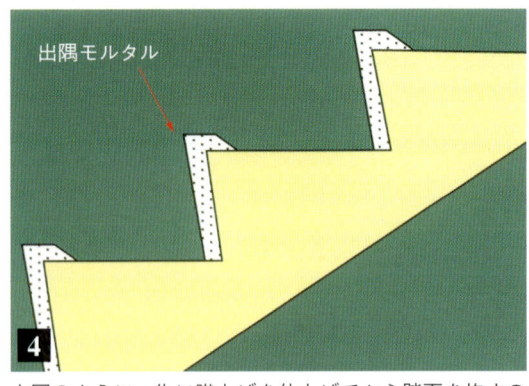

4 上図のように，先に蹴上げを仕上げてから踏面を均すのが一般的な施工方法だが，出隅は欠けやすい。

5 これは蹴上げにセメント板を取り付け，踏面モルタル塗りとセメント板の裏込めを同時に行ったもの。

6 階段の一発仕上げを行ったもの。表面を薄塗りで仕上げるため，割れが発生しにくい。

148 床工事の失敗

　床の長尺シートやPタイルを貼った後にワックスがけを行うと，目立たなかった床の凹凸や砂粒のかんだ状況が艶によって目立ってしまい，やりかえとなることがある。このようなことにならないような事前の管理と検査が重要である。

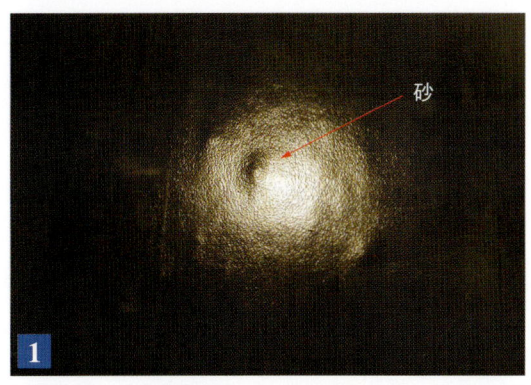

1
長尺塩ビシートを貼りワックスをかけると，このようにシートと床下地の間に入った砂やほこりが目立ってしまう。

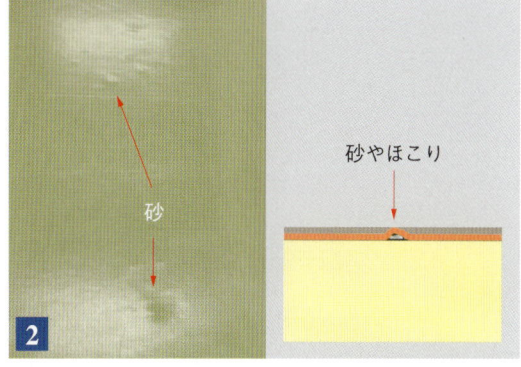

2
上図のような状態で入り込んでいるため，除去が難しい。軟らかい砂ならハンマーでたたいてつぶすこともできるが，シートに傷がつくことがある。

3
床に接着剤を塗りつけているところ。オープンタイムを取っている間に近くで別の作業を行っていると，砂やほこりが付着して，**1**や**2**のような状態になる。

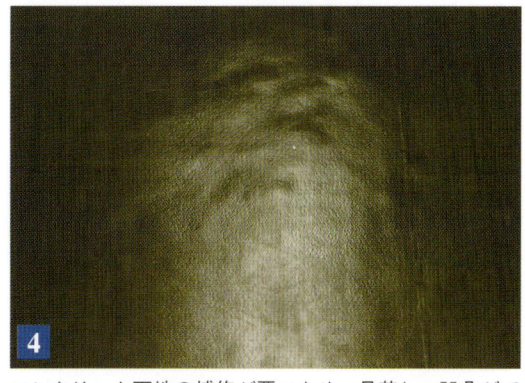

4
コンクリート下地の補修が悪いため，見苦しい凹凸ができてしまった。補修の塗厚さが少なすぎるとこのようになりやすい。

5
フロアダクトの配線取出し開口部分は，このように後にへこみとなりやすい。

6
このような床は光の反射により凹凸が目立ちやすい。暗い中でライトを真横から照らして凹凸のチェックを行い，補修してから床工事に入ると良い仕上げになる。

149 タイル下地の剥離

外壁のタイルの一部が剥離してしまい、落下のおそれから外壁にネットを貼った建物や、新築してまだそれほど時間が経っていないのに、足場をかけてタイルの貼り直しを行っている建物を見かける。タイル貼り施工はしっかりされていても、下地モルタルの施工が悪いと **1** のように剥離してしまう。

1 タイルが下地モルタルとともにコンクリート面から剥離して、5cmのすきまができてしまっている。

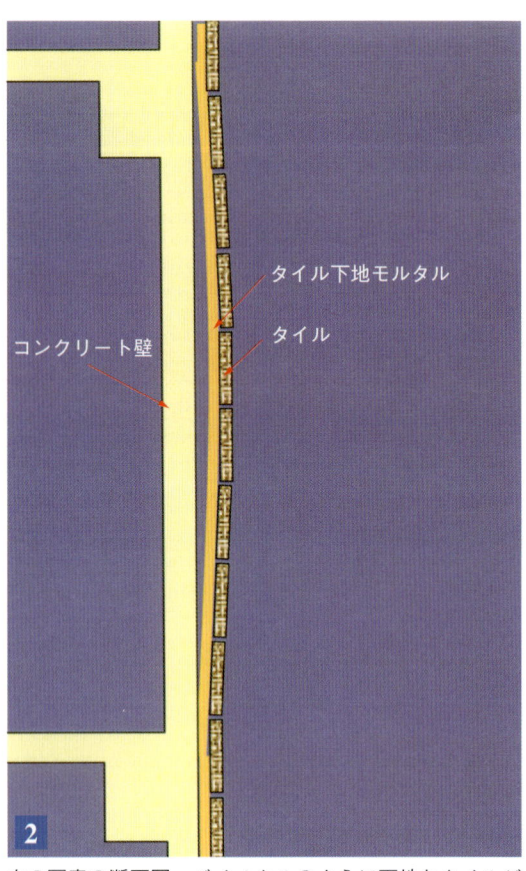

2 左の写真の断面図。バイメタルのように下地とタイルが一体となってコンクリート壁からはがれてしまっている。

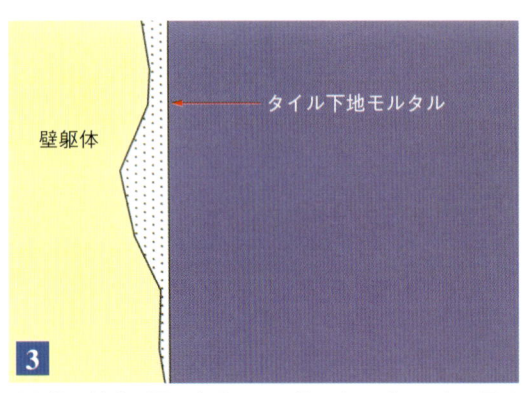

3 壁躯体の精度が悪い部分に、下塗りをせずに一度に厚く塗りつける手抜き工事は危険である。塗ったばかりの乾いていないモルタルが落下したことがある。

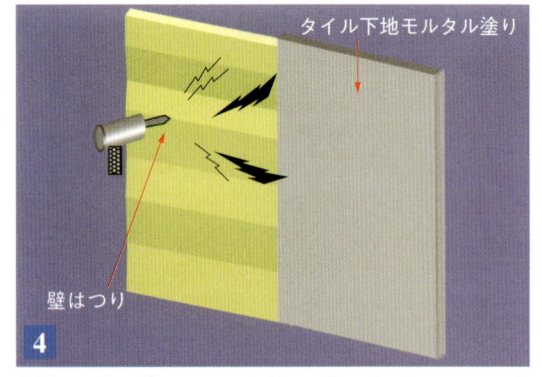

4 上図のように壁のはつりを行い、塗ったばかりのモルタルに悪い振動を与えていることがある。段取りの悪さがタイル剥離につながる。

150 壁タイルの割れ・はがれ

外壁タイルの浮きや剥離・落下事故が頻繁に発生している。何の対策も取らずにタイル貼付けを行うと，下のような失敗につながる。十分な計画が必要である。

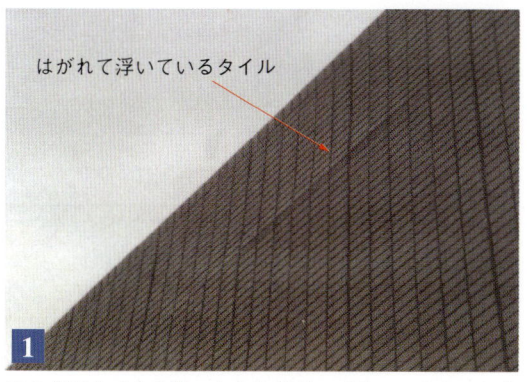

1 はがれて浮いているタイル

ALC板にタイルを貼ったものだが，パラペットのコンクリート水平ジョイント部分でタイルがはがれている。

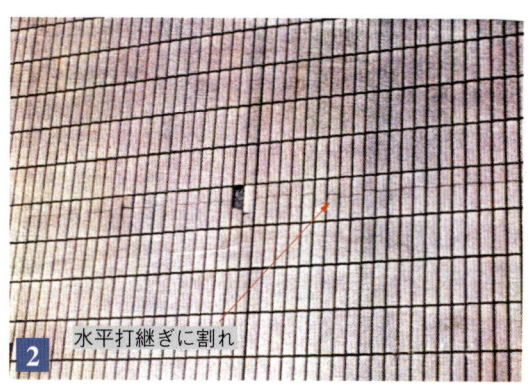

2 水平打継ぎに割れ

階の水平打継ぎ部分をまたいだタイルに，打継ぎに沿って割れが発生している。

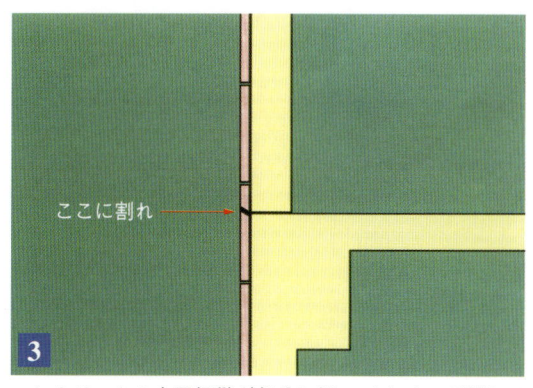

3 ここに割れ

コンクリートの水平打継ぎ部分に沿ってタイルが割れている。

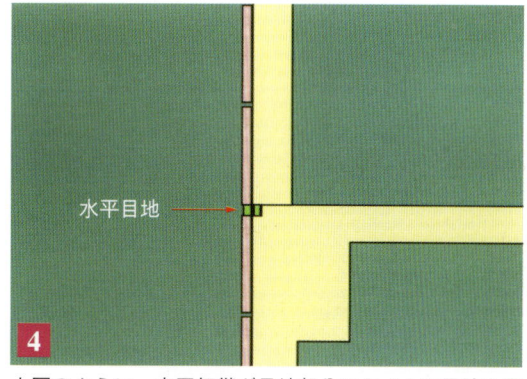

4 水平目地

上図のように，水平打継ぎ目地部分にタイルの目地を取るように割り付けなければならない。

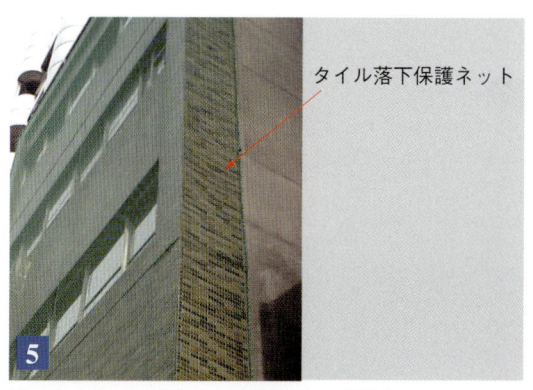

5 タイル落下保護ネット

街でよく見かけるタイル落下防止の保護ネット。このようにならないように十分な検討が必要である。

6

重量のあるタイルは，貼付け時にずり落ちないよう固定しなければならない。またタイル目地を深くするとタイルを固定する力が弱いので注意したい。

151 庇上げ裏の失敗

　庇の上げ裏・側面・上部にモルタルを塗った場合，割れて落下することがある。後にこの補修を行おうとしてもコストがかかり，完全な状態には回復しにくい。後でモルタルを塗って逃げる…という感覚は捨てたほうがよい。

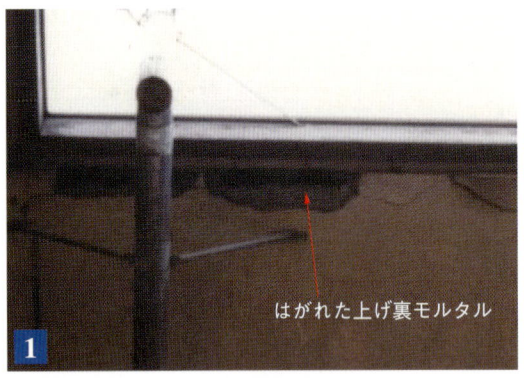

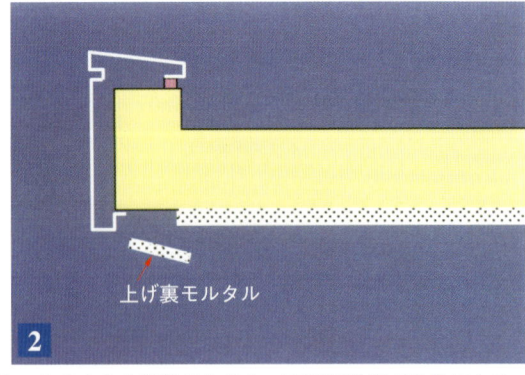

1 はがれた上げ裏モルタル

2 上げ裏モルタル

上げ裏に塗ったモルタルが幕板のほうからはがれて落下している。このような状況になると，下部の通行が危険になる。水のまわり込みがモルタルの剥離を促進させる。また寒冷地では，その水が凍って膨張し，モルタルをはがす力になる。

3 落下したモルタル

4 落下したモルタル

庇側面のモルタルが落下してしまい，上げ裏に水がまわって吹付材をはがしている。

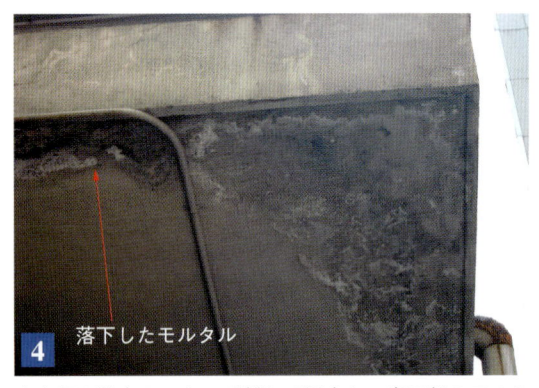

庇上部の防水モルタルが割れて漏水し，庇下部のモルタルがはがれ落ちている。

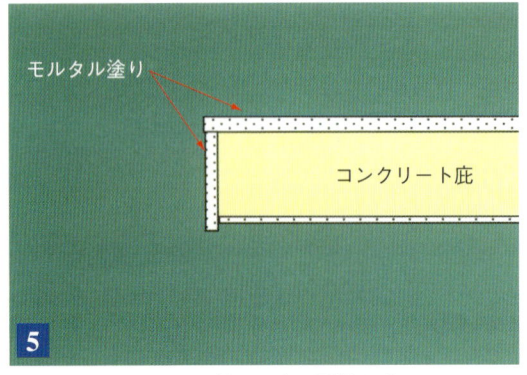

5 モルタル塗り／コンクリート庇

6 ウレタン塗装／コンクリート庇

このような納まりは，熱や雨水の影響を受けてモルタルが割れやすい。

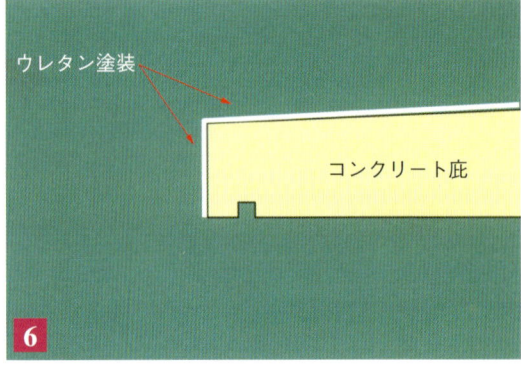

モルタルよりもコンクリート打放し仕上げの上に，熱の影響の少ない明るい色のウレタン塗装を施したほうが失敗は少ない。

152 斜め屋根の失敗

斜め屋根部分の不具合は多い。太陽の輻射熱を受けやすい場所であるため、不具合を起こさないように、設計段階でどのような止水対策を行うかしっかり計画しておかなければならない。

1 斜め屋根に塗った防水モルタルが剥離し、落下防止のネットを張っている。防水モルタルの上に吹き付けた暗色系の吹付材が、大きな温度差を発生させている。

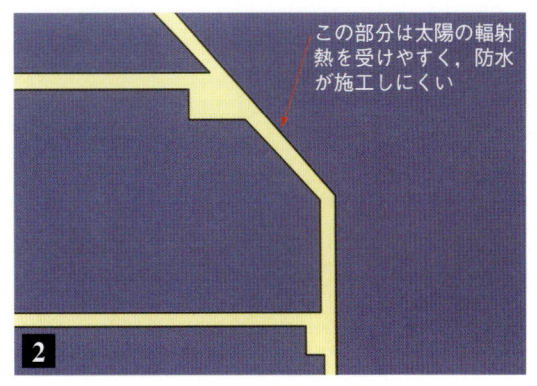

2 斜め屋根に防水モルタルは塗るべきではない。（この部分は太陽の輻射熱を受けやすく、防水が施工しにくい）

3 パラペットの斜め部分のタイルからの漏水を止めるため止水用の塗料を塗ったが、汚れを生じさせている。

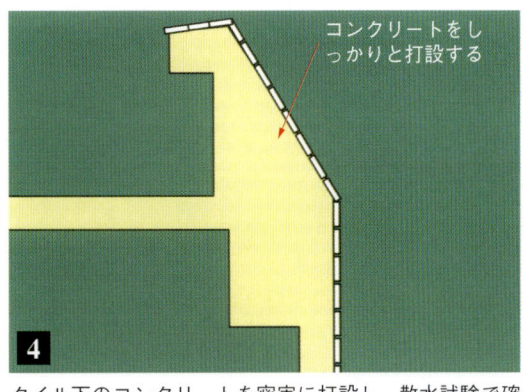

4 タイル下のコンクリートを密実に打設し、散水試験で確認してからタイルを貼ることが大切である。（コンクリートをしっかりと打設する）

5・**6** 斜め屋根に防水を施し、その上に押さえコンクリートを打設したところ、写真のように押さえコンクリートが割れてしまった。このような状況の場所には、押さえコンクリートは適さない。（押さえコンクリートの割れ）

153 外部塗装の剥離

外部の吹付材は，時間が経つと **1** のように浮きやはがれが生じてくる。このような不具合は，目地の塗装ののりの悪い部分や施工不良部分に早く出てくる。吹付け面を全体的に少しでも長く持たせるために，しっかりした施工管理を行わなければならない。

1 外壁吹付材がはがれてしまった状況。目地まわりに，はがれが多い。

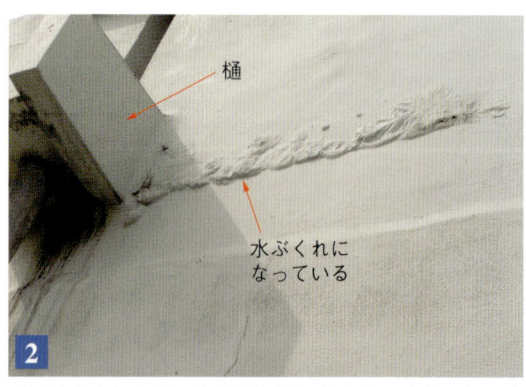

2 外壁に止水性の高い吹付け塗料を使うと，内部からの水も止水してしまい，水がたまってふくれてしまう。

3 外壁腰部分を暗色系の吹付材で仕上げたもの。上部壁に比べ，吹付材の劣化が早かった。

4 白ガス管の表面に塗装したものがはがれた状況。エッチングプライマー等の下地処理を省くと，はがれるのが早い。

5 鉄骨と鉄骨の間に塗装がいきわたらないため，錆が垂れてしまっている。

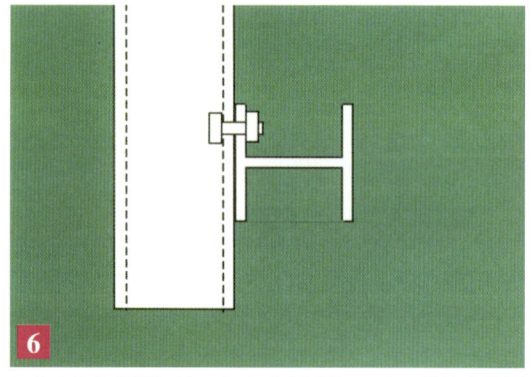

6 このような場所には，なるべく亜鉛メッキの鉄骨を使用したい。

154 タイル割付けの失敗 1

タイル割付けの失敗で、天井や床の部分に太い目地が現れているのをよく見かける。図面が不十分、現場の管理不足、細かい配慮の欠如などが重なると、いつのまにかこのような納まりができてしまう。

1 カーテンボックスの下で高さを割り付けたために、天井との高さの差を目地で作ってしまっている。

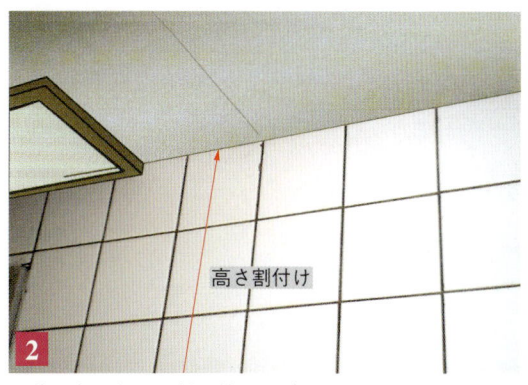

2 天井の少し上から割り付ければ、このようにすっきりと納まる。チリまわりをきれいに見せる技術の継承が必要である。

3 天井貼り施工の後に壁のタイルを貼っているため、天井との間にすきまができ、見苦しくなっている。

4 このように、壁を先に施工した後、天井を貼るときれいに納まる。

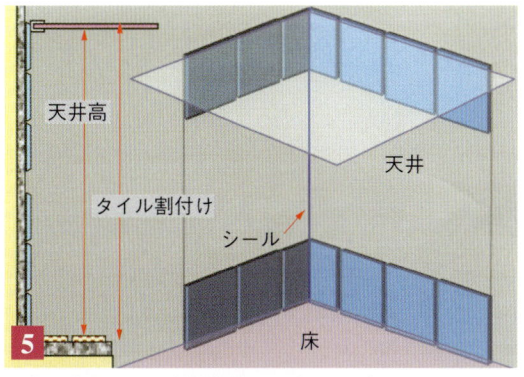

5 天井と床をタイル割付け端より少し下げることで、きれいな納まりになる。入隅や枠との取合いは、割れ防止のためシールを施す。

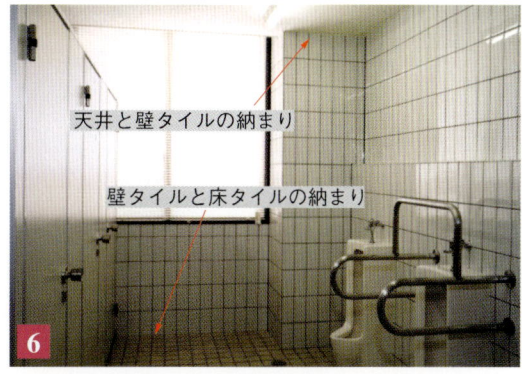

6 このように納めると、天井と床がすっきりと見える。

155 タイル割付けの失敗 2

　最近はタイル貼りの部屋の施工が少なくなってきているせいか、タイル貼りの施工の要領を知らない担当者が多い。失敗しやすいところを理解したうえで、割付図を作成し実施してほしい。

1 逃げのシール

枠を壁に合わせようとしたが、取付けミスで壁面からずれてしまったもの。枠より上は小さなタイルを貼っているが、枠との間に貼ることができなかった。

2 小さなタイル

枠から左方向に真物タイルで割り付けたが、枠の上でチリの厚さ分が不足して、小さなタイルを貼り付けてしまっている。

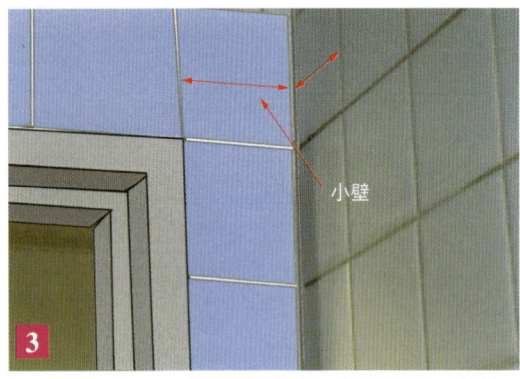

3 小壁

1 は、上図のように枠の横に小壁を設けたほうが割付けがきれいに納まる。また、コーナーは真物タイルより少し小さいタイルを用いたほうがよい。

4 シールが太すぎる

壁の入隅部分は、タイルの割れや目地セメント落下防止のためにシールが必要であるが、このようにあまり太すぎると見苦しい。

5 壁タイルの凹凸によりすきま

壁タイルの精度が悪いと、このようにすきまができてしまう。

6 模様貼りタイルの本来の位置

模様貼りの場合は、模様タイルとスイッチやコンセントとの割付けを考えて貼る。

156 変化しやすい石

　この大理石は，施工されたときは白くきれいな色をしているが，石の中に少量の鉄分を含んでいることがあり，それが時間とともに酸化して，2のように黄変することがある。また，4のように石目のある大理石は，接着剤の成分が石目を通り表面に出てくることがあるので注意が必要である。

1 施工してまもないころは，このようにきれいな色をしている。

2 時間が経つと上のように黄色く変色する。

3 黄色に変色した床大理石。水の影響を受ける部分の変色が大きい。

4 大理石の接着貼り施工で，接着剤に含まれる酸が石目から現れ，表面を侵食している。

157 大理石をトイレに使用した失敗例

　大理石は色や模様の種類が多く，建築の材料として優れたものであるが，その性質を理解しないで用途を間違えて使った場合，さまざまな問題を引き起こすことになる。設計の段階で後に問題が出そうな使われ方をしていた場合，早めに申し入れを行うべきである。

1 小便器のまわりの大理石が黄色く変色してしまっている。大理石は酸に弱いことを再確認しなければならない。

2 小便器の下に汚垂石として御影石を敷き込んだもの。最近は，御影石よりも性状の安定した人造大理石が多く用いられている。

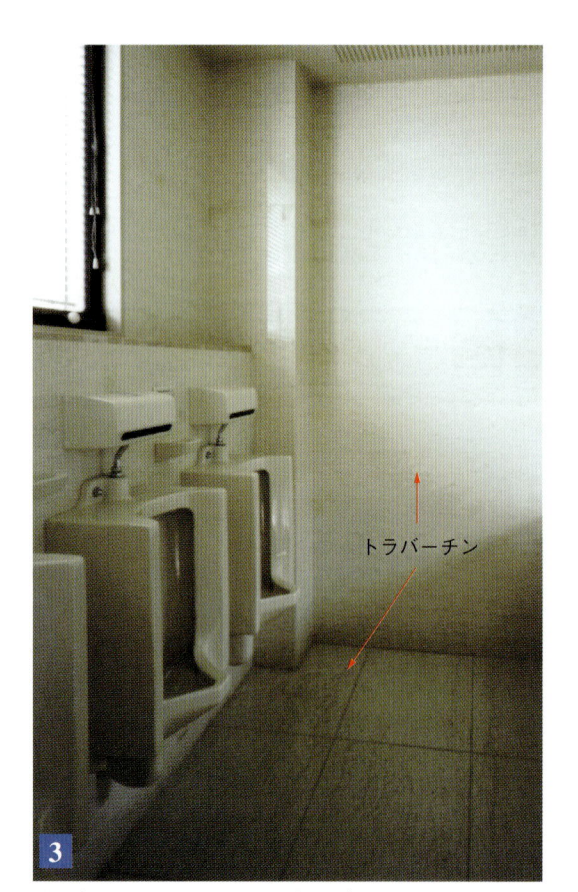

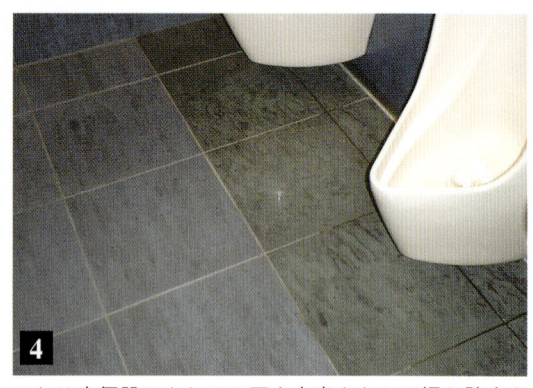

4 これは小便器のまわりの石を本磨きとして汚れ防止を図ったものだが，その効果は時間が経ってみないとわからない。

3 壁・床ともにトラバーチンで仕上げている。トラバーチンの溝に入った汚れは除去しにくい。薬品が溝に入り，溶けることがある。

　建築材料の使い方の間違いにより，最初はきわめて美しい内装も時間とともに見苦しくなってしまい，やりかえになる場合がある。設計者・施工者・石工事の専門業者のチェックをすり抜けて，このような内装ができる。製品を勧める側は，その長所ばかりでなく，欠点を正直にはっきりと言う姿勢が必要である。同時に設計者・施工者は見る目を養わなければならない。

158 石目地からのモルタル成分のしみ出し

1や5のように，見苦しい状況をよく見かける。高価な材料を使用したにもかかわらずこのようになったのでは，設計者・施工者は技術不足を責められることになってしまう。

1 石貼り浴槽の目地から石の貼付けモルタルの成分が溶け出している。

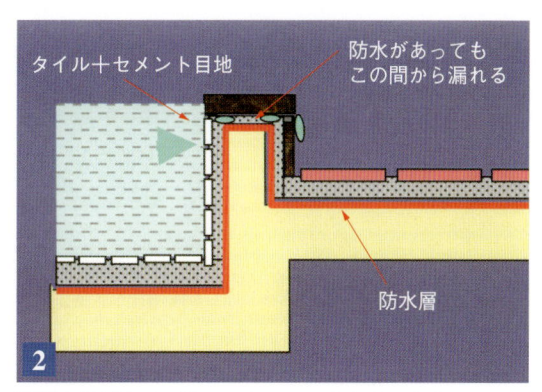

2 浴槽内部がタイル貼りになっているため，タイルのセメント目地から水がしみ込み，防水層の上から浴槽の外側の石の目地にしみ出したもの。

3 再発防止をした浴槽。内部の仕上げはすべて御影石貼りとして，目地をポリサルファイドでシールしている。

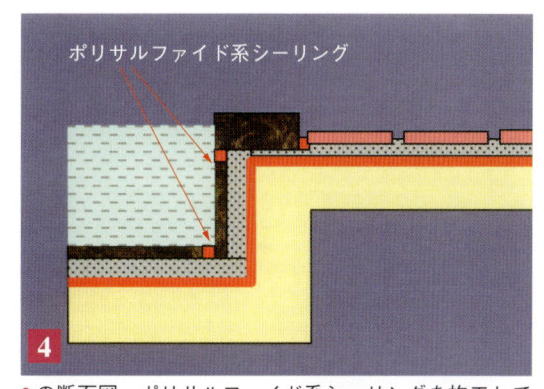

4 3の断面図。ポリサルファイド系シーリングを施工して水の漏れを防いでいる。

5 石の階段部分でも浴槽と同じ現象が現れる。水頭差の大きい下の段のほうが多くしみ出している。

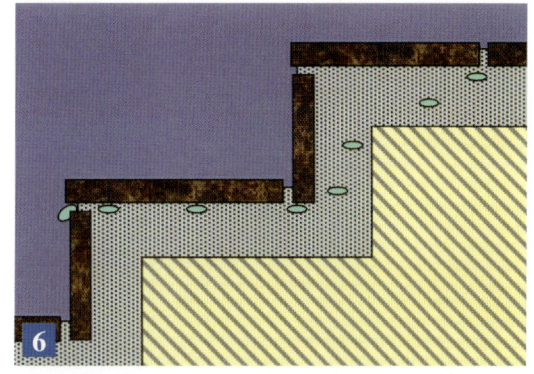

6 漏れやすい部分はシーリングをしておくことが必要である。また，最下部に排水を設けておくのもよい。

159 床石の割れ

建築現場に薄い石が使われるようになってから、床の石の浮きや割れが多く出るようになった。薄い石を使う場合、安易に貼りしろを少なくしがちだが、十分な突固めが必要なことを考えて施工計画を立てなければならない。

1 割れてひびが入った床石。はがしてみると、モルタルの強度が出ていないことが多い。

2 床石の貼りしろが少ない。

3 床前面にひびが入っている。

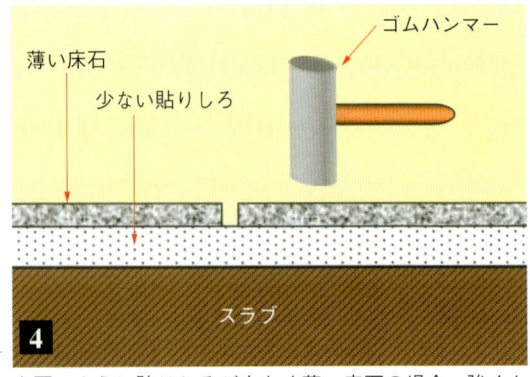

4 上図のように貼りしろが少なく薄い床石の場合、強くたたいて突固めモルタルの強度を上げることができないのが原因であると思われる。

5 しっかりと施工された床石のモルタルは、このように石をはがしてもついてくる。

160 石貼り扉の失敗例

扉に石を貼り，扉の存在を隠そうとする意匠があるが，扉が重くなり，軸部が磨耗しやすいのである程度の覚悟が必要である。この扉に取り付ける石を固定するための仕組みがうまくいっていないことがある。手抜き工事を行うと，取り付けた石が外れケガをすることがあるので，十分に気を付けて管理しなければならない。

1 急結セメントで接着しただけで，金物がついていない状態で次の石を貼ろうとしている。

2 上部には，石を固定する仕組みが取り付けてある。

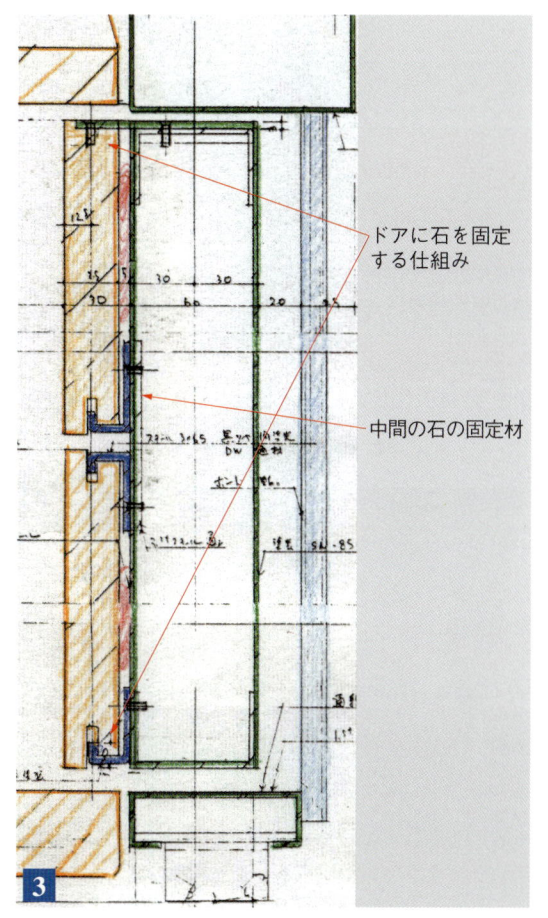

3 実際この金物では石の固定は不可能である。

ドアの上下の石固定の金物は付けてあるのに，なぜ中間の金物がないのか？ 答えは石の割付けが最後まで決まらないことにある。ドアの製作工場は，位置が不明なものを取り付けるわけにはいかない。現場には中間の金物がないまま搬入され，石を貼る段階でその旨担当者に話をするが，担当者がわかっていない，時間が迫ってくる中で形だけは付けようという状況になり，**1**のような仕事が行われる。これが欠陥工事によくあるパターンである。

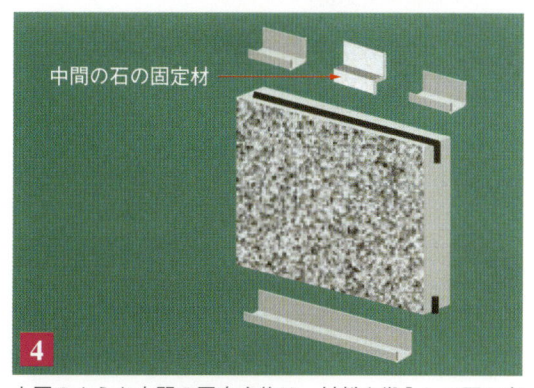

4 上図のような中間の固定金物は，材料を搬入して石工事で取り付けるほうが合理的である。

161 つまずき，スリップしやすい納まり

建物が竣工してからクレームが出やすいのが床の仕上げである。通行人がケガをするおそれのある部分については，意匠的にも十分な配慮をしなければならない。

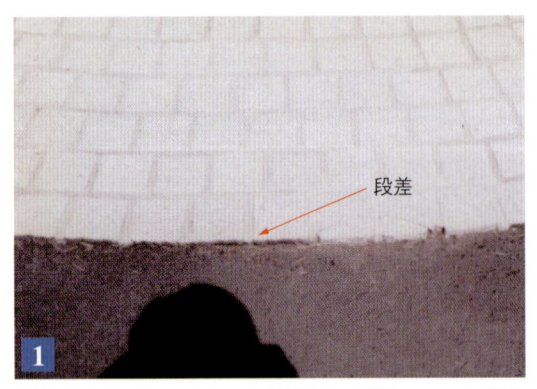

1 御影石タイルとアスファルト舗装との間に1cmの段差をつけたところ，つまずく人が多いとクレームが出た。

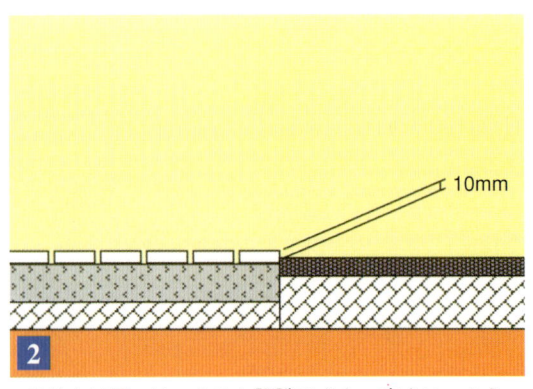

2 1の納まり図。はっきりと認識できない高さは，かえって危険である。

3 歩道と車道の間の縁石を斜めにカットしてスロープとしたが，雨の日に非常にすべりやすいため，ノンスリップのゴムを貼り付けている。

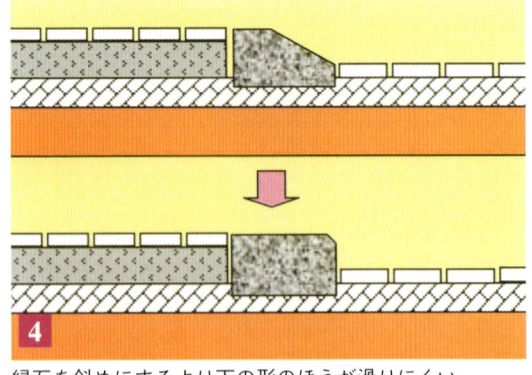

4 縁石を斜めにするより下の形のほうが滑りにくい。

5 このスロープ部分も，本磨きのため雨天には滑りやすいので配慮したい。

6 エレベーターの出入口に本磨きを使用してしまい，クレームが出た。ノンスリップの溝が3本では少ない。床の仕上げが変わると滑りやすい。

162 噴水工事の改善

　約8×12mの全周囲から一様に水を流す噴水の精度確保は非常に難しい。ここでは，前のページで言及したモルタル成分のしみ出しが発生しやすいという問題解決のために採用した例を示す。

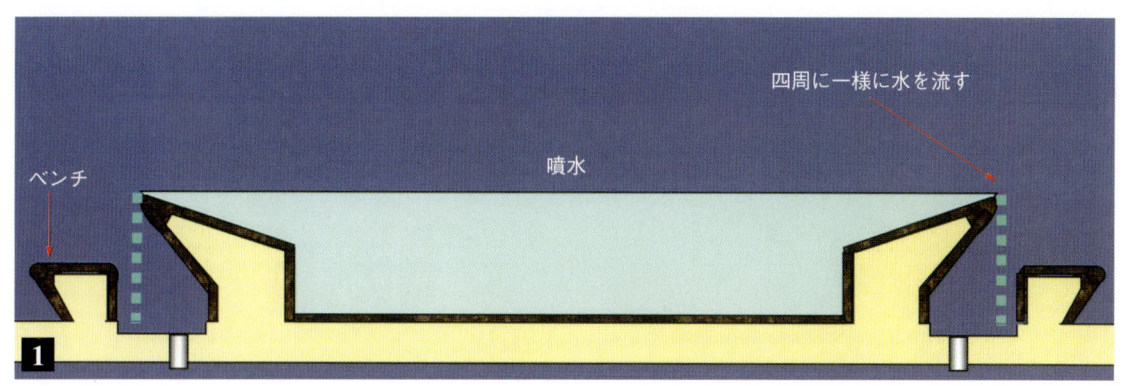

1

基本的な断面は上図のようなものであった。噴水周囲の狭い部分に御影石を貼り込む納まりになっている。

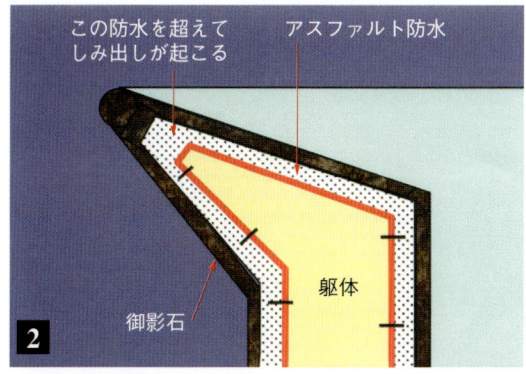

2

躯体の上に防水を行い，その上に御影石を貼るのが一般的だが，貼付けモルタル成分のしみ出しや石の固定のための防水層のアンカー貫通等の問題がある。

3

貼付けモルタルを少なくするため石を先に組み立て，型枠代わりとしてその中にコンクリートを打ち込んだ。

4

最上部だけは石を張り込む。石の目地すべてにポリサルファイド系シーリングを施工した。

5

精度よく施工することができ，モルタル成分のしみ出しも防止することができた。

［8］外構

163 車路スロープ勾配の失敗例

　地下駐車場へのスロープの工事では，自動車のボディが床にぶつかることがあるので注意を要する。特にホイールベースの長い乗用車の場合，その傾向が大きい。

1 （写真：この範囲の石を現場あわせで削り落としている）

スロープの始まり位置が山の頂上のようになって，車両の腹の部分に接触することがある。1の写真もそのような状況が発生したため，後に山にあたる部分を削り落とした。

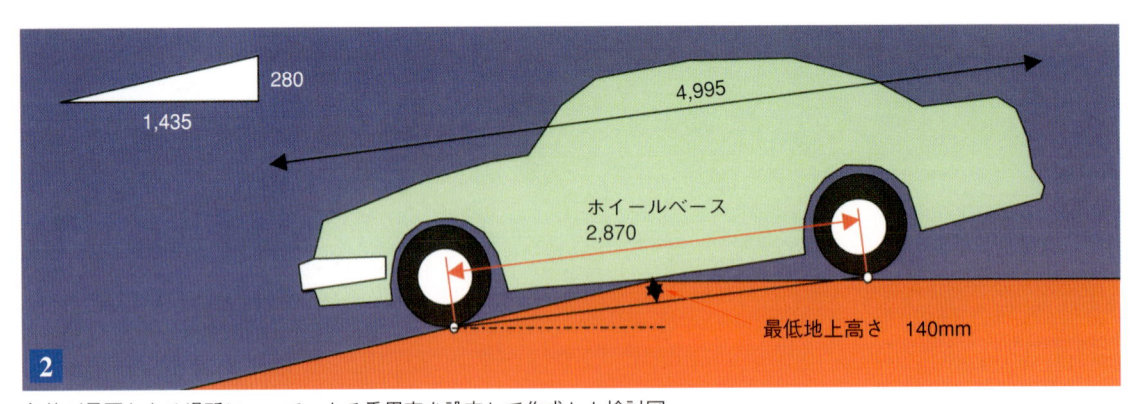

2 条件が最悪となる場所について，ある乗用車を設定して作成した検討図。

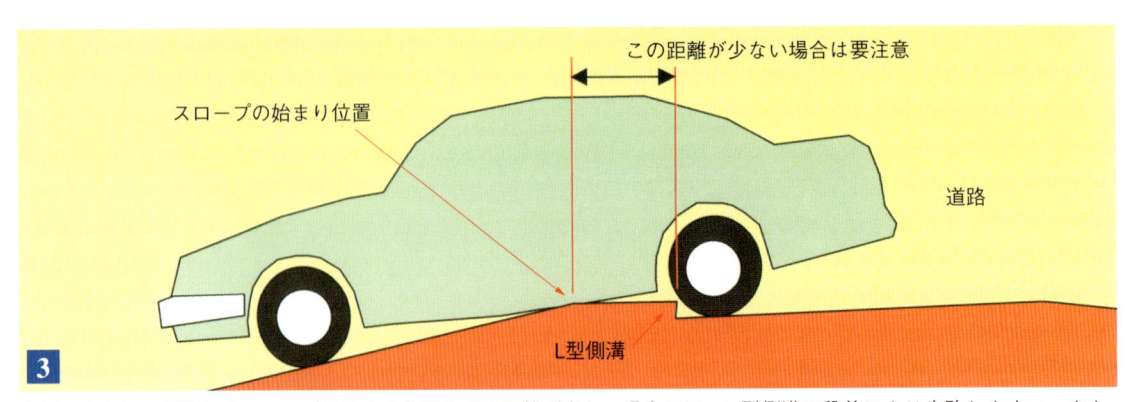

（図中：1,435／280／4,995／ホイールベース 2,870／最低地上高さ 140mm）

3 上図のように，道路からスロープの始まり位置までの距離が少ない場合には，L型側溝の段差により失敗しやすい。またカーブを曲がりながら降りていくスロープの内側が急勾配になりやすい。納まり図を描いて確かめなければならない。

（図中：この距離が少ない場合は要注意／スロープの始まり位置／道路／L型側溝）

164 駐車場の許容高さの失敗例ほか

　駐車場には，内部の設備機器の破壊や車両の破損を防ぐために，ある高さ以上の車両が入らないように制限するバーが付いている。その据付け失敗で問題が発生することがある。また，5や6は設計段階で十分に検討しておくべき事項である。

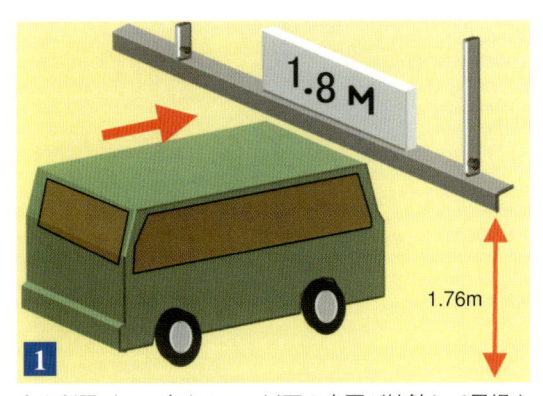

1 高さ制限バーに高さ1.8m以下の車両が接触して屋根を傷つけてしまい，損害賠償を求められることがあった。

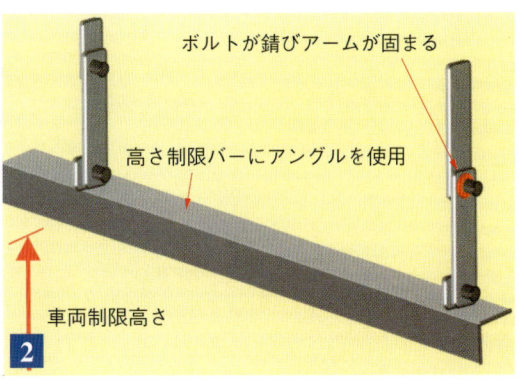

2 高さ制限バーの高さが，表示された高さより低く，可動すべきアームが錆付いていたため固まってしまっていた。

3 上写真のようにチェーンと樹脂製のバーを使うと，このような問題がなくなる。高さの設定はしっかりと行い，定期的にチェックすることが必要である。

4 駐車機械は車両の幅や高さで制限しているが，それをすり抜けて入ってきた車両が駐車機械につぶされる事故が発生したことがある。

5 駐車場には駐車車両だけではなく，ゴミ収集車が入る場合がある。それぞれの車両の区別，管理をどのようにするか。換気ダクトや防煙垂れ壁・泡消火設備が高さをクリアーできるかなどの早めの検討が必要である。

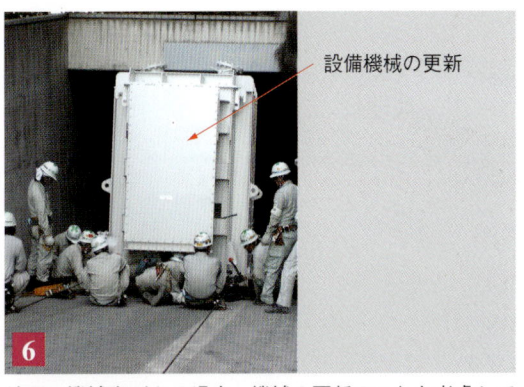

6 地下に機械室がある場合，機械の更新のことも考慮して開口や設備の高さを考えておくとよい。

165 融雪のための外構勾配の失敗例ほか

融雪装置は，積雪があって初めてその効果が確認されるため，積雪時に雪が溶けていないと直接クレームとなり，その対策のためのやり直し工事で施主に迷惑がかかることになる。設備工事（融雪配管の配置）と建築（外構工事）との十分な調整が求められる。

1 この部分に融雪配管を増設した

井戸水による融雪装置を設置しているが，融雪水が一様に流れずに，雪のたまりができている。

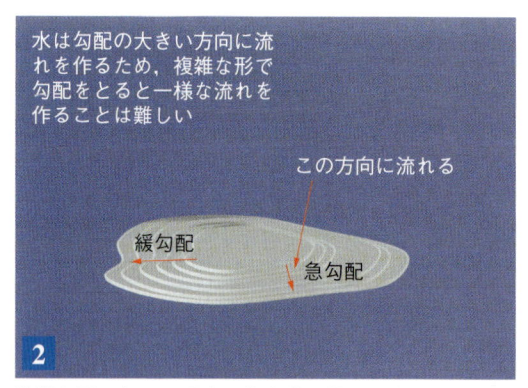

2 水は勾配の大きい方向に流れを作るため，複雑な形で勾配をとると一様な流れを作ることは難しい / この方向に流れる / 緩勾配 / 急勾配

複雑な形の勾配の場合は等高線を描き，流れの予測をしてみるとよい。

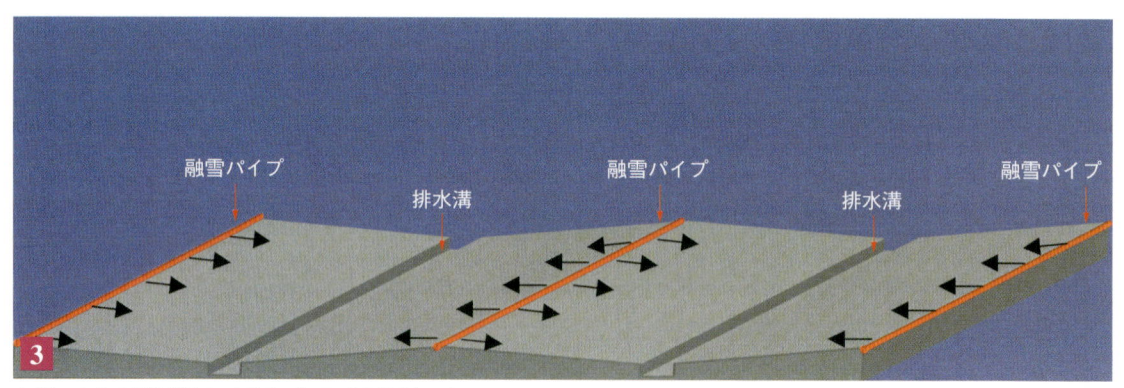

3 融雪パイプ / 排水溝 / 融雪パイプ / 排水溝 / 融雪パイプ

上図のような融雪装置の配置と勾配が理想的な形であるが，流量の調節が必要である。

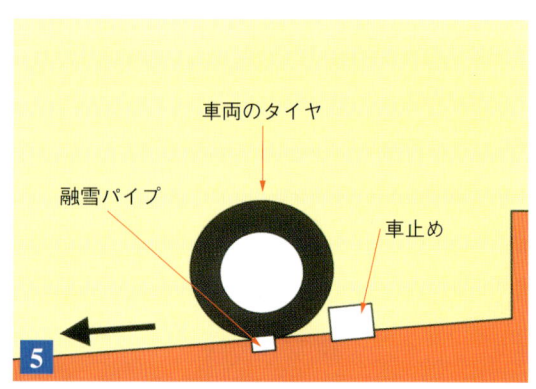

4 融雪パイプ / 車止め

5 車両のタイヤ / 融雪パイプ / 車止め

融雪パイプと車止めの位置が悪いため，融雪パイプが浮いてしまった。車両の発進や停止の時には大きな力が働くため，最悪の位置であった。少し車止め側に上げることで，この失敗は防ぐことができた。

166 アスファルト舗装の侵食ほか

アスファルト舗装が侵食されることがあるので注意したい。また，3のように歩道が陥没すると，非常に危険である。5は段取りの甘さが大きなロスになってしまった例である。判断を誤らないよう参考にしてほしい。

1 道路のアスファルト舗装が生ゴミを洗浄した汚水で浸食されている。セメントで補修している。

2 汚水の流れる部分はえぐられている。道路のラインは侵食されていない。原因は不明だが，このような条件の場所には，アスファルトは不適なことはわかる。

3 インターロッキングブロック下のサンドクッションが下がってしまっている。

4 インターロッキングブロック下地の砂が流れ出さないように，サンドクッションを作る前に，砂の流れ出す穴がないか調査する。

5 インターロッキングブロックの上に鉄板を敷いてクレーンなどを走行させたところ，圧密されて表面に凹凸ができてしまった。補修にたいへんな手間がかかった。

6 アスファルト舗装の乳剤を御影石の縁石にかけてしまい，石にしみ込んで取替えになった。

167 植込みの失敗例

植込みは外部ということもあり、油断しやすい。1 や 2 のような失敗を起こさないように、樹木の成長を考慮した設計が望まれる。

1 歩道に植えた樹木の根が盛り上がり、アスファルト舗装が割れている。樹木のためには、周囲にゆとりのあるスペースを設けたい。

2 奥の擁壁が樹木の成長の圧力により割れてしまっている。

3 植込みの壁に石を使っているが、セメントの成分が溶けてしみ出してしまっている。

4 外構で石を使う場合にこの失敗が多く発生している。目地から水をしみ出させない工夫が必要である。

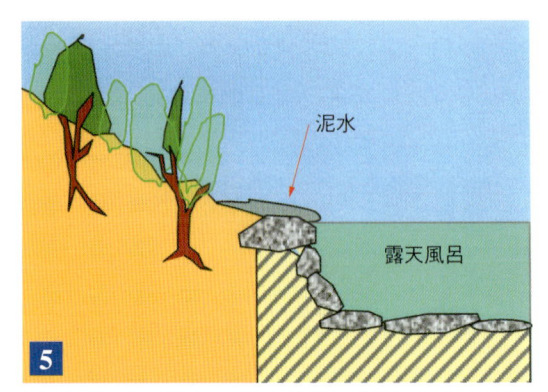

5 露天風呂を作る場合、周囲に植栽を配置するが、このような形にすると雨天のとき植栽の土が風呂に流れ込んでしまう。

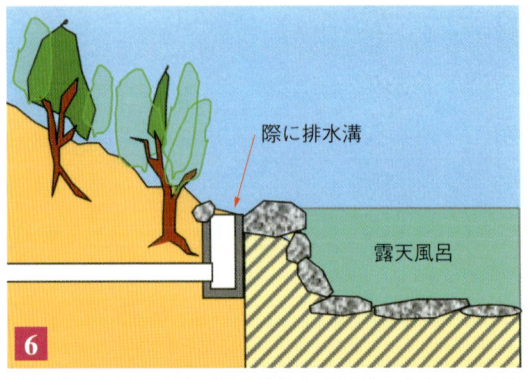

6 露天風呂のきわに排水溝を設けなくてはならない。この方法は、3 のような場所にも応用したい。

168 樹木の倒壊

　一般的に，樹木は風に強くできているが，それは自然の中で強風に耐えながら次第に根を張っていくからである。1〜4のような人為的な環境の中では，もろいものであることを認識したい。

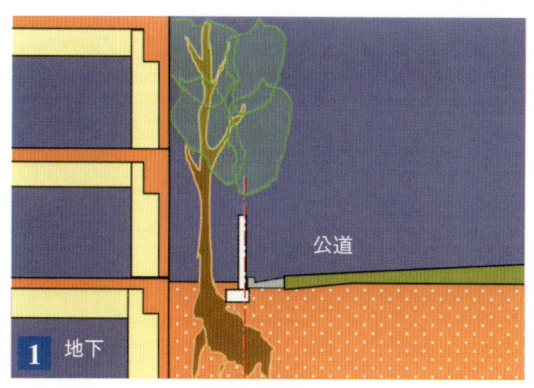

1 地下
建物が建てられたときに沿道緑化として若い樹木が植えられ，この場所で成長して図のようになった。

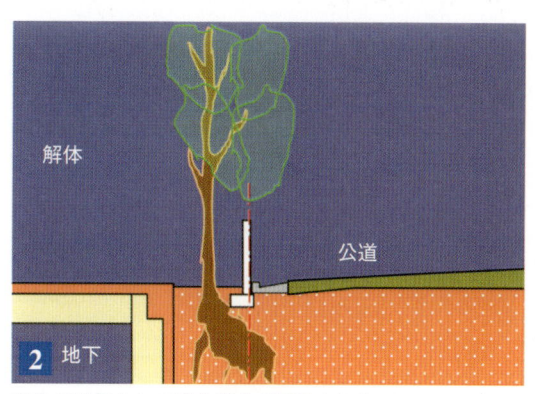

2 地下
建物が老朽化して地上部分が解体された。

3
建物が解体されて残された樹木に左側から突風が吹き，樹木が倒れてしまった。建物の地下外壁が障害となり根がかたよっていたことと，風をさえぎる建物がなくなったことが倒木の原因である。

4 地下

5
植え替えたばかりの樹木は根が張っていないため風に弱い。固定のためのアンカーと控えは不可欠である。

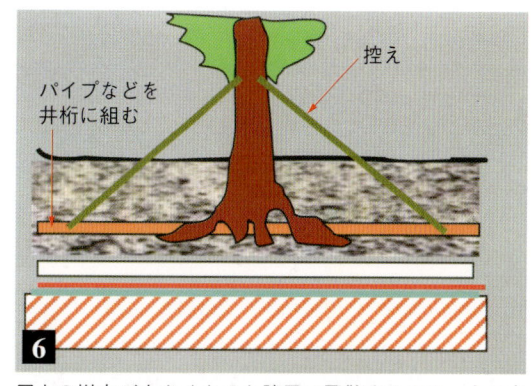

6
屋上の樹木が大きくなると強風で飛散するので，土の中に控えをとれるようにしておく。樹種を選び，大きくならないように保守をしなければならない。

著者略歴

半沢正一（はんざわ　しょういち）
　1974年，横浜国立大学工学部建築学科卒業。
　27年間の建築現場の経験を経て，現在コンストラクションマネージャー。
　一級建築士，一級建築施工管理技士，衛生管理者
　著書に『建築[失敗]事例　信頼される躯体工事の現場管理』(井上書院)
　　　　『建築[失敗]事例　信頼される設備工事の現場管理』(井上書院)

・本書の複製権・翻訳権・上映権・譲渡権・公衆送信権（送信可能化権を含む）は株式会社井上書院が保有します。
・JCOPY〈(一社)出版者著作権管理機構　委託出版物〉
本書の無断複写は，著作権法上での例外を除き禁じられています。複写される場合は，そのつど事前に，(一社)出版者著作権管理機構（電話 03-5244-5088, Fax 03-5244-5089, e-mail：info@jcopy.or.jp）の許諾を得てください。

建築[失敗]事例
信頼される仕上工事の現場管理

2003年 1月10日　第1版第1刷発行
2020年 3月20日　第1版第6刷発行

著　者　　半沢正一Ⓒ
発行者　　石川泰章
発行所　　株式会社 井上書院
　　　　　東京都文京区湯島2-17-15　斎藤ビル
　　　　　電話 (03)5689-5481　FAX (03)5689-5483
　　　　　https://www.inoueshoin.co.jp/
　　　　　振替 00110-2-100535
装　幀　　川端博昭
印刷・製本　新日本印刷株式会社

ISBN 978-4-7530-1982-3　C 3052　Printed in Japan

健全な現場管理を可能にする最強のパートナー

建築[失敗]事例 信頼される躯体工事の現場管理

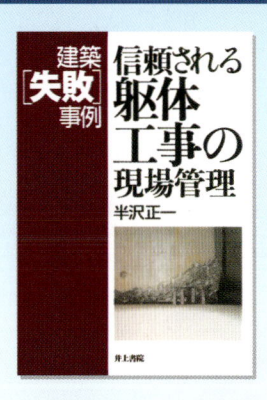

半沢正一著
B5判・186頁(カラー)
本体3,200円

建築の施工品質の向上と現場の管理体制の強化に役立つよう、起こりやすい現場の不具合やトラブルのすべてを工種別に分類した163事例に基づく図・写真を取りあげ、その失敗発生の原因と事前防止のポイントを徹底的に解明。

CONTENTS
1. 安全
2. 火災・騒音
3. 施工管理
4. 仮設
5. 山留め・土工事
6. 杭工事
7. 解体・改修工事
8. 躯体工事
9. 鉄骨工事
（全163事例）

建築[失敗]事例 信頼される設備工事の現場管理

半沢正一著
B5判・176頁(カラー)
本体3,200円

建築設備工事は建築工事と分業化されて進められるため、不具合やトラブルを生じやすい。これを未然に防ぐために、実際に起きている事例159を工種別に取りあげ、その発生原因や対策、事前防止のポイントなどを的確に解説。

CONTENTS
1. 電気設備
2. 空調設備
3. 衛生設備
4. 防災・防犯設備
5. 昇降機設備
（全159事例）

現場管理者必携のポケット版技術シリーズ

[建築携帯ブック] 現場管理 改訂2版

ものつくりの原点を考える会編
新書判・320頁(二色刷)
本体2,950円

全工種における重要な管理項目を、品質・工程・安全・環境管理の観点から徹底図解。

[建築携帯ブック] 工事写真

ものつくりの原点を考える会編
新書判・280頁(二色刷)
本体2,850円

建築・設備の全工種にわたる工事写真の撮り方を、イラストの撮影事例に沿って整理。

[建築携帯ブック] 安全管理 改訂2版

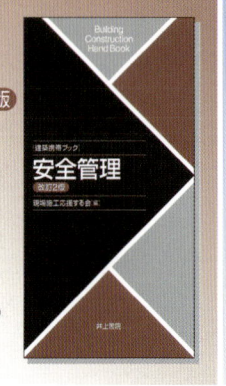

現場施工応援する会編
新書判・136頁(二色刷)
本体1,900円

労働災害・事故の未然防止と安全管理能力の向上に役立つ重要項目とポイントが満載。

[建築携帯ブック] 設備工事 改訂版

現場施工応援する会編
新書判・160頁(二色刷)
本体2,000円

電気工事、給排水衛生・空調工事の重要管理ポイントを関連データとともに一冊で網羅。

＊上記の本体価格に、別途消費税が加算されます。